U0503139

善

嘉

李渊

水木年华·编著

开国帝王 系列

谋

政

郑州大学出版社

郑州

**图书在版编目（CIP）数据**

嘉谋善政李渊 / 水木年华编著 . —郑州：郑州
大学出版社，2018.4（2019.3重印）
（开国帝王）
ISBN 978-7-5645-5287-9

Ⅰ . ①嘉… Ⅱ . ①水… Ⅲ . ①唐高祖（566-635）-
评传 Ⅳ . ① K827=421

中国版本图书馆 CIP 数据核字（2018）第 024896 号

郑州大学出版社出版发行
郑州市大学路 40 号      邮政编码：450052
出版人：张功员      发行部电话：0371-66658405
全国新华书店经销
北京一鑫印务有限责任公司
开本：710 mm×1 000 mm   1/16
印张：16.75
字数：235 千字
版次：2018 年 4 月第 1 版      印次：2019 年 3 月第 2 次印刷

书号：ISBN 978-7-5645-5287-9   定价：48.00 元
本书如有印装质量问题，请向本社调换

# 前 言

中国两千多年的封建历史长河是由一个个朝代组成的，每个朝代都会涌现出一个叱咤风云、扭转乾坤的开国皇帝，这些开国皇帝无不具有一段非凡的传奇，如夜空中群星般璀璨夺目。他们抓住历史机遇，尽显扭转乾坤、开疆辟土的万丈豪情和文韬武略；他们开启了一个新的朝代，翻开了历史的新篇章。

曹操说："夫英雄者，胸怀大志，腹有良谋，有包藏宇宙之机，吞吐天地之志者也。"细品这些开国伟人，他们无不深刻影响了中国的历史发展，他们也因此青史留名。

开国皇帝在制定朝纲、驾驭群臣、发展经济、政治谋略、军事手段、思想文化、民族关系等方面所实行的一系列政策，都或多或少地推动着历史的进程。作为开国皇帝，无论从哪个角度讲，他们都是当时的成功人物。解读开国皇帝，剖析中国历史，还原其真实的面目，可以让我们从中学到宝贵的人生智慧。

本丛书汇集历代开国皇帝的生平事迹，上起千古第一帝秦始皇，下迄清朝开国皇帝皇太极，直观、深入地介绍了每一位开国皇帝惊心动魄的奋斗历程。

希望本书能够得到广大读者的喜爱。

# 内 容 简 介

李渊是唐代开国皇帝，历史上有关他的传记的书不多，因此，他的身世也就显得很神秘。他出身北朝的关陇贵族，隋末天下大乱时，李渊乘势从太原起兵，攻占长安。随后在长安称帝，不久之后便统一了全国。李渊是中国封建制时期功业卓著的有为帝王，同时也是中国历史上最具争议，毁誉参半的帝王之一。他奠定了彪炳千秋的二百九十余年的盛唐霸业，并因之得到了后人的褒扬；他也因无力阻止亲生骨肉的相互残杀，无奈地被其子李世民"请"下了皇位，而令后人感叹。实际上，李渊作为一个政治家、战略家、军事家，能在短短几年时间里领导建立一个统一、强大的王朝，应该说是一个很有作为的人。有些史书、史臣删节"国史"，故意贬抑李渊，拔高李世民；后人以讹传讹，在不断神化李世民的同时，淡化李渊的形象，以至于使李渊完全成了一个黯然无神的无能庸人，这是历史的错误。本书力求以客观的角度展现真实的李渊。

# 目 录

## 第一章 神秘家世

非凡少年 …………………………………………………… 002

婚姻佳话 …………………………………………………… 021

暗中壮大 …………………………………………………… 026

## 第二章 晋阳起兵

发动兵变 …………………………………………………… 040

雄韬伟略 …………………………………………………… 050

## 第三章　西取长安

惑杀李密 …………………………………………… 056

攻取霍邑 …………………………………………… 061

直捣长安 …………………………………………… 066

唐王登基 …………………………………………… 079

## 第四章　一统天下

巩固关中 …………………………………………… 090

平定河西 …………………………………………… 092

灭刘武周 …………………………………………… 094

攻取洛阳 …………………………………………… 098

荡平萧铣 …………………………………………… 106

统一江南 …………………………………………… 110

## 第五章　重建章制

轻徭薄赋 …………………………………………… 120

三省六部 …………………………………………… 126

恢复科举 …………………………………………… 130

均田强兵 …………………………………………… 133

整修《唐律》 ……………………………………… 136

盛世文明 …………………………………………… 141

承前启后 …………………………………………… 155

## 第六章  玄武之变

秦王其人 …………………………………… 170

三子相争 …………………………………… 174

喋血宫门 …………………………………… 181

世民登基 …………………………………… 186

太平盛世 …………………………………… 198

## 第七章  激流勇退

退位的思考 ………………………………… 208

安享晚年 …………………………………… 211

身后逸事 …………………………………… 219

一生功过 …………………………………… 225

## 附录  唐高祖李渊大事年表

神秘家世

第一章

# 非凡少年

　　大唐帝国的开创者唐高祖李渊，自称是东晋十六国时期占据今天甘肃省和内蒙古自治区西北部的西凉国建立者李暠的后代，李暠对自己的家族有明确的说明。这位十六国时期的凉武昭王字玄盛，小字长生，是陇西成纪人，也就是今天甘肃省天水市人。李暠的十六世祖，就是西汉武帝时期，因为抗击匈奴而大名鼎鼎的飞将军李广。李广的曾祖父李仲翔在刘邦建立西汉王朝时就做了将军，因为与羌人作战时战死在素昌，李仲翔的儿子李伯考前往奔丧，将父亲葬在陇右西北的狄道东川，所以李氏家族世代住在西州，算是西州的大姓家族。

　　李暠的高祖李雍和曾祖李柔在西晋时都做过郡守，祖父李和在西晋发生永嘉之乱时，在前凉政权创始人张轨手下做武卫将军，因为有战功，封安世亭侯。李暠的父亲李昶死得很早，李暠是他的遗腹子。后凉政权建立者吕光，本是前秦苻坚手下的大将，他趁苻坚在淝水之战中战败，在姑臧（今甘肃省武威市）称王建国。不过吕光手下的卢水胡（匈奴部落之一）酋长沮渠蒙逊叛离后凉，在公元397年推汉族人段业为王，建立了北凉。李暠原在段业手下做宁朔将军、敦煌太守，因为段业派索嗣来接替他的职务，他杀死索嗣，在公元400年自称凉公，以敦煌为基地，发展经营。公元405年迁都酒泉，在河西走廊上建立起西凉政权，他自己做了凉武昭王，一度控制河西走廊全境，在公元417年以六十七岁的年龄病逝。

　　李渊自称李暠是他的七世祖，并且说明：李暠的儿子李歆在李暠死后，被臣僚们拥戴为大都督、大将军。凉公领凉州牧、护羌校尉，继续管理凉州。这时匈奴沮渠蒙逊来犯，李歆与之交战数年，败于蓼泉，为沮渠蒙逊所害。李歆的儿子李重耳归附了北魏政权，做了北魏的弘农太守。弘农郡在今天陕西省关中地区东部，可以说李渊的祖先基本是在今天甘肃省和陕西省活动，所以属于关陇贵族集团。李重耳的儿子李熙做了北魏的金门镇将，派在武川做边疆守将。当时北魏受到来自北方的游牧民族柔然的威胁，于是在其北部边疆设立了一批军镇，相当于今天的边疆军区。主要有位于今天内蒙古自治区磴口县东北的沃野镇，位于今天内蒙古自治区包头市西北的怀朔镇，位于今天内蒙古自治区武川县西南的武川镇，位于今天河北省张北县西的抚冥镇，位于今天河北省张北县的柔玄镇，位于今天河北省沽源县的怀荒镇。这六个军镇的军人在镇将率领下，在所在防御区长期居住，屯田戍边。李熙受镇将之职，只好以身作则，把自己的家也安在了武川。李熙的儿子名叫李天赐，由北魏政权授以幢主之职。李天赐的儿子就是李渊的祖父李虎，他在宇文泰控制的西魏政权中有极其重要的地位，被赐姓大野氏，官至太尉，因为在支持宇文氏家族建立北周政权过程中立功，与李弼、赵贵、独孤信、达奚武、豆卢宁、贺兰祥、尉迟迥等人共封"柱国"，并称"八柱国之家"。等到周闵帝做皇帝时，李虎已死，李虎的儿子李昞袭封唐国公，做了北周朝的安州总管、柱国大将军，他安家在长安，于是，李渊作为李昞的儿子，出生在长安。

　　虽然李渊在史书上为自己勾画了这样一个显赫的家世出身，但是，还是留下了一些疑点，使得人们并不是那么相信。所以在唐太宗时，有一个和尚法琳曾对唐太宗说："建立北魏的拓跋氏，本是北代神君，和大野氏同一部族。陛下其实用不着弃北代而认陇西。"这说明李渊家族其实是汉化的鲜卑族人。著名学者陈寅恪先生已经证实李渊实际是西魏弘农太守、

鲜卑大野氏人李初古拔的后代，因此，我们在介绍李渊的家世时，不但要重复历代正史中的内容，而且要说明这个家族与鲜卑族的特殊关系，这样才能理解唐代历史上的许多独特现象。

鲜卑人是中国东北地区的古代少数民族，西汉时期尚处于原始社会末期，过着游牧渔猎生活，被西汉政权称为"东胡"的一支。当时匈奴控制这一地区，鲜卑人曾经与另一支东胡——乌桓人联合抗击匈奴，但是战败，于是臣服于匈奴冒顿单于，受匈奴贵族奴役。他们每年都要向匈奴缴纳牛、羊、马，如果缴不上，匈奴就会来掠夺，还要强迫掠夺来的人口做奴隶。汉武帝时，西汉对匈奴战争取得上风，尤其是在霍去病打败匈奴左部后，开始经营东北地区。聚居于今天内蒙古自治区阿鲁科尔沁旗乌桓山周围的乌桓族，被霍去病下令迁至上谷、渔阳、辽东等地，鲜卑人则聚居于今天内蒙古自治区科尔沁右翼前旗的鲜卑山地区，既表示臣服西汉，又与匈奴保持联系。

到了西汉末年，匈奴趁王莽改制导致的混乱局面扩展势力，使鲜卑人再度依附匈奴。东汉初年，鲜卑人跟着匈奴贵族一道到辽东抢掠，对东汉的东北边疆造成危害。公元45年，东汉的辽东太守祭肜率军打败了鲜卑人，一个鲜卑首领偏何率领他的部族投降了东汉，协助东汉军队打击匈奴。不久，鲜卑的另一个贵族於仇贲到东汉国都朝拜东汉光武帝刘秀，刘秀封他为王，并且让在辽东统治乌桓人的护乌桓校尉同时统辖鲜卑人。到了东汉安帝永初年间，相当于公元107年—113年，鲜卑族首领燕荔阳到洛阳朝拜汉安帝，当时听政的邓太后封燕荔阳为王，赐予印绶。东汉政府认为扶植鲜卑人可以牵制匈奴，所以每年赏赐鲜卑贵族大量财物，允许汉族百姓与鲜卑人开展贸易。鲜卑人向内地输入了毛皮及牛、羊、马等畜牧品，从内地得到精良的金属制品、生产工具和武器，以及丝绸、陶器等生活用品，经济实力和军事力量都大为加强。等到北匈奴被东汉军队所击

溃，鲜卑人乘机进入北匈奴领地，将当地各族人都同化为鲜卑人。这样，鲜卑人开始成为一支不可小看的力量。到了东汉桓帝时，鲜卑族首领檀石槐制定了法令，在农业、畜牧业、狩猎业之外，又提倡渔业，并且在今天河北省怀来县北的弹汗山辍仇水建立起行政中心，实行王位继承制，标志着鲜卑政权从此诞生。檀石槐对丁零、夫余、乌孙等少数民族用兵，占据了原来匈奴人生活的大部分地区。他又开始南下骚扰东汉的边境，并且在熹平六年，也就是公元177年，打败了前来阻挡的东汉军队。不过，在檀石槐死后，他的子孙们相互争夺统治权，使得鲜卑政权一时未能发展。

三国时期，群雄逐鹿，各割据势力为加强自己的军事力量，纷纷发展骑兵。因为中国古代战争自秦统一以后，传统的车战已经退出历史舞台，骑兵成为决定战争胜负的决定性因素之一。中国内地不但缺少适合用作战马的优良马种，而且缺少善于骑射的骑手。在兼并战争的威胁面前，各割据势力的统治者，只好请"生时气雄，小养马上，长习阵敌"的边疆少数民族帮忙。曹操与袁绍争夺北方统治权的官渡之战中，双方都动用了有少数民族参加的骑兵作战。曹操后来还北征乌桓，以肃清袁绍的残余势力，这说明三国时，少数民族和内地的关系大为紧密，鲜卑人因此不再受匈奴故地的局限，开始进入今天的辽宁、河北、甘肃、青海等省境内。当然，其他少数民族也在行动，匈奴和来自西域的羯人大量进入今天的山西省，氐族和羌族进入了今天的陕西、甘肃、四川等省，这五个大量进入内地的中国古代少数民族在当时被并称为"五胡"。

西晋统一全国后，对进入内地的少数民族歧视压迫，不但强迫他们当兵，向他们征收赋税、征派徭役，而且掠卖他们充当奴婢。例如并州刺史司马腾就曾经掳掠了许多匈奴人和羯人，两人一枷，送到冀州去卖，并且在沿途加以殴打侮辱。少数民族在深受阶级与民族双重压迫的情况下，

必定要进行反抗，早在公元294年，匈奴人郝散就在上党（今山西长治）率众起义；两年后，郝散的兄弟郝度元联合冯翊（今陕西西安东）、北地（今陕西富平、耀县一带）两郡的匈奴余众马兰羌和卢水胡起兵，杀死西晋的北地太守张埙，又打败了冯翊太守欧阳建和雍州刺史解系的军队。公元297年，氐族人齐万年率领西北各族人民在秦州（今甘肃省东部）、雍州（今陕西省关中地区）起义，坚持斗争达三年之久。在这样一种形势下，当西晋政权内部出现"八王之乱"，各少数民族的上层分子立刻乘虚而入。公元304年，匈奴首领刘渊在左国城（今山西离石东部）建立起了汉政权，先后攻占了上党、太原、河东、平阳等郡。公元308年，刘渊自称皇帝，把国都迁至平阳（今山西临汾），又派他的儿子刘聪、族子刘曜率军进攻西晋国都洛阳。西晋政权在内乱中耗尽了力量，面对刘汉匈奴政权的进攻毫无抵御能力。公元311年，刘聪在做了刘汉政权的皇帝后，派刘曜、王弥等人率军攻入洛阳，俘虏了晋怀帝司马炽。西晋的一些大臣只好在长安拥戴司马邺做皇帝，这就是晋愍帝。不想公元316年，刘曜又率军攻入长安，俘虏了晋愍帝，西晋从此灭亡，中国进入了历史上的五胡十六国时代。

所谓"五胡十六国"，是指在西晋灭亡后，中国北方各族统治者互相争夺地盘，扩展势力，从公元316年到公元439年北魏统一中国北方这一百多年间，先后由匈奴、羯、鲜卑、氐、羌等五个少数民族建立起十六个政权统治中国的北方地区。其实在这一历史时期，汉族在中国北方也建立过政权，而且建立过政权的少数民族也不止五个。我们简要统计如下。

（1）匈奴三个政权：前赵（就是刘渊所建的汉政权，后来由刘曜夺取政权后改名，并且迁都至长安，曾拥有今陕西省全部、河南省西部、山西省南部地区）、北凉（沮渠蒙逊所建，拥有今甘肃省大部分地区）、夏（赫连勃勃所建，拥有今陕西北部、甘肃东部，内蒙古自治区一部分）。

（2）羯族一个政权：后赵（石勒所建。拥有今河北、山西、河南、山东、陕西诸省和江苏、安徽、湖北、甘肃、辽宁的一部分）。

（3）鲜卑族九个政权：辽西（今辽宁、河北省的部分地区）、代（今内蒙古自治区西部、山西北部，就是后来的北魏前身）、宇文（今河北省北部）、前燕（今河北、山东、山西、河南及辽宁一部分）、后燕（今河北、山东、山西以及河南、辽宁一部分地区。）、南燕（今山东、河南一部分地区）、西燕（今陕西、山西一部分）、西秦（今甘肃省西南部）、南凉（今甘肃西部，青海一部分地区）。

（4）氐族三个政权：仇池（今甘肃东南部）、前秦（一度统一中国北方）、后凉（今甘肃西北部、新疆南部、青海之一部分）。

（5）巴氐族一个政权：前蜀（原名"成"，又改名"汉"，今四川省和云南、贵州一部分）。

（6）羌族一个政权：后秦（今陕西、甘肃、河南省）。

（7）汉族五个政权：前凉（今甘肃西部、新疆南部、青海东部）、冉魏（与后赵辖地相同）、西凉（今甘肃西部）、后蜀（今四川省）、北燕（今河北省东北部、辽宁省一部分）。

总计有七个民族建立了二十三个政权，其中鲜卑人建立了九个政权，可以说就在这一历史阶段，鲜卑人开始步入他们辉煌的历程。

鲜卑人在历史上崭露头角的时间是公元352年，由于后赵统治者石虎残暴无比，导致人民反抗。后赵的大将军冉闵是汉族人，他认为夺取政权的时机已经成熟，于是号召汉族人民起来推翻后赵羯人统治，于公元350年杀死石虎的继承人石鉴，建立起魏政权，史称"冉魏"。冉闵夺得政权后，主张民族复仇，对羯人及其他少数民族大动干戈，共杀死羯族和其他少数民族二十余万人，激起各少数民族的强烈反抗。氐族、羌族与鲜卑族联合向冉魏发动进攻，到了公元352年，冉魏抵挡不住了，鲜卑族首领慕容隽从东北攻入冀州，消灭了冉闵集团，在后赵与冉魏的都城邺（今河北临漳县）建立起前燕政权，控制了中国北方东部地区。中国北方的西部地区则由前秦、仇池、前凉所控制。鲜卑族的另一位首领拓跋什翼犍在公元338年建立了代政权，都城在盛乐，即今天内蒙古自治区的和林格尔，他设置了各级官吏，制定了法律，并且提倡农业生产，使代政权在内蒙古西部和山西北部取得较大进展。不过前秦苻坚政权迅速强大起来，在攻灭前燕、仇池、前凉等政权后，又于公元376年攻打代，拓跋什翼犍兵败身亡，代为前秦所灭。

苻坚在统一了中国北方后，立刻向南方的东晋政权发起进攻，不料在淝水大败，鲜卑族和羌族首领乘机脱离前秦控制，出现了后燕、西燕、后秦、西秦、后凉、北魏六个政权。其中北魏政权是拓跋什翼犍的孙子拓跋珪在公元386年恢复代政权后改名的鲜卑人政权，在激烈的争斗中集聚了实力，逐渐显露出优势来。公元395年，后燕大军进攻北魏，拓跋珪率兵迎战，在参合陂（今山西大同市东南）大败燕兵，并且乘胜南下追击，夺得中山（今河北定县）、邺城等重要城镇，进而占据有黄河以北地区，形成崛起之势。

公元398年，拓跋珪迁都平城（今山西大同），开始自称皇帝，即北魏的道武帝。他招纳一些汉族大地主参加他的政权，如崔宏做了他的吏部尚书，邓渊为他制定官制，王德为他修订律令等，北魏政权开始与汉族封建政权接近了。公元409年，拓跋珪病死，他的儿子拓跋嗣继位做了皇帝，就是魏明元帝，他大力扶植农桑，大量拉拢汉族地主和士人到平城做官，统治力量进一步加强。公元422年，北魏军队攻占了刘宋政权的青州、兖州和豫州大部，势力进入黄河以南地区。公元423年，拓跋嗣病死，他的儿子拓跋焘继位，就是魏太武帝。他任用汉族士族地主如范阳卢玄、博陵崔绰、赵郡李灵、河间邢颖、渤海高允、广平游雅、太原张伟等

数百人入朝做官，形成鲜卑贵族与汉族大地主联合执政的趋势。这时，北魏的军事力量也更为强大，在兼并战争中连连得手，公元431年消灭夏政权，公元436年消灭北燕，公元439年消灭北凉，统一了中国北方。中国历史由此进入南北朝时代。

所谓南北朝是指公元589年隋朝统一全国之前，中国的南方，有宋、齐、梁、陈四个王朝更替，中国北方恰好也有魏、齐、周、隋四个王朝交替变更。其中，魏、齐、周、隋这四个北方王朝，都与鲜卑族有密切关系。北魏作为鲜卑拓跋氏建立的王朝自不待言，其他三个王朝则与北魏孝文帝推行汉化政策有关。北魏孝文帝拓跋宏在位期间，深感文化建设对于巩固政权的重要价值，于是大力推行汉化政策，主要措施如下。

（1）设立管理户籍的三长制。这就是以五家为一邻，五邻为一里，五里为一党，各设邻长、里长、党长，用这三长来检查户口，审定户籍，分配土地，征发徭役和兵役。

（2）颁布按户口分配土地的均田令。这是在公元485年规定的土地分配办法，主要内容为所有男子十五岁以上者受露田四十亩，再加四十亩或八十亩地用作休耕，另有二十亩桑田。露田在身死或年满六十岁时归还国家，桑田可以传给子孙。妇人受露田二十亩和休耕田二十亩，无桑田。奴婢受田和普通人一样，但出卖后必须还田。每家有一头牛可以受露田三十亩，加休耕田三十亩，不过最多可以得到四头牛的授田。牛死后被出卖，则还田。地方官吏在任职地受公田，刺史十五顷，太守十顷，治中、别驾八顷，县令、郡丞六顷。户口只许从地少人多的地方向地多人少的地方迁移，不许向相反的方向流动。

（3）实行与土地分配相结合的租调制。这就是一夫一妇的家庭，每年向国家缴纳粟二石，帛一匹。凡年十五岁以上而未婚男女四口，从事生产的奴婢八口，耕牛二十头者，都缴纳与一夫一妇家庭相同的租调。

（4）在均田制基础上建立亦兵亦农的府兵制。即每个府兵得到国家规定的那一部分土地，平时生产，抽出农闲时间进行训练，有了战事，接到通知就去各地军府报到，随队出征。其家不负担租调、徭役。

（5）把国都从平城迁到洛阳。正式迁都时间为公元494年。

（6）官员禁止穿鲜卑服装，一律改穿汉族服装。

（7）凡三十岁以下的鲜卑人不许说鲜卑语，都必须改说汉语。三十岁以上的鲜卑人听其自便。

（8）凡迁到洛阳居住的鲜卑人，都算是洛阳人，死后就葬在洛阳，不许还葬原土原籍。

（9）鲜卑族复姓均改为汉族单姓。皇室的拓跋改为元，丘穆陵改为姓穆，步六孤改姓陆，贺赖改姓贺，独孤改姓刘等，共计有一百一十八姓改为汉姓。

（10）提倡鲜卑人按门第与汉人通婚，如孝文帝自己纳汉族大姓卢、崔、郑、王、李之女入内宫，他的五个兄弟也都娶了汉族大地主的女儿为妻。

（11）建立新门阀制度。鲜卑贵族姓氏有元、穆、陆、贺、刘、楼、于、嵇、尉等，汉族则以洛阳卢氏、清河崔氏、荥阳郑氏、太原王氏这四姓为最高。

（12）废除鲜卑族的旧制度，凡官制、法律、礼仪、典章等，都完全实行汉族制度。

这些改革措施在鲜卑族的发展史上有重要的地位，在中国历史上也有极其重要的地位。在李渊建立大唐王朝后实行的各种制度和措施中，还可以看到北魏孝文帝改革措施的巨大影响。因此，不了解鲜卑族崛起的历史，就无法理解唐朝统治者的许多作为。

北魏孝文帝的改革引起了鲜卑贵族集团的动荡不安，太子元恂，大

贵族穆泰、陆睿甚至阴谋叛乱，尽管北魏孝文帝采取了坚决镇压态度，但是总有那么一些人心怀不满，企图逆历史潮流而动。当公元523年边疆六镇军人不满统治者的剥削压迫而起义抗争时，一些贵族就把政治动荡的原因归结为北魏孝文帝的汉化政策。当镇压六镇军人起义的尔朱荣把持朝政后，反汉化的逆流开始抬头。

公元530年，魏孝庄帝杀死了横行霸道的尔朱荣，但他自己又被尔朱荣的兄弟尔朱兆所杀害。曾经参加过六镇军人起义又投降了尔朱荣的鲜卑化汉人高欢乘机从河北起兵，在公元532年攻入洛阳，并且在公元533年击败了尔朱兆。公元534年魏孝武帝不堪高欢的逼迫，从洛阳逃到了长安，投靠尔朱荣手下的另一员大将宇文泰。高欢另立元修为魏孝静帝，这样就出现了东魏与西魏的分裂形势。后来，高欢的儿子高洋灭掉东魏，建立了北齐政权；宇文泰的儿子宇文觉也灭掉西魏建立北周政权，王朝的名字变了，但是无论北齐还是北周，掌权者仍然是鲜卑人。

宇文泰先世是东胡宇文部落的酋长，后来被鲜卑慕容部所兼并，再归顺鲜卑拓跋部，为北魏王朝镇守武川镇。宇文泰本人是六镇军人中不多见的"法汉派"，他以关中为基地，以武川镇军人为核心，进行了一系列的改革，把魏孝文帝的事业向前推进了一大步。他的部下有鲜卑贵族元、长孙、宇文、窦、独孤等家，也有关陇汉族地主如京兆韦氏、弘农杨氏、武功苏氏、河东裴、柳、薛等氏，为此他必须进行调合鲜卑贵族和汉族大地主关系的工

唐高祖李渊画像

作。他用武功大族汉人苏绰为谋主，推行汉化措施，颁布了"先治心，敦教化，尽地利，擢贤良，恤狱讼，均赋役"的六条诏书，规定不通晓和执行六条诏书者不得为官。他继续推行均田制和租调制，在府兵制方面有许多创造，正是宇文泰的一系列改革，为北周战胜北齐打下了基础。

北周政权很快被大臣杨坚所篡夺，不过出身弘农的杨坚的祖上杨元寿本在北魏的武川镇任司马，和宇文泰的祖上同为六镇军人，鲜卑化程度极高。杨坚的父亲杨忠，是八柱国之一独孤信手下的大将，是宇文泰所封十二大将军之一，赐姓普六茹氏，晋封隋国公。所以，杨坚其实也与鲜卑族有着千丝万缕的联系。我们了解从周隋王朝基础上建立大唐王朝的李渊的历史，就不能不从叙述鲜卑人的崛起开始。

要想描述周隋时期李氏家族的活动是非常困难的事情。因为凡牵涉李氏家族的正史，几乎都是在唐代修订的，唐朝的统治者不愿让别人看到他们的祖先曾经在别人手下当差，所以在正史中回避了有关李渊的祖父李虎、父亲李昞的传记，使得我们在许多方面都无法找到准确的资料。不过，这又是一段应该掌握的历史，从一定意义上说，李渊得以建立起大唐王朝，与他的大贵族出身有密切的关系，如果割断了这一段历史，大唐王朝的出现就显得很不自然。好在与李氏家族关系密切的周隋王朝的历史非常清楚，我们可以从中推敲到有关李氏家族的一些情况。

周、隋、唐三个王朝的开创者都出自北魏的武川镇，这本身就是很有意思的历史故事。抛开那些牵强附会的巧合说法，从历史背景上分析，这是北魏孝文帝推行汉化政策的结果。虽然在北魏六镇军人中，有极大的反对汉化的势力，但是，在经过了近400年分裂战乱之后，民族统一已经成为一种共识，即使在六镇军人中，也出现了宇文泰这样的汉化支持者。

宇文泰家族到武川镇要从他的五世祖宇文陵谈起，本来在鲜卑慕容氏部下的宇文陵，在北魏道武帝南下追击后燕时投降了北魏，以安定侯的身

份迁至武川为北魏政权戍边。宇文陵的儿子宇文系、孙子宇文韬都以武功高强出名，宇文韬的儿子宇文弘赶上了六镇军人大起义。

公元523年，怀荒镇军民为饥饿所迫，杀死压迫他们的镇将，发动起义，不久，沃野镇军民在匈奴人破六韩拔陵率领下起兵响应，不但杀死了镇将，占领了沃野镇，而且还向武川镇和怀朔镇发动进攻。怀朔镇将杨钧提升武川镇的鲜卑族军官贺拔度拔为统军，让贺拔度拔的三个儿子贺拔允、贺拔胜、贺拔岳为军主，共同抵抗起义军。等到北魏派大军前来镇压起义军时，贺拔度拔和儿子贺拔岳联合宇文弘共同袭杀起义军统帅卫可孤，算是帮了北魏朝廷的忙。不料北魏朝廷把二十万六镇军人都安置在冀州（今河北冀县）、定州（今河北定县）、瀛州（今河北河间西南）去"就食"，其实就是讨饭吃。到了公元525年秋天，河北"就食"的六镇军人再度起义，依附于起义领导人鲜于修礼。鲜于修礼被葛荣消灭，作为贺拔岳部下的宇文弘也战死，宇文弘的儿子宇文泰暂时归附于葛荣麾下。等到尔朱荣消灭葛荣，宇文泰就随贺拔岳成为尔朱荣部下的军官。

公元528年，关陇氐、羌人民在万俟丑奴率领下起义，北魏孝庄帝派尔朱天光和贺拔岳率军镇压。公元531年起义被镇压下去，贺拔岳做了关西大行台，宇文泰也因功从步兵校尉升为征西将军。由于他出身于武川镇，于是建立起以原武川镇军人为核心的政治势力，等待施展抱负的机会。

在那个动荡的年月，机会很快就来了。北魏孝庄帝杀死尔朱荣后，造成尔朱荣的兄弟尔朱兆发动叛乱，在杀死北魏孝庄帝后，立元恭为皇帝，就是魏节闵帝，尔朱兆又掌握了朝政大权。尔朱荣麾下大将高欢见尔朱兆凶悍无谋，认为有机可乘，借助北魏皇室的名义讨伐尔朱兆，贺拔岳和宇文泰商量后，决定支持北魏皇室，趁尔朱天光赴洛阳与高欢交战时，在关中发动兵变，与秦州刺史侯莫陈悦共同袭击长安，宇文泰做先锋锐不可当，生擒尔朱天光留下的守将，也是尔朱天光的兄弟尔朱显寿。高欢打败

尔朱兆之后，另立元修为魏孝武帝，他在掌握朝政大权准备取代北魏王朝时认为政治障碍只有在关中的贺拔岳了。高欢于是下密令给秦州刺史侯莫陈悦，让他消灭贺拔岳。宇文泰也在和贺拔岳研究政治形势，宇文泰说："现在我们在关中的主要对手是秦州的侯莫陈悦和灵州的曹泥。曹泥孤城远阻，可以先不管；现在应当立即消灭侯莫陈悦，此人贪而无信，一定是个后患。不能再拖延时间了。"偏偏贺拔岳想借助侯莫陈悦的力量消灭曹泥，打算解决了曹泥后再消灭侯莫陈悦。结果，他让宇文泰去守夏州，自己和侯莫陈悦一道去灵州攻打曹泥。侯莫陈悦乘机请贺拔岳到自己的军帐来议事，正讨论时，侯莫陈悦说："我肚子痛，要出去一下！"他的女婿元洪景立刻拔出刀来斩杀了贺拔岳。贺拔岳的部下全都逃回平凉，商量对策。大家认为都督寇洛年长，可以接替贺拔岳的位置。但寇洛说："我能力不行，今请避位，大家另选贤才吧！"另一名都督赵贵说："我看宇文泰法令严谨，赏罚分明，远近归心，士卒用命，如果让他做统帅，一定会做成大事，咱们大家也会有个前途。"诸位将领都点头称是，于是把宇文泰从夏州请到平凉，做了这支军队的统帅。高欢听说侯莫陈悦得手，派侯景去招收贺拔岳的部下。侯景到了安定，宇文泰出迎说："贺拔公虽然死了，宇文泰还在，你到这里来做什么？"侯景大惊失色，说："我不过是一支箭，由人家射罢了。"然后立刻回归。

就在宇文泰接替贺拔岳做关中军队统帅时，李渊的祖父李虎也有一番举动。李虎家族代居武川镇，和贺拔岳有密切的关系，他官居东雍州刺史，被贺拔岳委任为左厢大都督，看样子和宇文泰一样，同为贺拔岳麾下的大将，职位也基本相当。他听说贺拔岳遇害后，没有去平凉与其他将领聚合，而是跑到荆州去找贺拔岳的哥哥贺拔胜，想请贺拔胜到关中来接替贺拔岳的位置。不料贺拔胜当时在荆州正在得意时候，还想着率领大军消灭南梁政权，建立开国元勋的丰功伟绩，于是对李虎的建议并不在意。李

虎在荆州听说诸将推选宇文泰做统帅的消息后，立刻从荆州往平凉赶，但在门乡被高欢的部将抓获，送至洛阳请功。

这时高欢已经发现宇文泰是接替贺拔岳的人物，绝不允许宇文泰扩大势力。李虎被擒，本无生还的希望。不料北魏孝武帝元修不愿看着高欢把祖上留给自己的这份家业抢走，想借助宇文泰在关中的势力牵制高欢，于是封李虎为卫将军，让李虎立刻回关中辅佐宇文泰。李虎从此在宇文泰面前有了双重身份。一方面是当年武川镇和贺拔岳麾下的通僚，另一方面又是魏孝武帝支持宇文泰经营关中的标志。这大概是他虽然功劳并非十分突出，却又可以跻身"八柱国"的原因之一。

宇文泰做了贺拔岳军队的统帅，自然要以为贺拔岳报仇的名义提高他在这支军队中的威信，于是在整顿好队伍后，立刻向秦州进军，讨伐侯莫陈悦。当时正是冬天，雪深二尺，但是军队"倍道兼行"，可见其复仇决心。侯莫陈悦害怕了，留一万人守水洛，自己退保洛阳。不料水洛守军一见宇文泰军，立刻投降，不等宇文泰大军兵临城下，侯莫陈悦已经军无斗志，他手下的大将李弼率先为宇文泰做内应，举城投降。侯莫陈悦见大势已去，带了七八个人逃跑，最后为追兵所迫，自己把自己"缢死于野"。这场复仇战争的胜利对宇文泰来说有极为重大的价值，关中贺拔岳旧部，包括如李虎等从荆州赶来赴难的将领，全部表示效忠宇文泰。不满意高欢专权的北魏孝武帝也开始与宇文泰联系，以便在与高欢争夺政权失败时，有条退路。

公元534年，魏孝武帝与高欢终于兵戎相见，他亲自率领十万军队在洛阳黄河桥上迎击高欢。猛将斛斯椿以先锋身份在北邙山布阵，他见高欢军队远来疲惫，请求率两千精骑乘夜渡河偷袭高欢。不想黄门侍郎杨宽说："高欢以臣伐君。必然失败，用不着冒险。而且斛斯椿如果取胜，必然取代高欢的位置，灭一高欢又生一高欢，不如陛下亲自应战，以防再出祸害。"魏孝武帝觉得杨宽的话不错，下令让斛斯椿停止行动。斛斯椿叹息说："皇上听信左右谗言，不用我的计策，这是天要帮助高欢啊！"等到双方交手，魏孝武帝的军队将领死的死，降的降，根本不是高欢的对手，魏孝武帝没有办法，只好"西奔长安"，在函谷关前的崤谷山道，遇上宇文泰派来接应的将领李贤，赶紧入关中找宇文泰想办法。

宇文泰把魏孝武帝接进长安后，做了大将军兼尚书令，在挡住了高欢军队对长安的进攻后，又做了大丞相，用挟天子以令诸侯的办法经营西北各地，特别派李虎为帅进攻灵州，就是今天宁夏回族自治区灵武县，因为灵州刺史曹泥有一定实力，特别是当侯莫陈悦败亡后，曹泥是西北地区唯一能与宇文泰抗衡的割据势力，而且又公开依附高欢，不消灭曹泥，宇文泰很难与高欢争天下。宇文泰把这样的重任交给李虎，说明李虎在宇文泰军事集团中有相当重要的地位。

李虎在公元534年十二月，以魏孝武帝的名义率军队进攻灵州，和他一道去灵州的将领还有李弼、赵贵。曹泥见李虎等人所率军队力量很强，便采取坚守待援的办法，一方面利用灵州城墙坚固，死守不出；另一方面派人去找高欢，让高欢进攻关中，对宇文泰直接形成压力。高欢想关中是宇文泰的重兵所在，如果强攻，一定得不偿失，因此，他改为派侯景攻打西魏所控制的荆州。西魏的荆州刺史独孤信和都督杨忠抵挡不住侯景，只好放弃荆州逃奔长安。恰好宇文泰认为魏孝武帝在他上面指手画脚，实在讨厌，而且他已经当上了大丞相，魏孝武帝已经失去了作用，因此毒杀了魏孝武帝，另立南阳王元宝矩做皇帝，即西魏文帝；独孤信和杨忠到了长安，只能依附宇文泰，才可能生存下去。这样，宇文泰麾下，除了寇洛、赵贵、杜朔周等关中贺拔岳旧部外，又增加了贺拔岳的哥哥贺拔胜在荆州的部下如李虎、独孤信、杨忠等，以及兼并了侯莫陈悦的部下如李弼等人，他们一起构成宇文泰政治集团的核心力量。

　　李虎等人围攻灵州城起了作用，四十天后，曹泥请求投降，宇文泰下令同意曹泥投降，但李虎的军队并不撤回。曹泥想宇文泰不会放过他，于是仍然和高欢联系，公元536年元月，曹泥和他的女婿凉州刺史刘丰再次宣布依附高欢。宇文泰命令李虎加紧进攻灵州，李虎采取"水灌其城"的办法，使得灵州城"不没者四尺"，或者说全城几乎都要泡在水里了。高欢看灵州是没指望了，只好派出三万精骑，绕道至西魏军队背后，把曹泥、刘丰接出来，放弃灵州回邺城。

　　灵州和凉州（今甘肃武威）被攻克，使得宇文泰一下子消除了后顾之忧，得以全力对付高欢，这是李虎为宇文泰所立下的最重要的战功。

　　史书所载李虎的活动还有公元538年，东西魏在洛阳附近大会战。当时西魏军队是独孤信、李远在左边，赵贵、怡峰在右边，宇文泰率大军居中，官任开府仪同三司的李虎和念贤作为后军负责接应。这一战西魏军队先胜后败，宇文泰烧毁营帐，撤退回关中。李虎作为后军统帅，自然先回到长安。不料西魏大军出发，在关中留兵不多，过去俘虏的许多东魏军人都安置在关中民间，他们听说西魏军队打败了，立刻商量发动叛乱。李虎一看形势危急，当机立断，和太尉王盟、仆射周惠达一道，将留守长安的西魏太子元钦撤离长安，屯军在渭河北岸。这时，过去俘虏的东魏都督赵青雀和雍州地主于伏德纠集原东魏降卒作乱，长安西魏守将只能据城自保，直到宇文泰大军返回，才平息叛乱，恢复秩序，说明李虎所做决断是正确的。

　　宇文泰在与高欢对峙期间进行了一系列改革建设工作，其中在政权建设上采取了在表面上迎合部分鲜卑军人的反汉化的要求。他在公元554年废魏文帝，立齐王元廓为皇帝，把皇帝的"元"姓改回"拓跋"，又把功臣中的汉人姓氏改为鲜卑姓氏，其中功高者有三十六姓，具体情况如下：

　　李弼为徒河氏，赵肃、赵贵为乙弗氏，刘亮为侯莫陈氏，杨忠为普六茹氏，王雄为可频氏，李虎、阎庆为大野氏，辛威为普毛氏，田宏为纥干氏，耿豪为和稽氏，王勇为库汗氏，杨绍为叱利氏，侯植为侯伏侯氏，窦炽为纥豆陵氏，李穆为歔拔氏，陆通为步六孤氏，杨篡为莫胡卢氏，寇隽为若口引氏，段永为尔绵氏，韩褒为侯吕陵氏，裴文举为贺兰氏，陈忻为尉迟氏，樊深为万纽于氏。

李虎在这里被赐姓大野氏，一方面是恢复他过去的鲜卑姓氏，另一方面说明他确实是为西魏政权做出了贡献的人物。宇文泰所定八柱国中，他本人和西魏皇帝已占两席，剩下的六席给大臣，必然要考虑许多方面的因素才会授予。李虎既然为八柱国之一，并封唐国公，自然有其理由。可惜，史书中的有关资料不足，因此我们无法知道其中的详情。

李虎在公元556年前后病逝，所以等宇文觉代魏建周时，所封柱国大将军名单中不见李虎的名字。至于李虎的儿子李昺，则更找不到形迹了。或许李昺见统治集团内部争夺权力的斗争越演越烈，有意回避矛盾，明哲保身，所以才能在杨坚掀起的政治动荡中继承唐国公的名分，为李渊的发迹打下基础。

杨坚建立隋朝，对于李渊家族而言，是一次极其重要的历史考验。因为宇文泰所建立的西魏北周王朝，以鲜卑六镇军人和关陇汉族大地主结合为基础，在与东魏北齐政权和南梁南陈王朝对抗过程中，逐渐占到了优势，本来是有统一天下的可能的。周武帝宇文邕在政治、经济方面都推行了切实可行的改革措施，并且迅速消灭北齐，统一中国北方，就是这一历史大势的反映。不料到了周宣帝执政时，突然不思进取，穷奢极侈到了无以复加的地步，而且滥用重刑，制定特别残酷的《刑经圣制》，规定杖人起码是一百二十杖，后来又加到了二百四十杖，往往是不等给人定罪，就把怀疑犯法的人打死。周宣帝的胡作非为弄得北周朝野内外怨愤，上下离心，给了杨坚取周室以代之的机会。

　　杨坚能够有代周自立的打算，自然与他自身的优势有关。杨坚的祖上杨元寿，曾经做过北魏武川镇的司马，所以杨坚虽然是弘农郡华阴县（今陕西华阴）人，实际上和宇文泰一样出身于武川镇。他的父亲杨忠在东西魏分裂时隶属于独孤信麾下，随魏孝武帝元修入关中，因为尽力辅佐宇文泰建立西魏——北周政权，颇有战功，受封十二大将军之一，后升为柱国，封隋国公。从宇文泰给他赐姓普六茹氏看，他与鲜卑族应有密切的关系，可以说是鲜卑化的汉人。公元541年，即西魏大统七年六月，杨坚生于长安附近的冯翊般若寺，因为父亲杨忠声威显赫，他十六岁就做了骠骑大将军。等到周武帝执政时，杨坚做了隋州刺史、大将军，袭封隋国公。由于杨坚的妻子是有实力的鲜卑大贵族独孤信的女儿，加上独孤信的另一个女儿是周明帝的皇后，所以杨坚以皇帝连襟的身份不断升官。等到杨坚自己的女儿做了周宣帝的皇后，杨坚更是达到飞黄腾达的高峰，做了大司马、大后丞、大前疑、上柱国等要职。北周政权中的汉族官僚发现杨坚的政治地位日益提高，于是心照不宣地团结在杨坚周围。虽然我们从杨坚为首的政治集团中没找到李昞的名字，但是可以推论李昞在政治倾向上一定在杨坚这一边。

　　周宣帝死时他的儿子宇文阐年仅八岁，杨坚为首的政治集团乘机推戴杨坚"入宫辅政"，总揽军政大权。杨坚号称"假黄钺左大丞相"，改变周宣帝的严酷法律，提倡节俭，从而收买了人心。他又借口说赵王宇文招将把女儿嫁给突厥，是背着北周王朝与外来势力相勾结，有扩大个人权力之意，为防止类似事件发生，让北周的宗室诸王都到长安来，以便加以控制。他的所作所为被北周的宗室所发现，为了保住他们的政治优势，宗室贵族们利用地方势力与杨坚对抗。首先起兵的人是相州（今河南安阳）总管尉迟迥和他的兄弟，青州（今山东益都）总管尉迟勤。这兄弟二人的军队有数十万人，他们一动手，整个北周统治区内都出现叛乱势力。其中益州（今四川成都）总管王谦、郧州（今湖北安陆）总管司马消难的力量相当可观。杨坚对此形势早有准备，他派韦孝宽攻打尉迟迥，派梁睿攻打王谦，派王谊攻打司马消难。所有战事中，只有对尉迟迥的战斗最为激烈。因为尉迟迥"素习军旅"，到了老年，仍然"披甲临阵"，他的部下十三万人大都是关中人，能够苦战，兄弟尉迟勤又从青州率领五万军队来协同作战，韦孝宽和尉迟兄弟交手一度处于下风，只好向后撤退。韦孝宽麾下的行军总管宇文忻说："情况紧急，我只好用非常手段了。"原来，他发现邺城（今河北临漳）有很多人在看两军交锋，于是先用箭射围观者。围观者立刻逃跑，宇文忻大呼："敌人败了，快追啊！"韦孝宽乘机率军反攻，尉迟迥反而战败，躲进邺城不出来。韦孝宽纵兵围城，尉迟迥在城破之时被迫自杀。尉迟迥在叛乱势力中实力最强，他一自杀，其他叛乱者立刻再无斗志。王谦很快被梁睿所消灭，司马消难看大势已去，只好逃亡南陈。

杨坚见北周皇室再无军事力量可以凭借，立刻大杀北周宗室诸王，如赵王招、陈王纯、越王盛、代王达、滕王逌、毕王贤、汉王赞、秦王贽。曹王允等人相继遇害，北周的宗室子孙几乎没有剩下几个。年幼的周静帝宇文阐想自己如果不快些交出政权，一定连性命也保不住。公元581年，周静帝以"禅让"方式，把政权给了杨坚。由于杨坚曾任隋国公，所以这个新王朝就被命名为隋朝。

# 婚姻佳话

公元566年，李渊出生于北周的国都长安。他在幼年时代，就看到统治集团上层之间的残酷争斗。在他出生前十年，西魏和北周的实际开创人宇文泰死了，他的侄子宇文护以大将军、司空的身份代替他掌握西魏政权。第二年，宇文护看西魏皇帝没有什么用了，就灭掉西魏，把宇文泰的儿子宇文觉送到皇帝宝座上，这就是北周的第一个皇帝即北周孝闵帝。宇文护以大冢宰的身份专断朝政，任何人的话都听不进去，还嫌皇帝碍手碍脚，在公元557年毒死宇文觉，让宇文觉的兄弟宇文毓代替宇文觉做皇帝，即周明帝。这是北周王朝的第一次政权变更。

李渊长到六岁时，北周又出现大规模的政权变更，宇文护觉得宇文毓做皇帝也不合适，便把宇文毓杀死，再换宇文泰的另一个儿子宇文邕做皇帝，这就是著名的北周武帝，他从小就表现出才干，宇文泰曾经说："能完成我的志向的人，一定是他。"宇文护把宇文邕扶上皇帝宝座，显然是低估了这位堂弟的实力。周武帝十七岁做皇帝时，处处把宇文护放在显要位置，给了宇文护太师、都督中外诸军事、柱国大将军、大冢宰、晋国公等一连串名衔，让宇文护把持所有的权力。趁宇文护放松警惕，宇文邕和卫王宇文直悄悄定下消灭宇文护的计策。公元572年的三月十八日，宇文护从同州（今陕西大荔）视察军务回朝，周武帝在文安殿召见宇文护，然后陪宇文护去含元殿拜见在名义上训政的皇太后。周武帝说："皇太后最近迷上了酒，而且喝醉了就不理朝政，还有许多失礼行为，请皇兄劝她一下。"同时拿出一份《酒诰》来，说："请皇兄对皇太后念这份《酒诰》吧！"宇文护见周武帝说的都是家庭内务，没有细想，就跟着周武帝进了含元殿，对皇太后宣读起《酒诰》来。趁宇文护不注意，而且身边没有亲随，周武帝用玉梃猛击宇文护的后脑，宇文泰立刻倒地，宦官何泉举刀砍宇文护，因为惧怕宇文护的权势，竟然连砍数刀不能致命。这时，藏在里屋的卫王宇文直急忙出来将宇文护杀死。北周武帝从此真正掌握了权力。李渊的父亲李昞那时袭封唐国公，做北周王朝的安州总管、柱国大将军，并不介入宇文家族的内部争斗，所以这场大规模的政权变更，对李家的大贵族地位并无影响。

李渊作为大贵族子弟，自然要考虑门当户对的婚姻。在那个时代，人们极为重视门第出身，贵族家庭往往通过相互联姻，增强自己家族的政治力量，从而巩固自己的政治地位。李昞在为儿子婚姻大事考虑的同时，一定也有其他贵族家庭打李家公子的主意。在这个通过择偶而投身政治的活动中，李渊按照父母的意见，选择了大贵族窦毅的女儿。

窦毅的父亲窦岳早死，他跟着叔叔窦炽长大。窦炽早在尔朱荣镇压六镇军人起义时就成为尔朱荣手下战将，后来跟着北魏孝武帝对付高欢，战败后随魏孝武帝一起西奔长安，投到了宇文泰门下。窦炽是一员勇猛的战将，在西魏和东魏的洛阳会战中，宇文泰军战败，窦炽率两骑被高欢的军队追困在邙山。窦炽在山上引弓射敌，敌兵人马应弦而倒，死伤极多，再不敢向前，窦炽乘机突围。后来，他随宇文泰手下大将太保李弼征讨白额稽胡（来自中亚的羯胡之一），立下战功，官封车骑将军。不久，又在对高欢的战争中建功，做了西魏的泾州刺史，进授大将军。到了宇文护掌权时，窦炽因为北征柔然，俘获大量人畜财物，官封柱国大将军。北周武帝杀宇文护时，窦炽表示支持，官至太傅，成为周武帝所依靠的老臣之一。

到了周宣帝胡作非为的时候，窦炽做过京洛营作大监，负责长安和洛阳的城市建设。杨坚篡周时，窦炽在洛阳帮助杨坚平息尉迟迥之叛，算是对杨坚建隋有所贡献。不过他与北周皇室关系密切，所以当其他大臣劝杨坚代周做皇帝而写劝进表时，他拒绝签名。隋文帝杨坚为拉拢他而拜他为太傅，他仅在名义上接受，实际并不上任，以七十八岁高龄病逝。窦毅作为窦炽的侄子加入西魏政权，在宇文泰手下为将，因为屡立战功，官至骠骑大将军、开府仪同三司、大都督、幽州刺史。等到北周建立，进爵神武郡公，还做了大将军。他曾出使突厥，对北周与突厥关系的稳定起了重要作用。正因为窦氏家族是北周政权依靠的力量，所以宇文泰把女儿襄阳长公主嫁给了窦毅。有了这样的皇亲地位，窦毅家的女儿一定是当时贵族子弟们追求的目标。

窦毅和襄阳长公主的女儿生于长安始平，一生下来，就是一个长发美女，三岁时头发已经和身高相等。她的舅舅就是北周武帝，特别喜欢她，下令将她养于宫中。不料这个小姑娘在宫中观察政治形势非常仔细，她见舅舅周武帝不喜欢娶来的突厥公主，就悄悄对周武帝说："现在我们四面临敌，其中突厥的力量最强，请舅舅以天下社稷为重，对突厥来的舅母好一点，将来国家还需要借助突厥的力量，如果成功，这样对付江南和关东的敌人就不难了。"周武帝立刻接受了她的建议。窦毅听说后，对妻子襄阳长公主说："这个女儿才貌双全，不敢轻易嫁给什么人，得给她找个有前途的贤夫才行。"夫妻二人商量了很久，想出一个很特别的法子。窦家在门屏上画了两只孔雀，然后对所有前来求婚的贵族子弟说："谁能射中孔雀眼睛，我们就把女儿嫁给他。不过，只许射两箭，不中即请离开。"当时贵族子弟几乎人人想争得这门亲事，于是来者踊跃。不料前后好几十个贵族子弟前来试运气，没有一个人能射中孔雀眼睛，正当窦毅夫妻为女儿的命运担心时，李渊来了。

　　李渊虽然年仅十九岁，但由于他七岁时父亲李昞死了，于是直接袭封唐国公，算是有身份的求婚者。史书说他"倜傥豁达，任性真率，宽仁容众"，看来在当时的贵族少年中算得上是一个相貌堂堂者。我们从台北故宫博物院所藏《唐高祖像》中也可以看出李渊的相貌相当出众，所以他到窦家来求婚，一定是很受窦家注意的。尤其是李渊作为鲜卑军人子弟，从小善于骑射，窦家提出的箭中雀屏要求对他并非难事。当他拉开弓毫不犹豫地将箭射出，两支箭各中一只孔雀眼睛。窦毅一见喜出望外，立刻把女儿嫁给了李渊。这位窦氏小姐不但在政治上有所见解，持家也很有办法，她和李渊所生四个儿子，除了三子李元霸早死外，长子李建成、次子李世民、四子李元吉都很有本事，李世民就是后来大名鼎鼎的唐太宗，曾经多次提到母亲教育的影响。这样一次箭中雀屏的婚姻，造就出唐代开朝皇帝父子英雄的结果，因此成为历史上广泛流传的佳话。

　　李渊娶了窦氏小姐为妻，算是有了一个贤内助。李渊的母亲，也就是李昞的夫人（后来被尊封为元贞太后），当时身体状况很差，经常出现病危现象，其他侍女嫌这位老太太脾气不好，总是找借口躲得远远的，唯独窦氏昼夜服侍在老太太床前，经常十几天甚至一个月不脱衣服，被称为至孝之媳。她又善书法，写出来的字很像李渊亲笔所书，拿出来，人们往往分辨不清究竟是夫妻二人中谁写的。她又有很高的文化修养，李世民就受到过她的许多教益。只是窦氏毕竟是北周皇室的后代，对杨坚欺负北周皇室孤儿寡母，强夺北周政权心怀不满，总要在丈夫面前说几句心里话，日子久了，便会对李渊产生影响。李渊后来趁隋末农民大起义时起兵反隋，建立起大唐王朝，虽然原因很多，但是，却不可忽视窦氏小姐所起的作用。

　　窦氏小姐对隋文帝的不满，可以看作是李渊后来起兵反隋的原因之一，不过却不可忽视李渊家族又与杨坚家族有密切的亲戚关系，这便在很大程度上抵消了窦氏小姐所起的作用。杨坚之所以能够发迹，主要是沾了他岳父独孤信的光。独孤信的祖先是鲜卑三十六部落大人之一，这样他在鲜卑军人中，有极大的影响。他的祖父独孤埃尼从云中（今山西大同）赴武川镇戍边，把整个部落都带到了武川，所以他的父亲独孤库者做了武川镇的领民酋长。独孤信本人同其他鲜卑少年一样，从小练习骑射，在北魏六镇军人起义时，曾和贺拔岳之父贺拔度拔一道消灭武川镇起义军卫可孤部。当他在河北的中山就食时，曾经在葛荣手下做事，等到尔朱荣消灭葛荣，独孤信就成为尔朱荣的部下了，被任命到荆州做防城大都督。后来贺拔岳的哥哥贺拔胜来荆州做刺史，独孤信就成为贺拔胜的副手。北魏孝武帝西奔长安时，独孤信曾经表示效忠，被任命为都督三荆州诸军事，车骑大将军。杨坚的父亲杨忠是独孤信麾下大将，与独孤信在荆州抵抗侯景不利，一同撤退至关中，投奔了宇文泰。杨坚后来娶了独孤信的女儿，主要是因为独孤信是杨忠的顶头上司。独孤信在宇文泰手下统领大军，官居要职，从大司马做到太保、大宗伯，封卫国公。他的长女是北周明帝的敬皇后，四女就是李昞的妻子、李渊的母亲元贞皇后，七女嫁给了杨坚，就是后来著名的独孤皇后。虽然独孤信被宇文护所迫自杀，但他在西魏——北周政权中的地位却是极高的，杨坚靠独孤信的支持发展起了自己的势力，李昞和李渊在很大程度上依靠独孤信的关系，避免在杨坚篡夺政权的斗争中遭祸。正因为隋文帝杨坚的独孤皇后是李渊的姨妈，所以李渊受到隋文帝的重视和喜爱，在尚未立功时就委以重任，官至刺史。这种鲜卑贵族之间的联姻关系，常常是历史事件发生和政治局势动荡不安的重要根源。

# 暗中壮大

　　李渊和窦氏共生四子一女：四子是建成、世民、元霸和元吉；一女嫁给临汾人柴绍，她就是组织"娘子军"的平阳公主（也有史籍记为平阳昭公主）。在诸兄弟中，李元霸只活了十六岁，在大业十年（公元614年）就夭折了；而长子建成、次子世民、四子元吉都是协助李渊太原起兵、建唐称帝、统一全国的重要人物；平阳公主也是一位巾帼将才，曾率"娘子军"帮助父亲打天下。

　　杨坚受禅而废北周，建立隋朝，就是历史上的隋文帝。李渊的姨妈独孤氏理所当然地成了独孤皇后。

　　虽然有姨妈的特别关爱，但李渊在隋文帝时并不是特别显赫，仅先后位千牛备身（皇帝亲身护卫）和谯州（今安徽亳州）、陇州（今陕西陇县）、岐州（今陕西凤翔）的刺史，没有多大的实权。

　　到了隋炀帝杨广即位后，作为杨广表兄弟的李渊才逐渐得到重用，手中的实权也逐渐强大起来。

　　隋大业初年，李渊被任命为荥阳（今河南荥阳）、楼烦（今山西静乐）二郡太守，不久又被任命为殿内少监。

　　隋大业九年（公元613年），隋炀帝发动征伐高丽的战争（隋第二次远征高丽）。李渊受命在怀远镇（今辽宁辽阳西北）负责督运隋朝远征军的粮草。兵马未动，粮草先行，历来行军打仗，粮草的接济、保护都是非

常重要的任务，也特别辛苦，隋炀帝把这样一件关系着隋军安危的使命交给李渊，表明李渊在他心目中的地位还是不同一般的。虽然这种信任有一部分是出自对亲戚的信任，但也必定有李渊的实际能力在其中起着重要作用。正是这两种因素逐渐使李渊在隋朝政权中占据越来越不可低估的地位。

隋炀帝接连征兵进攻高丽，还下令征发男丁十万人去修筑大兴城，致使国力空虚，老百姓苦不堪言，怨声载道，民众的厌战情绪非常强烈；再加上前几年隋炀帝倾全国的人力、物力、财力营造东都、修西苑、开凿京杭大运河，男丁已经非常缺乏，甚至开始役使妇女了。民不聊生，各地民众纷纷起义反抗。

世道纷乱，不仅布衣白丁惨遭横祸，连一些无权少势的殷富之家也在隋炀帝的敲榨勒索下破产。在拒谏诛贤的暴君领导下的隋朝统治阶级也胡作非为，捞取政治资本，鱼肉百姓。可想而知，民心该有多怨愤。

在隋炀帝征讨高丽之时，开国重臣、已故相国杨素之子礼部尚书杨玄感利用民心思变、天下大乱的形势，起兵反隋。杨玄感的大军直向东都洛阳逼来。

李渊事先觉察到杨玄感要举旗造反，于是马上派人带着紧急文书去报告远在辽东的隋炀帝。而另一方面李渊却和宇文士及密商反隋大计。

隋炀帝得到这个消息，慌忙草草收兵，班师回朝，同时命令李渊为弘化（今甘肃庆阳）留守，指挥潼关以西各郡的兵马，抵抗杨玄感的进攻。

杨玄感反隋像

不久，杨玄感在隋朝大军的团团围攻之下，兵败身死。而李渊就留守在弘化郡了。

在此期间，李渊广树恩德，结交江湖豪杰，有很多人都去依附他，表示愿意为他效力。疑心病向来非常重的隋炀帝知道了这些事情，于是开始对李渊有了猜忌之心。

隋炀帝想来想去不放心，就派人去叫李渊来见他，恰好李渊重病缠身，没有前去。而李渊有一个外甥女王氏在隋炀帝处办事，于是隋炀帝就问王氏："你的舅舅为什么迟迟不来见我？"王氏告诉他，舅舅病了，所以不能前来拜见皇上。隋炀帝听了这话，心情更加恶劣了，阴阳怪气地问："他死了没有？"

王氏听了这话，心中大惊，一时找不出个计策来应付隋炀帝这个杀人如麻的暴君，只得低眉顺眼地站在那里，一声不响。隋炀帝倒也没有难为她，说完就走了。

王氏毕竟知道此事非同小可，随后把事情本末告诉了在弘化留守的舅舅李渊。

李渊得知此事，大吃一惊，深悔平时太过招摇，暴露了心机，如果再这样下去，一定得被隋帝猜忌封杀不可。心气浮躁何以成大事？于是李渊开始故意成天酗酒，而且装得非常贪心小气地收受贿赂。他希望这种做法能够把自己称雄天下的豪情壮志给掩盖起来，以消除隋炀帝的戒心，这样显然能够有效地避免遭到锋芒过于外露的隋朝宿将鱼俱罗、董纯、吐万绪的杀身之祸，防止隋炀帝喜怒无常的心思再兴起这样一个念头——像抄斩大将军李浑势力强大的家族一样把李渊的家族也给铲除！而且，这种韬光养晦的做法能够尽量躲开隋炀帝眼线的监视，坐观事态的变化，并且暗中扩张势力，等待时机成熟，乘机举兵而起，取隋朝而代之。

这就是李渊当时的真实想法。而不是像《资治通鉴》所说的那样，李

渊是一个毫无心机，完全忠于隋王朝，没有任何政治野心的不贰忠臣。司马光等人之所以要把李渊的形象定格成公忠体国、身不由己的顺民贤臣，也和欧阳修编撰《新唐书》的意图一样：对前朝史事的记述态度不得对本朝史事构成"唐突"。

李渊显然明白，隋炀帝不是可以长久侍奉的君王，在他身边办事不仅如同陪伴一只害了疯病的老虎，而且对自己的政治抱负也是一种压抑。李渊准备自己主宰天下。

隋大业十一年（公元615年），隋炀帝降下圣旨，任命卫尉少卿李渊为山西、河东慰抚大使，承担该地区郡县选拔、抽调的文武官员的升迁贬谪的工作，还负责调集河东（今山西运城）的隋军去镇压起义的农民军。

李渊领命，携带家眷往河东任所而来。当他们到达龙门的时候，遭到毋端儿率领的数千名农民起义军的阻击。李渊率军击溃了毋端儿部，并连续打败另外两支势力——敬盘陀、柴保昌部，收服数万人，声威更加强劲。而且李渊的势力也明显变强。

第二年，李渊受命迁任为太原道安抚大使。

在以前，隋炀帝因为突厥始毕可汗部逐渐强盛，于是采纳裴矩的意见，策划分散始毕可汗的势力。隋炀帝打算把一个皇族女子先册封为义成公主，作为皇帝的女儿嫁给始毕可汗的弟弟叱吉设，还要封他为南面可汗。叱吉设接娶了义成公主，但是不敢接受可汗的册封。

始毕知道此事，对隋朝逐渐怨恨起来，想方设法要进行报复。

突厥部有一个大臣叫史蜀胡悉，这个人精通兵法谋略，深受始毕可汗的重用。隋大臣裴矩为了削弱始毕的势力，派人诈称要和史蜀胡悉做生意，把史蜀胡悉骗到马邑，杀死了他。然后裴矩又叫人去对始毕说："史蜀胡悉背叛可汗来向我投降，我帮你把他杀了。"始毕当然明白这是隋朝的阴谋。从此，始毕再不派人朝见隋炀帝。

隋大业十一年（公元615年）秋，隋炀帝巡游北部边塞，始毕可汗获悉此事，立即策划率领几十万骑兵袭击隋炀帝的车队。

嫁到突厥去的义成公主探听到始毕的计谋，派人飞马向隋炀帝报告了。隋炀帝得到义成公主的情报，迅速驰入雁门城。

始毕可汗的部队很快包围了雁门郡。面对刀如山、戟如海的浩荡突厥兵，隋军惊慌失措。由于仓忙应战，隋军的战略物资根本没有准备，万般无奈之余，隋军只得拆房捣屋收集卫城拒兵的材料；城中有军民十五万人，而粮食只够供应二十天，大有掘鼠罗雀之虞。

很快，始毕部连续攻破雁门郡四十一座城池中的三十九座，只剩下雁门城、崞县尚在隋军手中。

连拔数十城的突厥军猛攻雁门城，狼牙箭已经射到隋炀帝的面前了。隋炀帝大为惊恐，抱着赵王杨杲直哭，连两只眼圈都哭得又红又肿。

李渊接到雁门危急的求救书，立即和马邑太守王仁恭率军前往救援。但李、王所率隋军寡不敌众，只得暂时败退。

退守营盘的李渊经过深思熟虑，决定选精骑兵二千人在驻地附近游逛，找水草丰美的地方去喂马，还像突厥人一样骑马驰骋打猎，故意给突厥部一种闲暇的假象；另外挑选箭法精湛的士兵埋伏起来作为奇兵。

始毕的突厥兵见到李渊领头的隋军这个样子，以为他们不敢出战，于是都放松了警惕，对隋军满不在乎。

李渊见时机已经成熟，立即命令埋伏的射手迅速出击。突厥兵猝不及防，惨遭败绩，被隋军击毙数千之众，只得撤军北还。

雁门郡之困由此得解。从此，只要李渊亲临北部边塞，突厥就不敢轻易进犯。

李渊在隋炀帝那里随即更受重视了。

隋大业十二年（公元616年），李渊被任命为右骁卫将军，调任为太

原道安抚大使。战功得到了奖赏，图霸天下的力量也在集聚。

隋大业十三年（公元617年），李渊被任命为太原留守，郡丞为王威，副将为武牙郎将高君雅。李渊更有长留太原的意图了。

太原是隋朝军事重镇，兵源充足，粮草丰沛，府库储粮可耐久战。能够在离乱变迁的时候把持这样一块兵家宝地，李渊必定有正中下怀，幸甚至哉的畅快！李渊的部下温大雅在他写的《大唐创业起居注》中这样描述李渊得镇太原的心态："帝以太原黎庶，陶唐旧氏，奉使安抚，不腧本封，因私喜此行，以为天授。所经之处，示以宽仁，贤智归心，有如影响。"

等到隋炀帝任命李渊为太原留守时，李渊又是一阵窃喜，对二儿子李世民等人说："唐固吾国，太原即其地焉。今我来斯，是为天兴。与而不取，祸将斯及。然历山飞不破，突厥不和，无以经邦济世也。"

由此可见，李渊自己早就有反隋的决心，他时刻都在图谋大业，时刻都在等待举兵时机，而不是像后来的《资治通鉴》《新唐书》说的那样，是一个浑浑噩噩，惰于思考的庸才，也不是一个受儿子驱策的凡夫俗子。

温大雅长期跟随李渊南征北战，对李渊的起居言行肯定很熟悉，而且他的《大唐创业起居注》成书于隋义宁至唐武德年间，下距玄武门之变尚有八九年的时间，因此能够比较诚实地记述李氏父子反隋兴唐的事迹和各自的作用。

李渊有重大图谋已是确定事实，不过，正如他自己所说，强大的农民起义军"历山飞"和外族突厥威胁着太原的南、北两方，不剪除这两股势力，非但谋取天下无望，就连固守太原也是不易。

因此，李渊到太原后的最大任务就是铲除"历山飞"农民起义军，为他巩固在太原的势力扫清道路，同时缓和与突厥的关系。只要这两股贴近太原郡的危险势力消除了，李渊在太原就能站稳脚跟，然后以此地为根据

地，削平四周的割据势力，吞并隋朝天下就指日可待了。

而在发展自己的势力，观察隋朝政局变化的过程中，李渊仍有必要以忠心耿耿的护卫忠臣的面目出现，韬光养晦，等待时运而突起异兵。

隋大业十二年（公元616年），隋炀帝巡游江都（今江苏扬州）。

隋炀帝此次游江都，也和以前一样，造了许多新的龙舟——因为以前那些已经被叛乱的杨玄感烧掉了。江淮的奇珍美女当然又得遭殃了，平民百姓起来反抗的决心也越大了。

杨广非常依恋江都，有很多大臣劝他北还，他都不听。这对据守太原的李渊来说，无疑又助上了一臂。

太原留守李渊利用昏君远游不能及远的便利条件，乘机扩充自己的实力。

于是，"历山飞"起义军首先遭到李渊的攻击。

"历山飞"是太原郡附近的一支农民起义军王须拔部的手下大将魏刀儿的自号。王须拔自称漫天王，定国号为燕。

这支起义军结营驻扎在太原郡南部，数量达十多万之众，一时间截断了上党郡、西河郡的内外联系，声威震于隋朝。

"历山飞"巧于攻城，作战非常勇猛。他们先向南边的上党郡进攻，打败了隋将慕容罗侯的军队；然后于隋大业十二年四月派部将甄翟儿率领十万大军攻打太原，隋将潘长文兵败身亡。

李渊任太原留守后，即率领郡丞贵郎王威等人和太原郡以及从河东郡带来的兵马，前去镇压连战连捷的"历山飞"。

两军在河西郡雀鼠谷口（今山西灵石）相遇。当时，"历山飞"起义军有两万多人前来出战，而李渊所率部众只有五六千骑兵、步兵而已。

面对如此悬殊的军力，王威和其他将士都非常害怕，暗想如今必定马革裹尸了。

　　李渊见到部下这个脓包样，笑着说道："各位无须担心。这些乌合群盗，看中的只是钱财。他们连连得胜，就有恃无恐，以为自己是万能的军队了。如果我军凭蛮干去和他们相斗，当然不可能取胜，但是如果运用智谋，肯定能够击败他们！"

　　不一会儿，"历山飞"起义军列阵直向隋军逼来，十里之间，首尾相连，阵容确实强大。

　　李渊立即将所率兵马分为两阵，把老弱残兵放在中央，叫他们多多地打出大旗来，并拖拽各种辎重物资行进，同时大肆吹响军号，以此迷惑"历山飞"，使他们以为隋军主力就在此处；另外又选出精锐骑兵数百骑，分成两个小队，安置在假主力的两翼。隋军上下，没有谁明白李渊的葫芦里装的是什么药，不过既然主帅要这么干，总有他的道理，即使没有道理，如今也只有等开战以后才能明白了。因为作将帅的不能随便下命令，他的一举一动都关系着千百人的生命甚至一个国家、一个民族的生死存亡，怎么可以像小孩玩游戏那样轻率呢？所以，孙子说得好："兵者，国之大事，死生之地，存亡之道，不可不察也。"

　　隋军和"历山飞"军即将接触！

　　李渊命令王威率领虚假的主力为前锋，大张旗鼓地迎向"历山飞"军。

　　"历山飞"军以为王威所率部就是李渊所在的主力，当即派出精锐兵力冲杀而来！

　　王威见了这如狼似虎的酷烈阵仗，吓得从马上摔了下来，要不是他的随从机智，马上把他从地上拽了起来，他的姓名非添在"历山飞"的功劳薄上不可。

　　"历山飞"冲到阵前，见到大批的作战物资，不知是计，还以为在困难的岁月里得到了人生战场中的巨大收获和补偿，于是纷纷聊发抢物狂，蜂拥而上。可以想象当时的景象：一群人手握兵戟，衣衫褴褛地奋拉在瘦骨嶙峋的躯体上，满是菜黄色的瘦脸上只有双眼闪着光芒——这种光芒中有渴求，有希望，有仇视，而此时却闪动着狂喜的攫取之光！他们狂叫着，蹦跳着，扔下了手中的武器和狼狈逃窜的敌人，朝着胜利的果实猛扑过去，抓抢着，欢笑着，或许还有喜悦的泪珠滑过纵横沧桑的脸庞……但是，这群少有喜悦的人没有想到，就在不远处，有一双冷酷的眼睛正静静地注视着他们的喜悦和悲伤，这双眼睛里缺少对人的怜悯，更没有为即将遭杀戮的人而痛苦，它们有的只是征战的自信、胜利的喜悦和主宰天下的豪情。

对这种组合，这种画面，人们会有怎样的感叹？

无论后人怎样感叹，李渊还是举起他那霸主的马鞭：两翼进攻！

两支骑兵夹攻"历山飞"，不需要太丰富的想象力了，用两个字就可以概括当时的情形——惨烈。李渊亲自率众夹击，对"历山飞"军众进行交叉射击。仆尸无数，血流成河。

"历山飞"大乱而退，李渊乘胜追击，所向披靡，直达"历山飞"腹地纵深。

此次战役，李渊招降"历山飞"部属男女老少数万人，从根本上铲除了这支起义军的势力根基。

消灭了"历山飞"，李渊转而对付北面威胁太原郡的突厥人。

隋大业十二年（公元616年），李渊任太原道安抚大使时，曾会同马邑太守王仁恭率军屡败突厥人，使之深为忌惮。如今李渊留守太原，王仁恭独留马邑郡，孤立无援，因此突厥骑兵频频进犯马邑郡，隋朝边关将士深以为患。

李渊于是派太原副留守高君雅率领兵马前去援助王仁恭。但高君雅和王仁恭联合起来也不是突厥人的对手，屡战屡败。突厥人的进犯更加猖狂了。

　　远在江都的隋炀帝得知此事，游兴大败，长期不问政事的脾性一转弯，要严肃地对待败于突厥之事了。于是他风风火火地派人到北面来杀掉王仁恭，逮捕李渊，并押往江都治罪。从隋炀帝对待王仁恭和李渊的不同态度上可以看出，隋炀帝杨广对自己的表兄弟还是留有情面的——虽然这点情面远远不能满足李渊的巨大要求。

　　当时天下大乱，许多贵族巨户拥兵自重，割据一方，致使交通断绝。隋炀帝派到各地抓叛捕盗的兵马多数难以行进，来往传递信件的使者也不能安全通过，而唯独这次派到太原郡来的"勾魂使者"没有遇到拦路大王、剪径山贼，一路平安地到达了太原，所以这帮久见混沌世道的使者们无不莫名惊诧，大叫怪哉。

　　这群催命鬼在一天夜里到达太原郡任所晋阳城（今山西太原南）。

　　这天晚上，温彦将（即温大有）到城西门楼上去睡觉，刚好看到抵达城下的隋炀帝使者，马上报告了他的哥哥温彦弘（即著《大唐创业起居注》的温大雅）。温彦弘急忙向李渊的住处赶来。

　　李渊当时刚刚睡下，听说隋炀帝的使者到了，大惊而起。

　　李世民闻讯也飞奔至父亲的卧房。

　　听了温彦弘的报告，李渊拉着他的手笑着说："如果这件事以后我还能活着，一定是上天给我的恩赐了。"又对二儿子李世民说："我听说只有神仙才会不走路而到想到的地方，不死赶活赶而行动迅速。今天这些使者完全可以称为神仙了！上天派这些人来催促我，看来我必须见机行事了。我之所以没有提早起兵，是因为你的兄弟们还没有回来呀！现在我将遭遇口里之厄，你们兄弟几个一定要齐心合力，举兵图存，不要和我一起遭受满门抄斩的祸事，搞得家破人亡，被英雄所笑！"

　　从这句话完全可以看出，李渊早已有反隋之心，之所以没有正式打出大旗来，一方面如他所说，是因为他的家属大多在河东郡（当时李建成、

李元吉都在河东）。还有一方面他没有说出来，即他需要一定时间来巩固太原这块基地，而不能像杨玄感之流，草草起兵而终为隋军所败；且当时隋朝势力尚强，不宜起兵。

李世民见父亲大人为了家属的安全不愿起兵，也不逃跑，于是哭着说："全国河山如此之大，到处都有安身之处。请父亲大人学一学汉高祖躲起来，等机会成熟了再出来图谋大业！"

李渊听了儿子的话，摇了摇头，说："今天这样是时运决定了的，我虽然能机变灵活，又怎么样呢？天命所在，我必定成大业，所以这件事未必不是一种启示。我今天要尊敬上天的旨意，赌一下命运。如果上天保佑我，我岂能被他们害了？如果上天一定要消灭我，逃跑又有什么用呢？"

这是温大雅《大唐创业起居注》上的记载，也不知道李渊是否真的说过这些话。不过李渊确实有可能说过类似的话。但是若他真是像自己所说的那样，要和命运之神赌一把，那就和李世民、温大雅一样——上了他的当了。

因为当时的形势是，李渊留守太原重镇，是抵挡突厥和四处起义军的一支强劲力量，他明白，他知道隋炀帝也明白，所以他决定留在太原郡不动，等隋炀帝的人来抓。在这种情形下，可能会发生两种事：一是李渊被抓走，那么太原郡的防御力量必定少了一根擎天柱，突厥、起义军就会大举进犯太原重镇。太原告急，隋炀帝首先会想到谁？必是李渊。因为到此为止李渊最多只是犯了点失职的小错，完全可能给隋炀帝"皇恩"浩荡一下——发还回太原将功赎罪抵抗突厥。而且李渊在太原也快两年了，远比其他人熟悉太原的情况，加上和突厥屡次作战，对突厥的情况也了解得比其他人透彻，不叫他去救太原叫谁去？何况隋朝天下大乱，王公贵胄造反的已不是少数，朝中早已无人了！二是，隋炀帝再派人来收回成命——这只是提前让李渊回去救太原而已，而且这种提前会给隋王朝减少许多麻

烦。如果隋炀帝头脑灵活的话，他会做出第二种选择。

所以李渊完全胸有成竹，早就认定了自己不会有什么大事，所以他不想逃跑。逃跑是什么后果？肯定大事不妙。如果李渊逃跑，必定更加激怒隋炀帝，隋炀帝盛怒之下，就不会把李渊同王仁恭区别开来了，而会生出杀之而后快之心，那么李渊就站在了隋王朝的对立面——这既不利于李渊的生命安全，更不利于他图谋天下的大业。杨玄感起兵反隋终究败亡就是一个最好的实例。出于同样的目的，李渊也不会在这个时候起兵——因为那样做无疑更直接地表明了反隋的态度，同样会遭到隋王朝的大举进攻——既然自己已经确信隋炀帝不会真的动了必杀之心（与王仁恭的处理的分别就是证明），为什么要自己把悬着灭顶之石的绳子割断呢？

因此，完全不能认为李渊是个优柔寡断，盲目尊崇上天的人，而应该确定他是一个老谋深算，极富心机的政治家——他极能隐忍，绝对不在势力尚小，时机不成熟的时候显露政治抱负。隋大业十年（公元614年）李渊任弘化留守时曾因广结江湖豪杰而暴露了政治野心，若不是他见机行事，随即采取酗酒纳贿这种"自甘堕落"的应付措施，只怕非但不能留守太原重镇，而且已经身首异处了，何谈图谋天下！

所以，王夫之评论李渊："高祖意念之深，诚不可及也。"极有道理。

不出所料，隋炀帝的第一批使者刚到太原没几天，第二批使者就来了，赦免了李渊和王仁恭的罪过，让他们依旧担任原来的官职。

这次险遭拘捕事件使李渊加快了举兵起事的准备。他命令长子李建成仍留在河东郡，广结英雄豪杰，命令次子李世民在晋阳城秘密招揽有才能的朋友。李建成、李世民都很有谋略，经常广施钱财，接济贫困；而且广泛结交各种朋友，不管出身高低贵贱，也不管是商贩还是赌徒，只要有一技之长，都收罗门下，即使有些失礼的举动，建成、世民也不会说什么，因此两兄弟都非常得人心，门下能人异士数不胜数。

李渊自己也广泛接触各色人等，不分贵贱贫富，李渊只要见过一面，就会长期不忘。而且他还经常研究天下的山川要冲和风俗习惯。

经过父子三人的努力，李渊麾下网罗了大批能人，史书记载的比较有名的就有：刘文静、刘弘基、殷开山、刘正会、温大雅、唐俭、武士彠、王长阶、权弘寿、姜宝谊、长孙顺德、杨毛、窦琮等。这些人为李渊替隋建唐立下了汗马功劳。

大将已有，兵马已足——李渊镇压数起农民起义军，收罗了大批降将降兵，加上李渊父子三人有意扩张势力，其粮草兵马必定迅猛增长——李渊意已动。他感到起兵的时机已经到了，因为这时太原郡四周郡县几乎全被造反背隋的贵族军队、农民起义军占领。李渊需要的只是一个正式兴兵的有力借口了。

晋阳起兵

第二章

# 发动兵变

　　李渊作为一个关陇军事贵族的后裔，在隋王朝的政治地位与他拥有无上尊荣的先世相比，是明显下降了。种种迹象表明，隋炀帝对李渊怀有猜忌之心，而李渊一家对隋皇室也抱有怨恨。李渊妻子窦氏原是北周皇族，在杨坚篡周建隋时，她就曾痛哭流涕地说："恨我不为男，以救舅氏之难。"隋炀帝大业年间，李渊有骏马数匹，窦氏对李渊说："今皇上好鹰爱马，公有所知，此马不可久留，宜即上贡，否则必招身祸。"李渊不听，果然受到隋炀帝的谴责。后窦氏病死，李渊为求自安之计，多次搜求鹰犬进贡，不久果然提升为将军。李渊对儿子们说，我要是早听你们母亲的话，居此官久矣。当然在政治局势相对稳定的情况下，这种钩心斗角的内在矛盾并没有也不可能激化。再加上李渊与隋炀帝是亲戚，除了君臣关系外，又多了一层血缘关系。李渊一家基本上是忠于隋朝政权的，隋炀帝对李渊也是基本上信任的。在正常的情况下，李渊父子可以通过建立军功这条道路，来达到提高自己地位的愿望，而这条道路对他们来说也是现实的。在全国反隋斗争爆发之初，隋炀帝一再委李渊以重任；而李渊父子基本上采取忠于隋杨政权的立场和态度，李渊出任太原留守后，实施了对历山飞农民起义的镇压，然而就全国范围来看，各地的农民起义如火如荼；也有地方贵族、豪强势力趁机起兵占据州县，割据一方。据《新唐书·高祖本纪》记载：

刘武周起马邑，林士弘起豫章，刘元进起晋安，皆称皇帝；朱粲起南阳，号楚帝；李子通起海陵，号楚王；邵江海据岐州，号新平王；薛举起金城，号西秦霸王；郭子和起榆林，号永乐王；窦建德起河间，号长乐王；王须拔起恒、定，号漫天王；汪华起新安，杜伏威起淮南，皆号吴王；李密起巩。号魏公；王德仁起邺，号太公；左才相起齐郡，号博山公；罗艺据幽州，左难当据泾，冯盎据高、罗，皆号总管；梁师都据朔方，号大丞相；孟海公据曹州，号录事；周文举据淮阳，号柳叶军；高开道据北平，张长据五原，周洮据上洛，杨士林据山南，徐圆朗据兖州，杨仲达据豫州，张善相据伊、汝，王要汉据汴州，时德缸据尉氏，李义满据平陵，綦公顺据青、莱，淳于难据文登，徐师顺据任城，蒋弘度据东海，王薄据齐郡，蒋善和据郓州，田留安据章丘，张青特据济北，臧君相据海州，殷恭邃据舒州，周法明据永安，苗海潮据永嘉，梅知岩据宣城，邓文通据广州，俚酋杨世略据循、潮，冉安昌据巴东，宁长真据郁林，其别号诸盗往往屯聚山泽。

其实李渊的反隋之心早已有之。《旧唐书·宇文士及传》载，唐朝建立后，宇文士及前来投唐，并与李渊谈及往事说："往在涿郡，尝夜中密论时事。"当时，李渊笑对裴寂说："此人与我言天下事，至今已六七年矣，公辈皆在其后。"宇文士及降唐是在武德二年（公元619年）二月。照这样计算，李渊与宇文士及密论时事大概在大业九年（公元613年）上半年。据《资治通鉴》记载，大业九年（公元613年）正月，"诏征天下兵集涿郡，始募民为骁果，修辽东古城以贮军粮"。这时，李渊任卫尉少卿，督运于怀远镇，途经涿郡，才与宇文士及有这次密谈。据史籍记载，李渊与裴寂等人在太原所"言天下事"，都是起兵反隋之事；李渊在涿郡与士及所论时事，自然也是指反隋之事。李渊既然敢同宇文士及论

及这种大事，可见二人关系非同一般。事实也是如此，当李渊为殿内少监时，宇文士及为奉御，并与李渊"相互引重"。李渊与宇文士及这次"密论时事"，也许与礼部尚书杨玄感起兵反隋有关。杨玄感于大业九年（公元613年）六月起兵于黎阳，许多贵族官僚子弟都依附于杨玄感而参加起兵，可见当时在上层社会分子中，反隋的思想是较为普遍的。也许李渊、宇文士及正是在这种情况下论及天下大事的。但杨玄感的起兵很快被镇压下去，李渊只好把反隋的心事压下来。比如说，当李渊受命为弘化郡留守，握有关右十三郡重兵，他的妻兄也曾劝他，于玄感起兵时"可乘其便"反隋。但李渊认为时机尚不成熟，便以"无为祸始，何言之妄也"，加以推托。由此可见，李渊的反隋思想显露于大业九年（公元613年），随着形势的变化和李渊同隋炀帝潜在矛盾的加深，到了大业十一二年时，他的反隋思想进一步明朗化，并最终成为晋阳起兵的思想动因。

为了扩大自己的势力，李渊十分注意网罗人才。他指示建成"于河东潜结英俊"，世民"于晋阳密招豪友"。建成、世民则倾尽财力，礼贤下士，只要有一技可用之人，无论出身，皆养于门中，所以众人归心。当时，地主阶级中一些有政治眼光的人，已经认识了隋朝的灭亡已是必然之势，因此纷纷寻找着自己的政治依托和靠山。而李渊父子则是最佳人选并且是他们的希望所在。

在李世民"密招豪友"的过程中，刘文静、裴寂为酝酿起兵起到了重要的作用。

刘文静字肇仁，据《旧唐书·刘文静传》记载，此人"伟姿仪，有器干，倜傥多权略。隋末，为晋阳令，遇裴寂为晋阳宫监，因而结友"。李渊来太原出任留守，刘文静通过一段观察后，认为李渊"有四方之志，深自结托"。刘文静又通过私下对李世民的观察，认为世民必定能成就大事，因而对裴寂说李世民不是非常之人，乃天纵英才。后来，刘文静因与

瓦岗农民起义军的首领李密结为姻亲，被隋炀帝下令投入太原大狱中。李世民深知刘文静是一位可以共同图谋大事的人才，便私下到狱中探望他。刘文静见李世民到狱中看望自己，心中明白他为何而来，便十分高兴地说道："天下之乱，非有汤、武、高、光之才，不能定也。"

李世民回答说："卿安知其无，但恐常人不能别耳。今入禁所相看，非儿女之情相忧而已。时事如此，故来与君图举大计，请善筹其事。"

刘文静见李世民毫无保留地向自己说明来意，图谋共举大事，便胸有成竹地谈出了自己对形势的分析，提出了起兵反隋的方略。他说："今李密长围洛邑，主上流播淮南，大贼连州郡、小盗阻山泽者万数矣，但须真主驱驾取之。诚能应天顺人，举旗大呼，则四海不足定也。今太原百姓避盗贼者，皆入此城。文静为令数年，知其豪杰，一朝啸聚，可得十万人，尊公所领之兵复且数万，君言出口，谁敢不从？乘虚入关，号令天下，不盈半岁，帝业可成。"

李世民听罢刘文静的一番见解，笑着说："君言正合人意。"然而，李世民对于父亲的谋虑和行动布署，尚不十分清楚，更不必说刘文静了。李世民与刘文静为促成李渊不失时机地及早起兵，决定利用裴寂同李渊的亲密关系进行说项。

裴寂字玄真，据《旧唐书·裴寂传》记载，此人"年十四，补州主簿。及长，疏眉目，伟姿容"。在长安任侍御史、驾部承务郎期间，与李渊已有结识交往。李渊来太原任职，裴寂此时正担任晋阳宫副监。李渊因"与寂有旧，时加亲礼，每延之宴语，间以博弈，至于通宵连日，情忘厌倦"。

此时李世民急于起兵反隋，但又不敢贸然向父亲进言，见到裴寂很受父亲的器重，便决定与裴寂结成密切的关系，通过裴寂劝说父亲及早起兵。为此，李世民投裴寂所好，自己出钱数百万，命令龙山令高斌廉与裴寂赌博，故意输钱给裴寂。裴寂赢钱既多，十分高兴，每日同李世

民游乐。李世民既已与裴寂结成亲密关系，便把自己想要敦促父亲及早起兵的实情告诉裴寂，裴寂答应从中相助。一日，裴寂命令晋阳离宫中的两名美女在家中酒宴时侍奉李渊饮酒，饮至半酣之时，裴寂乘机向李渊说："二郎密缵兵马，欲举义旗，正因寂以宫人奉（侍）公，恐事发及诛急为此耳。今天下大乱，城门之外，皆是盗贼。若守小节，且夕死亡；若举义兵，必得天位。众情已协，公意如何？"李渊见形势既已如此，便对裴寂说道："我儿诚有此计，既已定矣，可从之。"

李渊起兵的想法由来已久，但是为谨慎从事，他只是偶尔向李世民透露这一意图，从未谈及行动部署，更没有向外人透露。这次李渊当着裴寂的面明确就起兵一事表态，表明起兵反隋一事已由策划到付诸实施的阶段，起兵的步伐从此被加速进行。

李世民与刘文静、裴寂一道敦促李渊及早起兵，《旧唐书·刘文静传》亦记载道：当隋炀帝要将李渊押至江都问罪时，李世民派刘文静与裴寂共同向李渊进言说："《易》称'知几其神乎'，今大乱已作，公处嫌疑之地，当不赏之功，何以图全？其祸将败衅，以罪见归。事诚迫矣，当须为计。晋阳之地，士马精强；宫监之中，府库盈积。以兹举事，可立大功。关中天府，代王冲幼。权豪并起，未有适从。愿公兴兵西入，以图大事，何乃受单使之囚乎？"李渊深以为然。

据《资治通鉴》记载，在隋炀帝要将李渊押至江都问罪时，李世民"乘间屏人说渊曰"："今主上无道，百姓困穷，晋阳城外皆为战场；大人若守小节，下有寇盗，上有严刑，危亡无日。不若顺民心，兴义兵，转祸为福，此天授之时也。"

李渊闻听后表示大为惊讶，说道："汝安得为此言，吾今执汝以告县官！"

说着，李渊便取过纸笔，想要写诉状向县官告发儿子。李世民心中有数，并不相信父亲真会向官府告发自己，不过是责怪自己如此大事怎可随意轻言而已。于是，李世民用缓和的语气向父亲诚恳地说道："世民观天时人事如此，故敢发言；必欲执告，不敢辞死！"

李渊见儿子信以为真，便马上改口说："吾岂忍告汝，汝慎勿出口！"

第二天，李世民又对父亲劝说道："今盗贼日繁，遍于天下，大人受诏讨罪，贼可尽乎？要之，终不免罪。且世人皆传李氏当应图谶，故李金才无罪，一朝族灭。大人设能灭贼，功高不赏，身益危矣。惟昨日之言，可以救祸，此万全之策也，愿大人勿疑。"

李渊听后感叹说："吾一夕思汝言，亦大有理。今日破家亡躯亦由汝，化家为国亦由汝矣。"

李渊虽然身为太原留守，手中握有重兵，但要密谋起兵，手中还必须要有一支私自指挥的军队，才能在发动兵变后牢固地控制住太原及其西北地区。于是，扩充兵力就成为当务之急。然而，公开招募军队目标太大，况且他现在还受隋炀帝的亲信、太原副留守高君雅、王威的监视和牵制，一旦事发便会带来杀身之祸。为此，李渊要李世民去找刘文静商量对策。经过策划，刘文静便假造诏令：征集太原、西河、雁门、马邑年纪二十以上、五十以下的男兵为兵，岁末集于涿群，要开拔去伐辽东。结果消息传出后，"人情大扰，思乱者益众"。他们这样做就是为了鼓动人心，激起人们的反隋情绪，并达到结集队伍的目的，这事发生在大业十三年（公元617年）之初。同年二月，马邑、刘武周起兵，杀太守王仁恭，据郡反隋，自封天子，国号"定扬"，并引突厥率兵南攻楼烦，进占汾阳宫，还将进逼太原。这时，李世民对李渊说："大人为留守，而盗贼窃据离宫，不早建大计，祸今至矣！"于是，李渊便以讨伐刘武周为籍口，召集将佐商议，并说："朝廷用兵，动止皆禀节度。今贼在数百里内，江都在三千里外，加以道路险要，复有他贼据之，以婴城膠柱之兵，当巨猾豕

突之势，必不全矣。进退维谷，何为而可？"面对如此情况，王威等人则说："公地兼亲贤，同国休戚，若俟奏报，岂及事机；要在平贼，专之可也。"在这种情况下，李渊提出了"先当集兵"的要求。于是李渊就命李世民与刘文静、长孙顺德、刘弘基等各自募兵，远近的人听说了，十几日之间又来了近万人。接着李渊又调整了军队的部署，使"兵马铠杖，战守事机，召募劝赏，军民征发"等大权，均由李渊和李世民亲自掌握。这支队伍便成为由李渊、李世民父子直接指挥的军队，并成为晋阳起兵的主力军。招完兵之后，李渊派遣使者到河东和长安，令李建成、李元吉以及女婿柴绍等紧急前往太原。晋阳起兵如箭在弦上，不可不发了。

就在李渊、李世民父子加快起兵的步伐时，副留守王威、高君雅看到他们大举召兵，怀疑他们要起兵造反，于是暗暗监视李渊。尤其是李渊重用长孙顺德、刘弘基、窦琮等人，更引起了王、高等人的怀疑。他们私下对武士彟说："顺德、弘基皆背征三侍，所犯当死，安得将兵！"王、高的怀疑是有道理的。的确，长孙顺德、刘弘基是逃避兵役而亡命太原的。窦琮也是因犯法而避居太原，按理应予治罪。李渊父子不仅不将其绳之以

《从军行》图

法，反而委以重任，授以兵权，其用心是不言而喻的。但当时武士彟早已投靠了李渊，曾私下劝过李渊起兵，并向李渊进献兵书和吉符。所以武士彟便袒护李渊说："唐公这样是为了安定，不然肯定有大麻烦。"于是王威等便疑而不发。留守司兵田德平亲见李渊父子大量募兵，也起疑心，欲劝王、高追查募兵之事。这事为武士彟所知悉，他找田德平说："讨捕之后，总隶唐公，王威、高君雅并寄坐耳，彼何能为！"于是田德平也不再追问这件事了。

李渊父子大量募兵的事实，毕竟难以掩盖其真正的意图。高君雅、王威被剥夺了参预军机要务的大权，越发感到形势不妙，便拉拢晋阳乡长刘文龙等人，谋划利用在晋祠求雨的机会，将李渊父子及其一伙人全部杀死。刘文龙平素与高君雅、王威友好，后来通过裴寂的关系与李渊相识。李渊平时待人以礼，不问出身高低，使刘文龙很受感动。因而当高、王指使刘文龙谋杀李渊父子时，刘文龙便把这一密谋全部告诉李渊。李渊得知高、王二人的密谋，大为惊讶。于是，他使令刘文龙继续与高、王二人保持密切的交往，以便随时掌握高、王的一言一行；同时立即布置铲除高、王二人的行动计划。

五月癸亥夜，李渊命令长孙顺德、赵文恪等从兴国寺新军中挑选五百名士兵，会同李世民所率精兵埋伏于晋阳宫城东门之左，加强戒备。一面又由刘文静和鹰扬府司马刘政会出面投书，到留守府控告王威、高君雅私通突厥，引突厥兵南攻，阴谋反隋的罪状。这时，王威、高君雅还蒙在鼓里，按照往常的惯例与李渊在一起查问政事。当刘政会进投密状时，李渊故意叫王威取状观看，刘政会说："所告副留守事，唯唐公得视之。"李渊佯作惊讶，亲自接密状观看，然后转身对王威、高君雅说："此人告公事，如何？"王、高这时才知道自己已落入李渊的圈套，急忙狂呼道："此是反人欲杀我也！"话还没有说完，刘文静早已喝令左右上前将王

威、高君雅拿下，囚在别室。王威、高君雅及其党羽的势力就这样轻而易举地被清除了。

第二天，李渊父子援引西汉霍光的故事，开大将军府，自称大将军，并署置府僚长史，任裴寂为长史，刘文静为军司马。又仿照晋文故事，编士兵为三军，效周武王克殷办法，称义兵为义士，正式宣布起义师反隋。六月己卯，李建成、李元吉兄弟和柴绍先后率兵赶至太原会师，使义师人数增多，军容更为壮观，颇有一番取隋政权而代之的阵势。

李渊一宣布起兵，即成功地肃清了内部的反对力量，牢牢地控制住了太原及其附近地区。但从当时外部形势来看，李渊父子的处境仍然十分艰难，北面有强悍的突厥，在刘武周的勾结下随时有南攻的可能；南面西河地区正当西入关中的要道，却被忠于隋室统治的武将高德儒所把守，随时可以给义军以严重威胁。而突厥问题尤其难于对付，起兵后的第三天，突厥骑兵数万人兵临太原，闯入罗郭北门，大肆劫掠，取东门而出。李渊命令收编的当地义军骁勇千余人出战，全军覆没，致使太原城内顿时人心惶惶。面临这一突如其来的威胁，李渊父子和他们的谋臣策士反复考虑，觉得义军与强大的突厥相比，将少兵寡，战则不敌，缓则突厥兵将攻入太原，其局面将不堪收拾。于是命令裴寂、刘文静等一面严加守备，一面大开城门，城上不张旗帜，守城之人不许外看，亦不得高声，使敌人莫测高深。在黑夜，又派小股部队，偷偷潜出城外，绕至敌后方虚张声势，造成有援军源源而至的假象。并再三告诫出城的将领和士兵，只许据险扼守，不必与突厥兵交战，若突厥退去，也不必追击。突厥兵过去曾与任太原留守时的李渊交过手，深知李渊用兵一向神奇莫测，这次见太原敞开城门，久不出战，又不知底细，所以不敢贸然进兵，等了几天，见无机可乘，只好乘夜收兵归去。

由于义军刚刚起兵，来不及设立各级文武官吏，军士刚召集起来，

又是匆促上阵，都未经过严格训练。于是李建成等首先草拟军法，宣告上下，三军听到军令，人人自律。进军路上，李建成与弟弟李世民，身先士卒，与士兵同甘共苦。他们一路上力求不骚扰百姓，路旁菜果，非买不食，有偷窃者，马上进行赔偿，也不追究偷窃者的责任。既争取了民心，又不轻易伤害军心。百姓们在隋统治者的残酷压榨下，对义军寄予新的希望，所以义师到来时，百姓供水供饭，进行慰劳；而义军遇有馈赠，则好意辞谢，竭力表明李家起兵与隋朝弊政不同。人们久苦隋政，见到这样的军队，自然人人感动，尽力支持。广大士兵见此情景，也更加鼓起了斗志。进至西河城下，李建成、李世民兄弟未披盔甲，就察看地形，并下令不要伤害城内百姓，任其进出。次日，义军率兵攻城，飞梯刚靠城墙，士兵争先恐后，蜂拥而上，城内百姓在郡司法书佐朱知谨带领下，策动内应，引义军入城。这一仗打得干净利落，除杀了高德儒外，未伤一人，西河遂定。李建成、李世民凯旋回太原，往返不过九天。李渊见大军出师迅速告捷，喜形于色，连说："以此用兵天下，横行可也！"并下令开仓赈贫，增募兵士，定下西入关中之策。

在西河之战回师后，李渊又进一步补充官吏，除前以裴寂为长史，刘文静为司马外，又任命唐俭、温大雅为记室，大雅和弟弟大有共掌机密，武士彟为铠曹，刘政会及武城崔善为、太原张道源为户曹，晋阳长姜警为司功参军，太谷长殷开山为府掾，长孙顺德、刘弘基、窦琮及鹰扬郎将王长谐、姜宝谊、杨毛为左右统军、副统军，其余文武人员，根据才能授任，人人欢喜。李渊又让两个儿子分掌军权，李建成为陇西公、左领军大都督，率左三统军，并任太原郡守；李世民为敦煌公、右领军大都督，率右三统军。并准许各置官属，地位在诸将之上。

李渊从五月甲子日起兵，到六月癸巳日建立政治、军事组织，只经过四十八天，在各方面都取得了重大进展，为进一步西进打下了良好的基础。

# 雄韬伟略

关于起事经过，据《唐书》《资治通鉴》的记载，似乎李世民是晋阳起兵的主要决策者，李渊是在李世民的一再劝说和坚持下才决定起兵的。这同温大雅《大唐创业起居注》所载事实经过是有一定出入的，究竟以何种记载较为近于实际情况呢？新、旧《唐书》主要是根据《太宗实录》而来，而《实录》是李世民登上皇位后修撰的，史臣显然采取压低李渊的态度，而对李世民则多溢美之词。《资治通鉴》也因袭两《唐书》，所以内容基本相同。而《大唐创业起居注》则编撰于唐武德前期，那时温大雅任记室参军，参与机密，记载当更接近于事实。李世民在晋阳起兵前后，确实立下过很大功绩，但并不如后世所渲染的那样，是起兵的首要决策者。

李渊不是平庸的胸无谋略之辈。段成式《酉阳杂俎》卷一《忠志》载："高祖（李渊）少神勇。隋末，尝以十二人破草贼号无端儿（即毋端儿）数万。又龙门战，尽一房箭，中八十人。"《大唐创业起居注》卷上也说："帝素怀济世之略，有经纶天下之心，接待人伦，不限贵贱，一面相遇，十数年不忘，山川险要，一览便忆，远近承风，咸思托附。"在晋阳起兵时，军务、政务繁忙，《大唐创业起居注》卷中载其处理公牍情况说："义旗之下，每日千有余人，请赏论勋，告冤伸屈，附文希旨，百计千端，来众如云，观者如堵。帝处断若流，尝无疑滞。"又说李渊善草书："工而且疾，真草自如，不拘常体，而草迹韶媚可爱。尝一日注授千

许人官，更案遇得好纸，走笔若飞，食顷而讫。得官人等，不敢取告符，乞宝神笔之迹，遂各分所授官而去。"从中可以看出，李渊是个大有决断，经验丰富的人。李渊蓄谋反隋，也是早有打算的，起兵前对各种情况的考虑是十分周详的。在这样重大的问题上，年轻的李世民虽然可以参与决策，但说他可以左右他父亲的意志是很难想象的。相反，李世民的雄图大计恰恰是受了李渊的启发和引导的。李世民跟随其父长期征战，对李渊的所作所为，也必然耳濡目染。当李渊被隋炀帝派遣的使者逮捕入狱时，曾对李世民说："隋历将尽，吾家继膺符命，不早起兵者，顾尔兄弟未集耳。今遭里之厄，尔昆季须会盟津之师，不得同受孥戮，家破身亡，为英雄所笑。"李世民哭着回答父亲说："芒砀山泽，是处容人，请同汉祖，以观时变。"李渊觉得起兵的时机还不成熟，没有答应立即起兵。然而，已把反隋的意图告诉了李世民。后来获释，李渊又高兴地对他说："天其以此使吾当见机而作。"认为自己等待时机的决断是正确的。可见李世民在晋阳起兵前后，一方面是受李渊行动潜移默化的影响，一方面是在其直接指示下行事的。

在大业末年，预料到隋炀王朝必亡，因而蓄有反隋之心的，不仅是李渊这样一些有地位的人，一般的地主、官僚、豪强为了保全自己的既得利益，也都纷纷弃隋另作打算。在太原城内这样的人就特别多。不过一般人没有力量，也没有胆量独树一帜，因此他们只能寻找一位有实力、有威望、能服众的人，当作自己的新希望，攀龙附凤，以便取得更多的政治经济权益。而"李氏当为天子"的谣传，经过长时间的传播，几乎人人皆知，因而他们就纷纷支持李渊起兵。另外有一种人出身不怎么高，虽然认定了李渊是改朝换代的适合人选，却苦于没有出身之阶。因为李渊毕竟是豪门贵族，一般人不易结交。而李世民却年轻，又豁达大度，容易结识。于是他们找到李世民，通过李世民来达到自己的政治目的。如刘文静等就是这类人的代表。史书记载刘文静最初不是直接劝李渊起兵，而是间接通过李世民，再由裴寂去劝说李渊，其原因大概就在这里。正是这种情况，客观上使李世民有了更多的结交豪杰之士的机会，使他能多方求教，增长见识和才干，更全面地了解当时的形势和各种人物的见解，起兵反隋的过程中经受锻炼的时期，也是他政治思想上成长的一个重要阶段。

李渊在思想上蓄谋反隋开始于大业九年（公元613年），可是为什么始终隐忍未发，而是一直到大业十三年（公元617年）五月才正式举兵呢？其原因有两个：

首先是因为时机尚不成熟和准备不足。大业十三年（公元617年）以前，全国农民起义和地主集团的反隋斗争虽已比比皆是，但还没有形成比较集中的强大力量，还处在各自为战的分散状态，不能给隋政权以毁灭性的致命打击，隋炀帝方面的军事优势还没有完全丧失。李渊是个有政治经验的人，对隋王朝的军事力量又了如指掌。他对当时的局势的发展变化情况始终保持着清醒的认识，不到十分有把握的时候，他不愿轻举妄动。大业九年（公元613年）杨玄感首先发动兵变，很快被隋炀帝派大军镇压。李渊感同身受，印象十分深刻。而河东、太原都是军事重镇，在该地及其附近地区朝廷驻有重兵，如果贸然起兵反隋，其结果难免步杨玄感兵败身亡的后尘。因此李渊要等待时机。大业十一年（公元615年），隋炀帝被突厥围困于雁门，本来也是个起兵的好时机，但从政治上考虑，这样无异于做突厥的内应，其结果将丧失人心，反隋也不可能成功，所以李渊不能够冒此风险。次年，隋炀帝调整了镇压农民起义的军事部署，把征辽东的部队从前线抽调回来，由杨义臣率领，集中力量镇压山东、河北一带的农民军。当时，分散各地的农民起义力量遭受很大挫折，几支实力较强的起义部队都被打散了。隋朝的军事力量就全国而言，尤其是在中原地带，还占据优势地位。因此，在大业十二年底（公元616年）以前，李渊是不敢有所妄动的。

大业十二年（公元616年）冬天，全国的战争形势发生了重大变化。李密领导的瓦岗军已逼近东都洛阳，隋炀帝困守江都，已经无所作为，减轻了河东、太原的军事压力。李渊及时而敏锐地看到了形势的变化，等待已久的起兵有利时机终于到了。可是由于自己并没有充分的准备，仍然无法马上起兵。

其次是因为李渊身旁还有隋炀帝的亲信，因而李渊在行动方面不能不十分谨慎小心，从不轻易向人吐露真言。在时机不到、准备不周的情况下，虽然有很多人建议他起兵反隋，但他都装着不以为然的神态，加以拒绝，有时甚至怒形于色，摆出要将提议者治罪的架势。当然这都是装装样子，他多次暗示别人不要轻言，不要暴露自己，免得引起不必要的麻烦。李世民结交豪杰之士是经李渊授意的，否则，年纪轻轻的李世民不可能想得那么周到。但李渊却装作全不知道的样子，其目的也在于隐蔽自己的意图。

李渊毕竟是隋的旧臣，受爵禄于隋，加上封建纲常思想的影响，在他的头脑里君臣礼教观念很深，在这种观念支配下，认为隋炀帝虽然大逆不道，为害天下，但作为臣子来说就不应该也没有权利批判、责问他，更不用说起兵反抗了，否则要终生背负叛逆的罪名。李渊是以豪门贵族的家世来炫耀自己的，他害怕背上不光彩的名声，因而对起兵反隋这个问题考虑特别慎重。

在晋阳起兵前，李渊从来没有忘记自己的地主阶级身份，因此他在起兵反隋的同时，必须顾及另一方面的问题，即如何利用和对付农民起义军。李渊父子在事实面前，已经认识到农民起义军是亡隋的主力军，关键是怎样利用农民起义军的力量推翻隋朝统治政权，从而使自己能迅速夺取最高统治权，而又不仅不被农民军击垮，反而能战胜农民军，建立全国统一政权。在李渊的眼里，农民起义军是盗贼，是镇压的对象，他不能与农民军相提并论。所以，当农民起义军与隋王朝决战时，他坐壁上观。

　　当然，他也奉命去镇压过农民军，但为保存实力，他极力避免决战，实际上也没有打过什么大仗。他采取的策略是，先让农民军夺过权力，然后再从农民起义军手中夺过来。当李密瓦岗军兵临洛阳，隋炀帝放弃长安而游荡于南方的江都时，隋王朝已经名存实亡，大部分地区都已经失守。直到这时，李渊父子才改旗易帜。这样，就造成一种印象似乎是，唐是为了天下百姓而起兵，政权来自农民军，而不是来自隋王朝。李渊极力避免背上杨玄感起兵逆君反叛的罪名，相反，他起兵反隋，却巧妙地博得了"名正义顺，荡夷群雄，以拯百姓于凶危"的美名。李渊的如意算盘是既达到乘时而起、夺取隋政权的目的，又保全了自己封建贵族官僚的名节，而后一条，又是将来得天下，稳定统治地位，重建封建王朝必不可少的。这正是李渊的反隋不同于农民起义的地主阶级立场的表现。

　　李渊是个老成持重的贵族官僚，坚忍自恃，慎之又慎，使起兵反隋免于草率盲动，避免了杨玄感所遭遇的命运。这一方面，年轻的李世民是远远不及的。不过，也正由于李渊的老成持重，行动上的谨慎从事，也带来了顾虑重重行动进展缓慢的缺陷。而李世民思想单纯，以平民自居，很少有束缚，加上性格上的豁达，处事敏锐，大胆有为，因此敢于超越李渊的意图，为起兵创造条件和蓄积力量。对李渊来说，李世民既受其影响，又相辅相成，弥补了起义组织工作方面的不足和缺陷。这方面的矛盾和问题，在起兵反隋以后仍时有表露。

　　总之，李渊是晋阳起兵的主要决策者和组织者，李世民在父亲的支配和影响下，做了大量的工作。同时，由于李世民个人的努力，对李渊的决断和整个起兵的组织发动，也起有一定的促进作用。由于李世民在晋阳起兵过程中的特殊地位，通过行动的实践，使他在政治上迅速地成熟起来，在军事上也迅速了解和掌握了必备的知识。特别是结识一批豪杰之士，成为他日后事业中的骨干力量。

西取长安 第三章

# 惑杀李密

　　李渊起兵后的第一件大事，是处理和李密的关系。因为李密欲做反隋的盟主，要求李渊支持。

　　李密是瓦岗军的首领。瓦岗军最初的首领是翟让。李密参加杨玄感起兵失败以后，就投靠了瓦岗军。由于李密骁勇善战，有指挥作战的才能，也较有政治远见，所以，他加入瓦岗军后，这支起义军就得到了更快的发展。在屡次作战中，李密都能比翟让发挥更大的作用，翟让也认为自己不如李密。义宁元年（公元617年）二月，翟让主动推举李密为首领，李密又拜翟让为上柱国、司徒、东郡公。

　　翟让虽然是主动让位于李密的，但李密却根本不相信翟让让贤的真心诚意。所以温大雅说："密虽为让所推，恐其图已，恭俭自励，布衣蔬食，所居之室，积书而已，子女珍玩，一无所取，振贷贫乏，敬礼宾客，故河汴间绝粮之士多往依之。密又形仪眇小，让弗之忌，遂谋杀让而并其众。密以炀帝不来，翟让已死，坐对敖仓，便有自矜之志，作书与帝（李渊），以天下为己任。"这就是说，李密杀了翟让以后，毫无顾忌，目空一切，于是写信给李渊，要求"为盟津之会，殪商辛于牧野，执子婴于成阳""其旨以煞后主，执代王为意"。

　　这时李渊刚刚起兵，正在挺进关中途中。对这封来信的处理，充分暴露了他窃取农民起义胜利成果，进行改朝换代的野心。李渊对其亲信们说："密夸诞不达天命，适所以为吾拒东都之兵，守成皋之厄，更觅韩、彭，莫如用密，宜卑辞推奖以骄其志，使其不虞于我，（我）得入关，据蒲津而屯永丰，阻崤函而临伊洛，东看群贼鹬蚌之势，吾然后为秦人之渔父矣。"非常明显，李渊要利用瓦岗农民军为之"拒东都之兵，守成皋之厄"，也就是他要利用瓦岗农民军和东都的隋军相持不下的机会，乘虚入关，占据长安，然后坐收渔人之利。为了达到这个目的，他要对李密"卑辞推奖以骄其志"，促使李密得意忘形，而自己却从中捞取实惠。记室温大雅根据李渊的意思向李密写了回信。信中说："大会义兵，绥抚河朔，和亲蕃塞，共匡天下，志在尊隋，……天生蒸民，必有司牧，当今为牧，非子而谁！老夫年逾知命，愿不及此。欣戴大弟，攀鳞附翼，惟冀早膺图箓，以宁兆庶！宗盟之长属籍见容，复封于唐，斯足荣矣。殪商辛于牧野，所不忍言，执子婴于咸阳，非敢闻命。汾晋左右，尚须安辑，盟津之会，未暇卜期。"在这封信中，李渊对李密的吹捧，达到了无以复加的地步，同时也说明自己没有取隋而代之的打算。这种"卑辞推奖以骄"李密的手段，既是为了麻痹李密，也是为了掩盖其要实行改朝换代的野心。李密得信后，欣喜若狂，"示其部下曰'唐公见推，天下不足定也'，遂注意东郡（都），无心外略"。瓦岗军专心致力于中原，李渊当然可以放心进兵关中。

关中，历来是兵家必争之地。隋朝末年，更显得重要。因为：第一，长安是首都所在，颇有政治影响；第二，隋炀帝建东都，修运河，进攻高丽等劳民伤财、破坏生产的活动，对关中影响较小，因而阶级矛盾比较缓和，可以作为稳定的根据地；第三，面对矛盾尖锐、战火连绵的山东来说，有黄河、函谷关等险要屏障，进可以攻，退可以守，有利于军事行动。这样一来，当时的关中必然是各家争夺的地方。李渊也把关中作为猎取的目标，显得他确有远见。

大业九年（公元613年），杨玄感起兵时，李密提出上、中、下三策，就是以进攻关中作为中策的。李密说："关中四塞，天府之国，……若经城勿攻，西入长安，掩其无备，天子虽还，失其襟带。据险临之，固当必克，万全之势。"当杨玄感围攻东都失败的时候，李子雄也建议道："不如直入关中，开永丰仓以赈贫乏，三辅可指麾而定。据有府库，东面而争天下，此亦霸王之业。"杨玄感虽然最后采纳了这个建议，但已为时过晚。

义宁元年（公元617年）五月，正当李渊积极策划起兵，瓦岗军围攻东都不下的时候，柴孝和又向李密建议道："秦地阻山带河，西楚背之而亡，汉高都之而霸。如愚意者，令仁基守回洛，翟让守洛口，明公亲简精锐，西袭长安，……既克京邑，业固兵强，方更长驱崤函，扫荡东洛，传檄指，天下可定。但今英雄竞起，实恐他人我先，一朝失之，噬脐何及！"在这方面，李密优柔寡断，缺乏远见，以其部下都是山东人，见洛阳未下，不会随其西进为理由，贻误了战机，把进兵关中的机会轻易让给李渊了。

武德四年（公元621年），当河北起义军的领袖窦建德与李世民率领的唐军相持于武牢（虎牢）的时候，凌敬又向窦建德建议道："大王悉兵济河，攻取怀州、河阳，使重将守之，更鸣鼓建旗，逾太行，入上党，徇汾、晋，趣蒲津，如此有三利：一则蹈无人之境，取胜可以万全；二则拓地收众，形势益强；三则关中震骇，郑围自解。为今之策，无以易此。"如果窦建德威胁关中，就可以使唐军后撤，以解洛阳之围。可见唐视关中为有关国家安危之地，这也说明关中地位的重要。但这种"无以易此"的策略，却也未得到窦建德的重视，因而不仅他失败了，同时也促使了李世民取得对东都王世充的胜利。

在进取关中的问题上，李渊比杨玄感、李密、窦建德等人都显得善于捕捉战机，更有远见。李渊改朝换代成功，与此有重要关系。这也说明，李渊是封建时代的政治家。

当李渊做了皇帝，瓦岗军遭到失败以后，李渊对待李密的态度就截然不同了。

武德元年（公元618年）九月，瓦岗军与隋军在洛阳的残余势力王世充军作战失败。李密到河阳（今河南孟州）去见瓦岗军将领王伯当。本来，李密还想"南阻河，北守太行，东连黎阳，以图进取"。但其部下悲观失望，不愿再战。于是，李密又决定奔赴关中，投靠李渊。

李密于十月带领两万人入关的时候，李渊派人迎接，冠盖相望，隆重异常。李密非常高兴，扬扬得意地到了长安。李渊对李密非常尊重，对话常呼为弟，并将其表妹嫁给李密。但其他人就不同了，李密一到长安，"有司供待稍薄，所部兵累日不得食，众心颇怨"。而且，"朝臣又多轻之，执政者或来求贿"。这种只有李渊一人"亲礼之"的情况，无疑是个阴谋，实际上是蓄意制造事端，借故杀害李密。在政治斗争中，李密和李渊比较，显然颇有差距。两人于义宁元年（公元617年）第一次书信往来时，李渊就抓住了李密妄自尊大的弱点，以"卑辞推奖以骄其志"的策略取得了胜利。这时，李密已经自投罗网，当然可以任其摆布。

正当李渊要制造事端的时候，李密却"自负归国之功，朝廷待之不副本望，郁郁不乐"。同时，又感到李渊对他大材小用，对于给他的光禄卿（掌皇室之膳食的官）职务"深以为耻"。于是，他和王伯当密谋，打算返回山东，利用徐勣在黎阳的军队，联络河南一带原有的力量，企图卷土重来。他们向李渊表示，自己愿回山东，收抚其部下，帮助李渊攻取东都。李渊答应了他的要求。有人不理解李渊的用意，认为李渊此举是投鱼于水，放虎归山。李渊为了表示对李密的信任，特意为他饯行，并且告诉李密："有人确执不欲弟行，朕推赤心于弟，非他人所能间也。"李密到

长安时，李渊视其如上宾，但唐"朝臣又多轻之，执政者或来求贿"，随同李密的军队连饭都吃不上。李密要离开时，李渊和其臣下又是截然不同的两种态度。不难看出，李渊对李密来软的一手，其臣下来硬的一手，软硬配合，迫使李密跳入陷阱。封建社会的皇帝，有至高无上的权威，其臣下无不看其颜色行事，如果李渊真正要抬举李密，其臣下对李密决不敢是另一种态度；其臣下既然敢始终对李密另眼看待，必然是得到李渊支持的。否则，李渊这个封建皇帝为什么对和自己持相反态度的臣下没有任何表示呢？

李密带王伯当等人离了长安，正要出关的时候，李渊突然命令李密将其部下留一半在华州（今陕西华县），带其一半出关。这时，"长史张宝德预在行中，恐密亡去，罪相及；上封事，言其必叛"。于是，李渊又"令密留所部徐行，单骑入朝，更受节度。"这时，李密已到达稠桑（今河南灵宝北）。这种使其中途复返的诏令，不能不使李密感到大祸将要临头。张宝德"恐密亡去，罪相及"而密告李密"必叛"，正说明他负有李渊要他监视李密的使命。由此可见，李密感到大祸将要临头是客观形势的反映。

李密感到形势严重，遂杀了李渊的使者，袭取了桃林（今河南灵宝），然后"直趋南山，乘险而东，遣人驰告故将伊州（今河南临汝）刺史襄城张善相，令以兵应接"。唐将盛彦师看清了李密的动向，于山中险要之处设下埋伏。但李密在进山以后，却自以为已经脱险，拥众徐行。不料盛彦师率唐军突然袭击，李密措手不及，与王伯当等战败被杀。时年武德元年（公元618年）十二月。

当李渊要利用李密为其牵制关东隋军，以便顺利攻取长安的时候，他用"卑辞推奖以骄其志"的阴谋手段，欺骗了李密；当他改朝换代取得基本胜利，瓦岗军遭到失败的时候，他又用当面说好话，暗中下毒手的伎

俩，杀害了李密。这就充分暴露了地主阶级政治家的本性。地主阶级的任何代理人，都不会允许农民起义的领袖死里逃生，也决不会允许失败了的农民起义军东山再起，卷土重来。所以，李渊杀害李密决不是偶然。

# 攻取霍邑

大业十三年（公元617年）七月癸丑日，李渊亲自率三万大军誓师出征，遥尊隋炀帝为太上皇，立代王杨侑为帝，将隋朝的赤色旗帜改为绛白，改朝换代的意图已路人皆知。

西取长安的进军路线是沿汾河东岸南下，直取潼关。而霍邑则是进军途中的第一个军事目标。消息传至长安，留守京师的代王杨侑立即命虎牙郎将宋老生率精兵两万屯驻霍邑，同时派左武侯大将军屈突通驻河东，阻截李渊的西进。当李渊的大军行到霍邑西北五十里的雀鼠谷至贾胡堡，恰

唐彩绘骑马击球陶俑

逢秋雨连绵，道路泥泞，不得不扎营于贾胡堡。由于秋雨一直不停，李渊不得不派出一部分士兵返回太原增运一个月的军粮。霍邑地形险要，有险可依。守将宋老生有河东的屈突通遥相呼应，是李渊西进关中途中的第一道障碍。这时，军中谣传刘武周联合突厥南下，一时又不能证实谣传是否属实，增运粮食的士兵还没有返回，将士们有些不安。李渊召集将领商讨对策，裴寂等人都说："宋老生、屈突通联兵据险，未易猝下。李密虽云联合，奸谋难测，突厥贪而无信，唯利是图。武周，事胡者也。太原一方都会，且义兵家属在焉，不如还救根本，更图后举。"

李渊赞同裴寂等人的意见，而李世民则反对说："武周位极而自满，突厥少信而贪利，虽相附，内实相猜。突厥必欲远利太原，宁肯近忘马邑！武周悉其此势，未必同谋。又朝廷既闻唐国举兵，忧虞不暇，京都留守，特畏义旗。所以骁将精兵，鳞次在近，今若却还，诸军不知其故，更相恐动，必有变生，营之内外，皆为勃敌，于是突厥、武周不谋而至，老生、屈突追奔竞来。进厥面南，退穷自北，还无所入，往无所之，畏溺先沉，近于斯矣。"

李世民对形势的分析是正确的，表明了突厥与刘武周尚有存在矛盾的一面，并由此指出了撤退将产生严重的后果。李世民还进一步阐述说："今来禾菽被野，人马无忧，坐足有粮，行即得众。李密恋于仓米，未遑远略。老生轻躁，破之不疑。定业取威，在兹一决。诸人保家爱命，所谓言之者也。儿等捐躯力战，可谓行之者也。耕织自有其人，请无他问。雨罢进军，若不杀老生而取霍邑，儿等敢以死谢。"

李建成也非常赞成弟弟李世民的意见。

然而，老成持重的李渊，虽然认为李世民讲得有理，却仍然下令大军返回太原。李世民见自己的意见未被采纳，便想要入军帐再次向父亲进言，可是天色已晚，李渊已经就寝，李世民不敢贸然入内。李世民与哥哥

伫立在军帐之外，为拔营返还太原的决定而痛惜万分，兄弟二人不禁失声痛哭起来。李渊听到帐外的痛哭声，便将两个儿子召入帐内，李世民再次进谏说："今兵以义动，进战则克，退还则散；众散于前，敌乘于后，死亡无日，何得不悲！"

听李世民这么一讲，李渊也有所感悟，说道："大军已向北出发，如何是好？"

李世民见父亲态度有所转变，说道："右军严而未发；左军虽去，计亦未远，请自追之。"

李渊见李世民如此有见识，有决断，便说："吾之成败皆在尔，知复何言，惟尔所为。"

李建成、李世民连夜乘马向北进发，将已经出发北上的左军全部追回。丙子日，从太原增运的军粮也运达贾胡堡前线。

李渊集团在贾胡堡前线关于进军与退兵的分歧，关系到西取长安、夺取天下的大局。李世民对于形势的分析和进退利害的论断，并非是危言耸听。在关键时刻，是李世民据理力争和行动上的按兵不动，使得李渊在西进关中的重大决策问题上避免了一次重大的失误，显露出李世民杰出的战略天才，为李渊的西取长安在交战前立了一大功劳。事后，李渊也埋怨裴寂说："懦夫之徒，几败乃公事耳！"

八月己卯，长久的阴雨天气终于放晴。第二天，李渊下令军中晾晒铠甲行装。第三天，乘着漫天大雾，李渊带领骑兵从东南山傍小路神奇般地出现在霍邑城前，在城东五六里处扎营。霍邑易守难攻，宋老生采取坚守城池、不领兵出击的战略。李渊的军中攻城装备缺乏，如果久攻不下，将处于不利地位。李建成、李世民知道父亲的忧虑，便建议说："老生勇而无谋，以轻骑挑之，理无不出；脱其固守，则诬以贰于我。彼恐为左右所奏，安敢不出！"

　　李渊认为这个计谋很好，派出骑兵进至城下，做出攻城的姿态，然后李建成、李世民率数十名骑兵，一面做出围的样子，一面大骂城中的守兵无能，不敢出战。在辱骂声中，宋老生恼羞成怒，率领三万士兵从东门、南门出战，李渊下令收缩阵地，宋老生误以为李渊畏惧而后退，便引兵前进，在距城下一里处布阵。这时李渊的步兵也相继赶到，列阵与隋军对峙。李渊想要下令军士先吃饭再战，李世民说："时不可失。"于是，李渊与李建成布阵于城东，李世民布阵于城南。交战后，李渊与李建成的军队向后稍退，李世民与军头段志玄自南原引兵驰下，直冲宋老生的军阵，使之腹背受敌。"世民手杀数十人，两刀皆缺，流血满袖。"激战时，李世民令军士传呼："已获老生矣！"宋老生的部队闻听后顿时大乱，争相奔向城门。此时，李建成、李世民已分别把守住东门、南门。宋老生退至城脚。此刻，城上守军放下一条大绳索，老生想要攀绳入城，被义军斩死于城下。这次大战陈尸数里，血流遍野。此刻，暮色已经降临，李渊下令立即登城。由于没有攻城工具，义军将士肉博登城，终于攻克霍邑城池。霍邑战役的胜利，打开了通往关中的门户。在霍邑战役中，李世民立下了卓越的战功。

　　李渊在进入霍邑后登城视察战场，他面对城下倒伏的无数尸体，动情地对左右亲随说："河东已来，孤之所使，百姓见义旗有诚节，老生所逼，至于涂炭。乱兵之下，善恶不分，火烧昆山，谁论玉石？无妨死人之内，大有赤心于我者也。取来不得，及此战亡，生未被知，没有余恨，静而思之，良深痛惜。从今已去，当以文德来之，不复用兵戈矣。"

　　其破霍邑，攻战人等有勋者，并依格赏受。这是李渊作为五十二岁的政治家投入群雄竞争的特殊表现。他面对大战获胜的壮观景象，并不是为自己的成功而庆幸，而是为大量无辜牺牲者而惋惜，并且表示痛心。尤其他提出战胜之后，将用"文德"取代武功，更是对建立新王朝大政方针的

考虑。唐太宗李世民后来取得了贞观之治的政绩，其成功经验中最重要的就是要"偃武修文"，很明显是受了父亲李渊的思想影响。李渊在起兵以后，总是想着下一步应该怎样做才好。这样他的行动，总是比其他人更受理性指导。从这个意义上说，他的成功绝非偶然。

胜利之后的重要事情之一是要犒赏三军。主管论功行赏的官吏请示参加义军的奴隶立了功该如何行赏。李渊说："矢石之间，不辨贵贱，论勋之际，何有等差？宜并从本勋授。"这样对扩充他的军队起了重要作用，人们传说李渊对部下不问出身，一视同仁，即使是奴隶，只要有功，可以和自由身份者一样受赏。这样，李渊进军长安，沿途有大批人马加入他的军队，其军事实力在进行统一天下的战争中不断增强。

李渊为了进一步扩大影响，又对隋朝原来官吏既往不咎。他在进入霍邑与宋老生部下官员见面时说："除了宋老生之外，我不会责罚任何人的。即使你们中间有人不肯归顺我，我仍然会以赤诚之心对待。"说完，李渊宣布给霍邑原隋朝旧官吏重新授官，和在太原起兵时从军者同样待遇。霍邑隋军中有许多人衣食无着，不得不请求参加李渊的义军，李渊宣布全部编入自己军中，没有任何防范措施。为消除这些隋朝旧官吏和军人的疑虑，李渊还以礼厚葬了宋老生，这样一来，前来参加李渊军队的人络绎不绝，李渊把大量隋朝的残余力量都收归己用，取亡隋而代之的面目渐渐显露出来了。有人认为李渊对前来归降的隋朝官员授官品太高，如李渊规定只要是关中人愿随义军进军关中，即授五品官，这样授官太容易了，有过滥之嫌。李渊想自己的部下还不懂得他这是为夺取关中创造条件，于是做了一番解释，如《大唐创业起居注》卷二所载："不惜爵赏，汉氏以兴。比屋可封，唐之盛德。吾方稽古，敢不遵行？天下之利，义无独飨。率土皆贵于我，岂不益尊乎？且皇隋败坏，各归于此。雁门解围之初，东都援台之勋，在难即许大夫，免祸则唯加小尉。所以士无斗志，将有堕

心。版荡分崩，至于今日。覆车明鉴，谁敢效尤？然亦使外寇觊觎之徒，尝授无过此也。又加官慰抚，何如用兵杀戮？好生任赏，吾觉其优。当以不日而定天下，非卿等小见所及。"在李渊看来，官职是一种夺取政权的手段，人们之所以加入自己的军队，在很大程度上是为了取得高官厚禄，把这些许诺说在前面，有利于动员这些人为自己卖命。李渊的军队在太原起兵后得到重要发展，与李渊善于收揽人心有着极大的关系。

# 直捣长安

李渊攻陷了霍邑，就等于进入了临汾郡的大门。他在做河东讨捕大使时，曾在临汾郡所属绛郡西北的鼓山住宿，现在起兵反隋，又经过这里，于是他再次在鼓山住宿，向儿子和亲信讲述他一生的艰辛。绛郡通守陈叔达是当年南朝陈宣帝的儿子，在南陈被封为义阳王，十几岁时侍宴赋十韵诗，被人们视为奇才。在南陈做过侍中、丹阳尹、都官尚书。隋文帝灭陈后，他成了隋朝的臣子，隋炀帝用他做中书舍人，又让他做了绛郡通守。他对隋炀帝多少有点感恩之情，于是李渊兵临城下，他要据守绛郡，不让李渊通过。李渊下令进攻，义军将士争先恐后，登城抢功，从卯时打到巳时，也就是不过两三个小时，绛郡城即被攻陷。李渊进城后在正平县县令李安远官衙吃午饭，绛郡通守陈叔达率领隋朝官吏们前来请罪。李渊早知陈叔达是个人才，于是宣布既往不咎，让陈叔达做丞相主簿，和记室温大雅同掌机密。

李渊的义军现在已经到了秦晋交界的龙门（今山西河津西北的禹门口，和陕西省的韩城市隔河相对，古代叫龙门山）。汹涌澎湃的黄河从这里进入华北平原，于是，龙门以北，水流湍急；龙门以南，水势平缓。这种自然风貌给了古人许多启发，他们想象说大禹治水时来到这里，在龙门山上的相工坪查看地形，然后把龙门山劈开。让黄河水从这里流进华北平原，再流入东海。李渊在龙门县城观看形势，考虑是否渡河直取关中时，刘文静带着突厥康鞘利及五百突厥骑兵、两千匹战马前来会师，更加增强了李渊渡河作战的信心。李渊对刘文静说："我已经到了黄河边上，最担心的就是突厥和刘武周会合骚扰太原。现在突厥前来帮助我，说明太原没有危险，我军可以放心渡河了。"不过，李渊的放心，只是对太原后方放心，他面前还有一个很让他担心的对手，就是驻守在河东的隋将屈突通。

屈突通是长安人，对于李渊来说，这是一个需要争取的对象。不过，李渊又熟知屈突通的情况，觉得这是一个不大好对付的人。屈突通的父亲屈突长卿在北周时做过邛州刺史，所以他和李渊一样，有贵族出身的荣誉感。他在隋文帝执政时为亲卫大都督，是隋文帝的卫队长，李渊做过隋文帝的千牛备身，就是贴身保镖，为此，屈突通和李渊曾经是有过先后同事的关系，不过，两人相知却不曾有缘相识。隋文帝曾派屈突通去陇右检察国家掌管的牧马，检查出负责的官吏隐藏了两万匹马不报告政府。隋文帝大怒，准备将负责牧马的太仆卿慕容悉达和各级监察官共一千五百人全部斩首。屈突通劝道："人命至重，死不再生，陛下至仁至圣，岂容以畜产之故，而戮千有余人？"隋文帝睁圆眼睛怒斥屈突通多嘴，屈突通叩头说："我可以受死，但请免除这一千五百多人的死罪。"隋文帝这才问屈突通为何如此。屈突通说："陇右养马，情况很不稳定。水草茂盛的年景，产马多；天旱草弱的年头，产马自然就少。可是国家制度规定产马多时赏，产马少时罚，负责养马的官员怕受罪，隐藏一些马，为灾年顶数，

也是常情。所以不可一见隐藏马匹，就认为是准备造反。何况在陇右牧马，生活艰苦，官员私藏一点马换些钱，也不能说是不可饶恕的大罪。"隋文帝于是减轻了这些陇右牧马监督官的刑罚，用减死的办法重新处理了这一千五百多名犯罪官员。屈突通后来做了隋朝的右武侯车骑将军，克己奉公，和兄弟屈突盖同样以不徇私情，敢于秉公执法出名。当时的贪官污吏害怕地说："宁食三斗艾，不见屈突盖；宁食三斗葱，不逢屈突通。"隋炀帝上台后，提升屈突通做了左骁卫大将军。秦、陇地区农民起义爆发后，屈突通被任命为关内讨捕大使，镇压了安定人刘伽论率领的十余万农民起义军。隋炀帝去江都巡游时，留屈突通在长安镇守，显然对他是寄以厚望的。现在，李渊从太原向关中进军，屈突通实际是负责阻挡李渊义军的隋军主力。他坐镇河东，时刻准备出击，李渊如何敢不重视这样一个强劲的对手呢？

汾阴县的一名隋军降将薛大鼎向李渊献计说："现在已经到了黄河边上，不如不管河东，就从龙门渡河，占领永丰仓后，关中可以很快平定。"李渊认为此计可行，一方面打听屈突通的动向，一方面派人去与河对岸的起义军孙华联系，准备渡河。

隋河东县户曹任瓌这时也归降了李渊，他自告奋勇，愿去说服河对岸的隋朝地方官吏和农民起义军归顺李渊。他说："关中的英雄豪杰都在盼望义军到来。我在冯翊（关中东部地区）做韩城尉多年，对那里的英雄豪杰了解甚深，请让我去与他们联系，一定望风归顺。在得到他们响应的消息后，义军可以从梁山渡河，兵指韩城，再逼合阳。冯翊郡守萧造是个文吏，他只能开城投降。关中豪杰之首孙华，也一定会出来迎接义军。到那时，义军鼓行而进，可以轻松拿下永丰仓。虽然还没有攻下长安，但夺取关中的趋势已经形成，所以最后占领长安是必然之事。"李渊想这是避免和屈突通正面作战的好办法，立刻封任瓌为银青光禄大夫，让任瓌渡河去

见机行事，并且亲自给孙华写了一封信，让孙华早日加入义军。

孙华是关中冯翊地区的农民起义军领袖，部下有数千人，多年来一直在龙门附近活动。他收到李渊的信后，立刻表示愿意归顺李渊义军。李渊下令进军至壶口，附近农民听说义军要过河进攻长安，纷纷送来渡船，一天之内就得船数百只，李渊于是建立了水军，统领这些船只。

李渊想进入关中，就要进行改朝换代的大事了，不能不制造些舆论，这样必须借助于天命说法。他安排太原的李元吉送来一块青石，说是在太原发现的圣物，请李渊观看。李渊让所有头领和他一道观看，见这块青石上方下圆，很像一个乌龟。石上有红色的字，仔细辨认是："李治万世。"李渊又当面验证，用水磨青石上的字，但越磨字迹越鲜明。这事一经传开，李渊就被认为是身受天命的圣人，他取亡隋而代之，被认为是天经地义的。

也许是李渊的宣传工作做得好，孙华主动从合阳渡河来见李渊。李渊喜出望外，与孙华握手对坐交谈，封孙华为左光禄大夫、武乡县公、冯翊郡守。李渊说："卿能渡河远来相见，吾当贵卿，不减邓中华也。关中卿辈不少，名并劣卿，卿今率先从我，群雄当相继而至。"很显然，李渊认为孙华归降是关中可以拿下来的标志，他给孙华高官厚禄，为的是吸引关中农民起义军都加入他的部队，这样就可以凭借声势完成建立新王朝的愿望。

李渊决定渡河时，仍然担心屈突通会乘义军渡河时偷袭义军。不过，反复打探后，发现屈突通并无行动的意思，于是他让孙华先渡河去做接应工作，然后派左右统军王长谐、刘弘基和左领军长史陈演寿、金紫光禄大夫史大奈率领步骑六千从梁山过河，在河西列阵以待，掩护大军顺利渡河。任环以李渊所派招抚大使的名义在韩城一喊话，韩城隋军立即投降。李渊对王长谐说："屈突通精兵不少，相去五十余里，不敢来战，足见他的部下并不听他的话。不过屈突通不敢不战，因为他怕朝廷怪罪他。他如果过河来进攻你们，我就去攻打他的河东城，这座河东城肯定会落到我手里。如果他全力守城，你们就切断他的过河桥梁。他进退两难，除了被擒，不会有别的出路。"

屈突通果然怕受隋朝朝廷责备，派虎牙郎将桑显和率领数千人马乘夜袭击驻扎在河西的王长谐。王长谐正面迎敌，双方拉锯作战，孙华、史大奈率领骑兵突然进攻隋军背后，桑显和全军大乱。最后，隋军全军覆没，仅桑显和一个人逃回河东城。

就在桑显和在河西与义军王长谐部交锋时，李渊当机立断，率领大军包围了河东城。屈突通缩在城里不敢出来，李渊也一时不能把城攻陷。经过一段时间的较量后，李渊又与众将商量下一步的行动计划。裴寂说："屈突通手下有很多精兵，现在就龟缩在城里。如果我军舍弃河东去进攻长安，屈突通一定会做再战的准备。等我们进攻长安不克时，截断我军的归路。那时我军腹背受敌，情况就危险了。所以，我军应当先克河东，解除后顾之忧，然后再举兵西进，攻打长安。长安之所以能与我军对抗，倚仗的就是河东屈突通的力量。我军如果消灭了屈突通，长安守军自然失去斗志，我军可以顺利破城。"李世民说："不对！兵贵神速，我军连续获胜，士气正盛，威名远扬，所以不断有人加入我军。乘势进军，长安隋将一定心惊胆战，有智慧也来不及拿出谋略，再勇敢也做不出决断来，我军攻下长安，如同摇落树上的枯叶。如果把时间都耽误在河东这座坚固的城墙下，隋军一定会找出对付我军的办法来。我军耗费时间，会导致军心混乱，岂不误了大事？况且关中群雄蜂起，正盼望有人去招抚，我军不可失去这一良机。屈突通现在不过是死守一座孤城，等我军夺取长安后他自然就是我军的俘虏，所以现在可以不必理他。"李渊认为裴寂和李世民说的都有道理，加上现在军队已经有十几万了，可以分兵出击，所以决定留裴

寂率领部分军队继续围攻河东，他自己率领大军渡过黄河向长安进军。

现在，李渊已经进入他梦寐以求的关中大地，古往今来，多少王朝在这里兴起，那么李渊是否也能如愿以偿呢？李渊自然满怀希望，不过，他还需要拼搏努力，才能向世界证明他自己。

大业十三年（公元617年）九月下旬，李渊已经从太原打进了关中，所用不过二十几天，军队也从三万人扩充到了十余万人，为此，李渊的战略决策也更加大胆与坚决。为了能够迅速夺取长安，向天下宣布他的志向，他一改步步为营的作风，推行大刀阔斧的战略方针，不等攻克屈突通把守的河东，就把军队的主力带过了黄河。

不过李渊在具体战术上，还是十分精细的，为了防止屈突通突然袭击，干扰他的渡河计划，他又做了一系列准备工作。

李渊先派孙华、刘弘基在河对岸做好接应准备，还绕到蒲津桥前，做出包围河东城的样子。然后，李渊亲自率领大军进攻河东城，他和李建成、李世民、裴寂各攻一面，使得屈突通手忙脚乱地疲于应付。突然，天降大雨，李渊乘势把已经攻上南城的一千名士兵撤下来，然后大军一起去壶口渡河入关中。屈突通弄不清李渊想干什么，躲在河东城里不敢出来，结果李渊军队主力得以顺利过河，屈突通仍然不敢与李渊留下来的偏师交锋。

关中虽然是隋王朝的国都所在地，由于隋炀帝一系列倒行逆施的政策所致，反隋力量比比皆是。李渊一踏上关中大地，就发现隋朝已经到了土崩瓦解的地步，改朝换代是必然之势了，他暗自庆幸自己选择了这条起兵反隋的道路，更为选择了夺取关中的战略方针而兴奋。不等李渊义军全部集合完毕，隋朝的冯翊太守萧造就率领所属官吏前来投降。李渊正想派兵去取永丰仓，守卫永丰仓的隋华阴县令李孝常派妹夫宝轨前来联系归顺。李渊住进隋朝邑长春宫后，"三秦士庶，衣冠子弟，郡县长吏，豪族弟兄，老幼相携，来者如市。"连忙命令以少牢形式祭祀黄河，又对前来归顺的关中父老说了一番将要济世救民的豪言壮语。如《大唐创业起居注》卷二所载："义旗济河，关中响应。辕门辐凑，赴者如归。五陵豪杰，三辅冠盖，公卿将相之绪余，侠少良家之子弟，从吾投刺，成畏后时。扼腕连镳，争求立效。縻之好爵，以永今朝。"关中降者听后更为高兴，纷纷说："这才是真命天子说的话。他来得太晚了！"李渊见关中形势比自己想象的要好得多，就让李建成率领刘文静、王长谐、姜宝谊、窦琮等数万人驻扎在永丰仓，把守潼关，防止屈突通进军关中援救。命令李世民率领刘弘基、长孙顺德、杨毛等人和数万军队，沿着高陵道，去进攻泾阳、云阳、武功、周至、户县，为进攻长安扫清障碍。

李世民领命单独率领大军出征，在泾阳消灭了不肯归顺李渊的胡人刘鹞子领导的农民起义军，当他进军到户县、周至等地时，意外地与李神通、平阳公主等亲戚率领的军队会合。

李神通是李渊的从弟，他的父亲也就是李渊的叔叔李亮，在隋文帝执政时做过隋朝的海州刺史。李神通本人在隋朝似乎没有出来做官，长期往在长安家中。李渊太原起兵，无论说多少要迎接隋炀帝回长安做太上皇的好话，隋王杨侑都不会相信。当时长安城在名义上归代王杨侑掌管，实际上是由刑部尚书领京兆内史卫文升主管。卫文升对付李渊太原起兵的办法除了派出屈突通、宋老生两支军队去河东阻拦李渊入关中以外，就是在长安搜寻李渊的亲属，企图以李渊亲属做人质强迫李渊放弃与隋朝做对。这样李渊家族只剩下逃跑隐匿这一条路了。李神通逃进陕西户县的终南山中，遇上了长安大侠史万宝、河东来的侠士裴勔、柳崇礼，四人一见如故，为反对隋朝暴政，共同举兵，在关中响应李渊在太原的主张。他们为了进攻户县，去和在户县、周至一带活动的"司竹贼"即在司竹园一带活动的西域商户何潘仁联系，何潘仁手下有一支数万人的武装，李神通等人

认为如果要在关中取得生存地位，争取何潘仁的合作是非常必要的。

李神通等人没有想到，李渊的女儿平阳公主比他们更早争取到了何潘仁的支持。平阳公主是李渊和窦皇后所生的第三女，也就是柴绍的妻子。柴绍的祖父柴烈在北周时为骠骑大将军，任遂州和梁州刺史，封冠军县公。父亲柴慎在隋文帝时任太子右内率，封钜鹿郡公。柴绍从小以有勇力和行侠仗义在关中出名。李渊把女儿嫁给他有加强李家在隋朝地位的用意。当李渊在太原起兵，派人来通知柴绍、平阳公主夫妻二人去太原会合。平阳公主力主柴绍一人去太原，她自己留在关中做内应。柴绍走后，平阳公主不等隋朝官吏来搜捕，先回到户县自己家的庄园。隋代中国正是地主庄园经济十分发达的时期。所谓地主庄园经济，是指自西汉以来，统治者无法制止封建大土地私有制的发展，使得大地主、大商人、大官僚三位一体，大量兼并一般农民的土地，出现"富者田连阡陌，贫者无立锥者地"的现象。农民失去土地，为了生存，被迫沦为部曲、奴婢，即在身份上从自耕农变成了农奴。部曲和奴婢既要为大地主耕种土地，还要承担大地主的家庭劳务，更要为大地主做私兵。魏晋南北朝时期，大地主通过把持各地官吏选拔举荐权力而成为士族地主，也叫豪强地主、世族地主，每一个这样的士族地主都因为广占土地人口而具有一定的经济、政治、军事实力，特别是他们的部曲、奴婢，一旦需要，往往可以编入军队，所以被人们看成是大地主、大官僚、大商人的私兵。平阳公主回到户县自己家的庄园里，显然是用自己家族的力量组织起军队，与隋朝抗衡。平阳公主除了动员起自己的家族私兵以外，又尽散家资，招引躲在终南山里的逃亡农民，一下子组织起数百人的武装，宣布这是响应李渊太原起兵的义军的一部分。平阳公主又注意到了司竹园的何潘仁数万武装。她派自己的家僮——也就是家用奴隶马三宝，去与何潘仁联系。马三宝找到何潘仁，向他陈说利害，鼓动他的反隋情绪，宣传李渊的起兵主张，尤其讲述跟随李渊做事会有怎样的光明前途，终于说服了何潘仁。何潘仁参加了平阳公主的军队，并且和李神通一道进攻户县。户县的隋军抵挡不住李神通和平阳公主、何潘仁军的联合进攻，户县很快成为起义军的指挥部。李神通手下有了一万多人军队，他自称关中道行军总管，以史万宝为副总管，裴勋为长史，柳崇礼为司马，令狐德棻为记室。李世民见了李神通，立刻向李渊报告，李渊非常高兴，授李神通光禄大夫之职，后来还做了宗正卿。

平阳公主则更有发展。在联合何潘仁攻陷户县以后，又让马三宝去联系另外几支由李仲文、向善志、丘师利领导的起义军。其中李仲文是瓦岗军首领李密的从父，因为李密参加了瓦岗军，并且成为隋朝当时最为关注的政治对手，以至于被隋朝政府迫害亲属，李仲文受牵连，只好在眉县聚集起了四五千人马，与隋朝政府对抗。马三宝一来游说，李仲文立即认为这是一个保存自己不被隋朝镇压的机会，立即跟随马三宝到户县集合。马三宝又说服了向善志和丘师利接受平阳公主领导。这样一来，平阳公主在东起户县，西到眉县的秦岭山区，组织了七万余人的反隋武装力量。她又懂得治理军队，"每申明法令，禁兵士勿得侵掠"，这样在关中地区投奔她的人很多。长安的隋朝留守屡次派军队前来镇压，平阳公主派马三宝和何潘仁迎战，打退了隋朝统治者的多次进攻。平阳公主在关中声望很高。李渊一进关中，就听到了女儿屡挫隋锋的消息，十分兴奋，在过了黄河之后，就派柴绍率数百骑从华阴依傍南山来见平阳公主。柴绍和平阳公主率领大军和李世民在渭河北岸会师，平阳公主领导的这支军队被称为"娘子军"，在李渊夺取关中的过程中发挥了极大的作用。

李渊还有一个女婿名叫段纶，他在陕西蓝田一带活动，等到李渊大军入关中，他的这支军队也达到一万余人。李渊进入关中后，李神通、平阳公主、段纶所领导的义军全部加入李渊所派出的李世民所率领的队伍里，李世民麾下一下子有了十三万人的军队，足够与长安的隋朝统治者交锋。

李世民西进不断获胜的捷报传到驻扎在永丰仓的李渊、李建成父子那里，这父子二人全都坐不住了。李渊看他最担心的屈突通并没有马上派兵来攻打潼关，而是留在河东看动静，立刻抓住这一有利时机，和李建成一道率领义军主力进军长安，并且在这一年的十月在长安东门外宿营，准备对长安城发动攻击。李世民也率领沿途收编来的军队逼近长安城郊。两支军队加起来有二十多万人，这在当时的全国各地义军中，也算是有实力者了。

面对李渊已兵临城下的形势，隋朝代王杨侑一下子失去了主张。按照隋炀帝去江都时的规定，辅佐代王杨侑的京师留守是刑部尚书兼京兆内史卫玄、左翊卫将军阴世师、京兆郡丞骨仪这三个人。其中卫玄（字文升）是隋

唐代彩绘贴金陶文官俑

文帝时的老臣。他的祖父卫悦在北魏做过司农卿，父亲卫剽在北魏和西魏时做过侍中、左武卫大将军，可以说是鲜卑族贵族的代表人物之一。他本人在北周武帝时任过记室、益州总管等要职，并且担任过管理长安的京兆尹。隋文帝杨坚夺取北周政权时，他为隋文帝平息过和州蛮族的叛乱，做了隋朝的淮州总管、检校朔州总管、卫尉少卿等官职。隋炀帝上台后，用他管理少数民族地区，取得很大成功。从大业八年（公元612年）开始担任刑部尚书，又以检校右御卫大将军的身份参加征讨高丽的战争。这一次进攻高丽，隋军大败而归，各路军马都受到重大损失，唯独卫玄这一支军队完整地回到国内，隋炀帝于是加封卫玄为金紫光禄大夫。大业九年（公元613年）第二次征讨高丽时，隋炀帝率领隋军亲征，命令卫玄辅佐代王

杨侑留守京师，并且任命卫玄为京兆尹，许以便宜从事，要代王杨侑对待卫玄以师傅之礼。隋炀帝这一次出征高丽引起杨玄感起兵反隋，包围东都洛阳。卫玄得知杨玄感造反的消息后从关中率领七万军队来镇压杨玄感。在途经华阴杨玄感家乡时，卫玄下令把杨玄感之父杨素的坟墓掘开，又把杨素的骸骨焚毁，以示与杨玄感誓不两立。大军出潼关时，有人对卫玄说："如果走函谷山路，很可能会遭受杨玄感的埋伏。不如从陕县上船，顺黄河东下，绕道河阳去攻击杨玄感的后方。"卫玄说："我想杨玄感这个小子还想不到用这条埋伏崤、函山路的计策，所以就走崤、函山路，而且鼓行而进。"大军走完六十里函谷山路，没有遇到任何阻挡，全军都信服卫玄的判断了。卫玄乘势率领全军与杨玄感交锋，本来寡不敌众，已经处于下风，恰好宇文述、来护儿两支隋军主力赶到，共同击败杨玄感。杨玄感在西逃途中被杀。隋炀帝为此嘉奖卫玄为"社稷之臣"，封他为右光禄大夫。等到去江都巡游时，又把辅佐代王杨侑留守京师的重任交给了卫玄。李渊在进军长安时，曾经最担心卫玄这员老将会有什么招数来对付起义军。不料卫玄早在大业十一年（公元615年）就对隋朝的前途失去了信心，他曾向隋炀帝提出过辞职申请。只是隋炀帝认为这是一个可靠的奴才，说："京师国本，王业所基，宗庙陵园所在，不能由没有经验的人负责，还是由卿主管。朕是从国家利益考虑，卿就不要推辞责任了。"于是，卫玄其实是勉强任职。当李渊大军逼迫长安时，卫玄"祸恐及己，遂称老病，无所干预"。这位年过七旬的老将，就这样躲避了将要到来的政治风险，把防守长安的责任全交给了阴世师和骨仪这两个人。这在客观上为李渊顺利夺取长安又创造了条件。

　　阴世师是隋朝幽州总管、赵国公阴寿的儿子，少年时以忠厚、多武艺著称，因为父亲有功于隋朝，他在隋文帝时做了骠骑将军。隋炀帝上台执政时，他曾任东都瓦工监，在隋炀帝苦役百姓的暴政时期，做了许多为虎

作伥的坏事。他在做张掖太守时对吐谷浑和党项羌等少数民族用兵，为隋炀帝开拓边疆立下功劳，做了隋炀帝的虎贲郎将。隋炀帝在大业七年（公元611年）征讨高丽，他出平襄道进入高丽，不过还是大败。等到大业九年（公元613年）隋炀帝第二次征高丽，阴世师做了涿州留守，在平息杨玄感之役中立有功勋，曾被派去做防备突厥进攻中国的楼烦太守。隋炀帝来汾阳宫巡视，阴世师发现突厥有进攻雁门的企图，于是建议隋炀帝躲避到太原去。隋炀帝不听劝告，所以陷入突厥始毕可汗的雁门之围中。隋炀帝在逃出雁门之围后，认为阴世师是个人才，让阴世师做了左翊卫将军，辅佐代王杨侑留守长安。其实阴世师并无对付李渊领导的起义军的能力，他面对李渊兵临城下的形势，除了据险死守之外，拿不出任何可行的办法来。至于京兆郡丞骨仪，本身即是长安人，他在隋炀帝上台时从侍御史提升为尚书右司郎，一直做有关司法方面的工作，对军事并不在行。当李渊义军进军长安时，卫玄推托责任，以老病为名，一切不问，骨仪却以尽臣节激励自己，与阴世师一道，依靠长安城高大坚固的城墙，对义军做最后的抵抗。

李渊仍然打着为隋炀帝弥补过失而不立即推翻隋朝的旗号，他在经过隋朝的栎阳行宫时，下令废除所有隋炀帝的行宫、花园、猎场，释放被隋炀帝征进行宫的宫人。而且还发表了批评隋炀帝的文书。如《大唐创业起居注》卷二所载："大业以来，巡幸过度，宿止之处，好依山水。经兹胜地，每起离官，峻宇雕墙，亟成壮丽。良家子女，充仞其间。怨旷感于幽明，糜费极于民产。替否迭进，将何纠逖？驰道所有宫室，悉宜罢之。其宫人等并放还亲属。"这就是李渊的精明之处，他在太原起兵，明明是反隋，偏要说成是"尊隋"行动。不过他的"尊隋"，又不是"尊"隋炀帝，因为隋炀帝早已人心丧尽，如果再拥护隋炀帝，必然失去人心。但他又不能公开宣布推翻隋朝，因为这样做就把自己公开暴露在天下群雄面前。各割据势力和隋炀帝万一勾结起来向关中进攻，李渊反而不是对手。为此，李渊在关中的军事行动十分谨慎，他到了长安城下，先不急于用兵，而是派使者进城，说明李渊是来辅佐隋王朝的。只要隋炀帝下台，把政权交给代王杨侑，义军将不伤害任何人。阴世师和骨仪哪里会相信李渊说的这些话呢？他们登城防守，不许李渊进城。李渊这才下了攻城命令，把造成战争的责任全推给了阴世师和骨仪这两个人。

　　大业十三年（公元617年）十一月，李渊所率领的起义军开始进攻隋朝国都长安。李渊命令李建成负责攻打东、南两个方向，李世民负责西、北两个方向，他自己在春明门外坐镇指挥。在士兵准备好了攻城器械后，他还特别下了一道命令，以示他对隋朝的"忠诚"。他说："弘弩长戟，吾岂不许用之？所冀内外共之，以安天下。斯志不果，此外任诸公从民所欲。然七庙及代王并宗室支戚，不得有一惊犯。有违此者，罪及三族。"义军听到允许攻城的命令后，奋勇争先，那位在李渊北渡黄河时参加李渊义军的关中义军首领孙华就是在进攻长安城时中流矢而阵亡的。十一月十一，李建成部所属军头雷永吉率先登城，守城隋军溃散，李渊率领义军进入长安城，实现了他在太原起兵时制订的主要作战目标。

　　李渊入城后，仿效当年汉高祖刘邦进入秦都咸阳的办法，封府库，收图籍，禁止军队抢掠居民的财产。他想当年周文王在这里建立丰京，周武王在这里建立镐京，然后消灭了商王朝，封建天下。秦穆公在这里成为春秋五霸之一，并且在秦王嬴政时，实现统一全国的业绩。秦始皇在这里推行的一系列统一天下的措施，至今还在沿袭使用。刘邦以这里为根据地，打败项羽，建立汉朝。后来王莽篡位，刘秀起兵推翻王莽新朝，建立东汉，虽然把首都放在洛阳，但依然把长安作为国都，每年都到这里来祭祀祖先。魏晋以降，不但汉献帝、晋愍帝在这里短暂停留，刘曜的前赵，苻坚的前秦，姚苌的后秦，还有西魏、北周，都在这里建都。隋文帝在长安

改建出大兴城来，正是希望在长安做一番伟大事业，不想碰上隋炀帝这样一个败家子，不守住父亲打出来的家业，到处巡游玩耍，给了天下英雄建功立业的机会。现在，自己已经掌握了长安，也就是掌握了取隋朝而代之的权力。剩下的事情，只是如何运用好这个权力的问题了。

秦中自古帝王都，李渊现在不禁要庆幸自己战略选择的成功了。虽然，他那统一天下建立新王朝的目标还有待付出艰苦的努力，才能达到。

# 唐王登基

李渊在大业十三年（公元617年）十一月打着"尊隋"的旗号占领了隋朝的国都长安，立刻开始了他取隋而代之的工作。首先，他杀掉了阻挡义军进入长安的绊脚石阴世师和骨仪，以及这两个人的爪牙崔毗伽、李仁政等十余人，然后宣布"约法十二条"，用他的法令代替了隋朝的法令。在他宣布的十二条法令中，只对杀人、抢劫、盗窃、叛逆、对抗义军等罪用刑，隋朝规定的许多罪名不再成立，这在很大程度上体现出李渊的"尊隋"完全是一句空话。李渊在处理隋朝旧臣时也表现出一定的灵活态度，如他杀死阴世师、骨仪等人，是因为他们曾经因为李渊造反而毁坏了李渊家的家庙，还把李渊祖先的坟墓掘开，焚毁遗骸。李渊决定报复，主持此事的卫玄已经病故，自然要由阴世师和骨仪来抵罪了。还有一个三原人李静，他的祖父李崇义做过西魏的殷州刺史，父亲李诠做过隋朝的赵郡郡守，他的舅舅韩擒虎是隋文帝消灭南陈、统一全国战争中立有大功的名

将。他自己从小文武兼备，曾说："大丈夫若遇主逢时，必当立功立事，以取富贵。"他的舅舅韩擒虎与他谈论兵法后说："现在能讲孙武、吴起兵法的人，也只有这个人了。"李靖在隋炀帝执政时期做了马邑郡丞，当李渊和王仁恭共防突厥时，李靖发现李渊私自训练骑兵，一定有夺取天下的打算。为此，他曾经想去江都向隋炀帝报告。不料走到长安后道路不通，终于滞留长安。李渊嫌李靖企图告发自己，于是在攻克长安后准备把李靖斩首，李靖临刑前大呼道："公起义兵，本为天下除暴乱，不欲就大事，而以私怨斩壮士乎？"李渊一听有理，李世民又在一旁替李靖说好话，李渊于是免除李靖死罪，让他进入李世民的幕府工作。

只是李渊又不愿马上甩掉"尊隋"的旗号，因为他总认为隋炀帝还有一定的力量，如果隋炀帝要收买哪个割据势力来进攻关中，还不是什么困难事情。所以，李渊宁肯暂时在名义上做隋朝的臣子，以换取巩固自己在关中统治的时间。按照这样的想法，李渊在进入长安几天后，把隋代王杨侑从东宫接出来，迎到隋朝皇宫大兴殿上，做了隋朝皇帝，这就是历史上的隋恭帝。至于那位声名狼藉的隋炀帝，被李渊遥尊为太上皇，意思是在名义上被取消了政治权力。至于李渊自己，当然不会把政治权力交给隋恭帝，他自己给自己定了一系列的名号，称"假黄钺、使持节、大都督内外诸军事、尚书令、大丞相，进封唐王"。这是魏晋以来一切权臣篡位前的老办法，所以李渊自从做唐王开始，"军国机务，事无大小，文武设官，位无贵贱，宪章赏罚，咸归相府"。李渊这个唐王已经在实际上拥有皇帝的一切权力了。当然，李渊是否能真正成为皇帝，还要最后看一下隋炀帝的发展情况。

就在李渊进军长安的时候，隋炀帝认定李密领导的瓦岗军是威胁其政权的头号对手，派江都太守王世充率领江、淮地区的隋朝军队，加上将军王隆率领的邛黄蛮、河北大使太常少卿韦霁、河南大使虎牙郎将王辩，各

自率领本部兵马去东都洛阳进攻李密。这支联合大军的统帅本来是左御卫大将军兼涿郡留守薛世雄，薛世雄带了三万人马前来参战，在河间碰上了窦建德。窦建德诱敌深入，在豆子坑乘大雾突然反击，薛世雄全军大乱，他本人仅带数十骑逃回涿郡，就这样隋朝在东都洛阳的联军一时因为没有统帅而不能一下子投入使用。

隋炀帝不能镇压瓦岗军为代表的各地农民起义军，在江都的士兵开始动摇，逃跑者很多。隋炀帝见麾下人马越来越少，十分忧虑，问裴矩有没有制止逃亡的好办法。裴矩说："人总要有配偶的，军人长期不回家，自然要逃亡；要想军人不走，除非让他们有配偶。"隋炀帝就下令把江都的寡妇、少女都抢来，强迫配给手下的军人，这样一来，又给江都人民制造了极大的灾难，隋王朝在江都也逐渐住不下去了。

洛阳前线李密又获得进展，隋朝的武阳郡（今河北大名县、魏县，河南南乐、清丰、范县等地）丞元宝藏投降了李密，元宝藏的谋士魏徵也由此参加了瓦岗军，做了元帅府文学参军，掌管记室职务。魏徵建议李密西取魏郡（今河南安阳），南取黎阳仓，断绝隋炀帝与河南与河北的联系。魏徵的建议得到了徐世勣的赞同，徐世勣还说："天下大乱，本是因为没有饭吃。今天如果得到黎阳仓，不愁大事不成。"李密于是派徐世勣率领五千人和元宝藏、郝孝德、李文相以及桓水起义军领导人张升，清河起义军领导人赵君壁联军共破黎阳仓，然后开仓让老百姓任意取粮。瓦岗军有粮的消息一下子传开，十来天时间，瓦岗军扩展了二十余万人，武安、永安、义阳、弋阳、齐郡相继归顺了李密。窦建德、朱粲派使臣前来与李密联系归附的条件，泰山道士徐洪客献书建议李密乘势直指江都，活捉隋炀帝，然后号令天下。

隋炀帝派来镇压瓦岗军的隋朝各地军队在经过了群龙无首的混乱阶段后逐渐会合起来，隋炀帝下令由王世充做统帅，与李密隔着洛水对峙。

王世充本是西域胡人，祖父支颓缛早死，父亲支收因为母亲嫁给霸城一王姓人家，所以改姓王。王世充读书很多，通晓经史，喜欢兵法，会占卜之术，隋文帝时以军功做到兵部员外郎。隋炀帝上台后，调他去做江都丞，兼任江都宫监，他用雕饰池台，进贡美食的办法迎合隋炀帝的骄奢之心，得到隋炀帝的信任。大业九年（公元613年），杨玄感起兵，今江苏省苏州、镇江一带有朱燮、管崇起江南之兵响应。他俩自称将军，有十余万人，隋炀帝派将军吐万绪、鱼俱罗前去镇压，不得成功。王世充以偏将身份在江都招募了一万多人，将这支起义军打败。王世充每获战功，常常归于部下，获得封赏，往往分给士卒，所以他的部下都十分效忠于他。大业十年（公元614年），他用计谋镇压了齐郡孟让的十余万农民起义军。大业十一年（公元615年），隋炀帝遭突厥雁门之围，王世充前往救驾，得到隋炀帝的赏识，于大业十二年（公元616年）做了江都通守。他镇压了格谦、卢明月等起义军。隋炀帝亲自赐酒慰劳他。现在，当李密进攻洛阳，威胁隋朝生存，隋炀帝又把镇压李密的希望寄托到了王世充的身上。

王世充和李密在洛口打得难分难解，隋炀帝不放心东都形势，派江都丞冯慈明到东都去传递消息，不料被李密的部下所擒获。李密劝冯慈明投降，冯慈明不肯，李密只好将冯慈明囚禁起来。冯慈明说服看守逃跑，被李密部将李公逸再次抓获，李密想继续争取这个人投降，所以再次释放冯慈明，但是，冯慈明在辕门被翟让所杀，引起李密对翟让的反感。本来李密对王世充作战，已经占到上风，尤其石子河之役，李密布阵南北十余里，翟让先战不利，李密派王伯当、裴仁基从两侧助战，李密本人率领中军反攻，瓦岗军反败为胜，王世充只好向西败走。在这胜利局面下，翟让与李密之间的矛盾迅速激化，终于形成自相残杀的结果。

翟让把瓦岗军领袖职务让给李密之后，他的亲信一直耿耿于怀。他的哥哥翟弘就对翟让说："天子本来应该是你做的，为什么要让给别人？你

要是不拿回来，那就让我来拿吧！"翟让的司马王儒信也劝翟让自己做大冢宰，总管一切，以便夺去李密的权力。李密听到这些消息后，开始考虑警惕翟让了。偏偏翟让并不在意，他把李密的部下崔世枢关在自己的府第中逼迫钱财，又在与元帅府记室邢义期赌博时，打了邢义期八十杖，还对李密的左长史房彦藻说："你上次攻打汝南郡时得了不少珍宝，不给我，全都献给魏公。难道你不知道魏公也是我立起来的吗？以后是谁说了算，恐怕还说不准呢！"房彦藻等人把情况向李密一说，李密立刻感到受威胁了。房彦藻和左司马郑廷又进一步说："翟让贪得无厌，不仁不义，还有无君之心，必须早些除掉。"李密说："现在天下未定，自相残杀，叫别人看了，该怎么说呢？"郑廷说："毒蛇咬了手，壮士会当机立断砍断自己的手腕，这就是不能因小失大的道理。如果翟让先动手，那您就后悔也来不及了。"李密终于下了杀死翟让的决心。

在定下消灭翟让的计策后，李密摆下酒席，请翟让参加宴会。翟让不知李密用计，带着哥哥翟弘、侄子，也是司徒府长史翟摩侯一同赴宴。李密和翟让、翟弘、裴仁基、郝孝德坐在一起，单雄信等将领只能侍立一旁，房彦藻、郑廷则"往来检校"。李密说："今天是众位头领饮酒，就不要太多人陪了。"然后让自己的亲随都离开。翟让以为李密有什么话要说，立刻让自己的亲随也离开宴席，结果宴席前只有李密手下的壮士蔡建德持刀担任警卫。不等开始吃饭，李密就拿出一张硬弓说："这是一副良弓，可惜没有人能拉得开。"翟让兴冲冲站起来说："让我试试吧！"当他把弓拉开时，蔡建德突然在他身后挥刀猛砍。翟让受伤，倒在床上，声如牛吼。翟弘、翟摩侯、王儒信措手不及，都被突然动手的蔡建德等人所杀死。徐世勣大惊，起身逃命，被守在门口的刀斧手砍伤头颈，如果不是王伯当大声制止，肯定也会被杀。单雄信一下子吓坏了，叩头请求饶命，李密把他扶起来说："没有你的事，请放心。"其他瓦岗军头领惊恐万分

时，李密大声说：“我和大家一起兴义兵除暴乱，绝无相害之理。翟让作为司徒，专横跋扈，欺压群僚，无上无下；今天我只杀他一家，和诸位没有关系！”然后命令扶徐世勣到幕下，李密亲自为徐世勣上药。翟让部下亲信想离开瓦岗军，李密让单雄信去慰问，又亲自去安抚一番，把翟让的旧部分成三部，分别由徐世勣、单雄信、王伯当率领。由于翟让平时待人残忍，所以他的被杀并没有引起瓦岗军的混乱。王世充本来以为瓦岗军发生内讧会有机可乘，不料结果使他大失所望。

李密在解决了翟让后又考虑如何对付王世充。他从王世充部降卒口中得知，王世充正在招募士兵，同时又在安排士兵们用餐。李密对裴仁基说：“我久不出战，王世充已经没有什么粮食了，为什么还要募兵，并且让士兵吃饱饭呢？只有一个原因，就是想乘月暗之时偷袭我的粮仓。这是必须要防备的。”于是，他安排郝孝德、王伯当、孟让在仓城三路埋伏，王世充当夜三更果然前来偷袭，被瓦岗军打得大败，骁将费青奴被王伯当所斩，王世充赶忙逃命，部下仅淹死在洛水中的就达千人以上。王世充对李密作战没有进展，李渊又夺取了隋都长安，各地农民起义军和割据势力对隋朝的威胁日益明显，这就促进了隋朝统治集团最后的崩溃。

隋炀帝见中原的瓦岗军镇压不了，回长安收拾残局更是没有可能，于是考虑在江东长住下去，想改在建康丹阳（今江苏南京）建都。他把想法给大臣们一说，内史侍郎虞世基等人立刻随声附和说好。只有右侯卫大将军李才反对，力请隋炀帝起驾回长安，结果和虞世基争吵起来。门下录事李桐客说：“江东地方偏僻潮湿，土地狭窄，根本养不起国家政权。老百姓受不了，又会起义造反，大乱来临，后悔也来不及了。”不想立刻有御史弹劾李桐客“谤毁朝政”，这一来大臣们害怕了，纷纷说：“江东之民早就盼望皇帝来，皇帝过江来安抚江东百姓，这是大禹治水、南会诸侯的举动啊！”隋炀帝于是着手他的迁都计划。不过他手下的军队多是关中

人，看着江都粮食快要吃完了，实在不想在江都继续住下去。他们见隋炀帝没有回家的打算，于是悄悄商量逃亡回家。郎将窦贤率领所部兵马集体逃亡，被隋炀帝发现，派人追上斩首。然而逃亡者还是不断，隋炀帝就让虎贲郎将司马德戡领人马住在东城，防止再有人西逃。

司马德戡和他的密友虎贲郎将元礼、直阁裴虔通商量起自己的命运来。司马德戡说："今天士兵们人人想逃，我如果报告，可能会因管理不善被杀；我如果不报告，他们逃跑后我会因为事先不警惕被杀，现在横竖都是死，有什么好办法呢？"元礼和裴虔通都说只有和大家一起逃走为好。这些关中人开始互相串联，内史舍人元敏、虎牙郎将赵行枢、鹰扬郎将孟秉、符玺郎牛方裕、直长许弘仁、薛世良、城门郎唐奉义、医正张恺、勋侍杨士览等人都参加了这个叛逃集团。他们互相商量逃跑的时间和办法，想到法不制众，于是也不怕有隋炀帝的耳目打探。终于有宫女向隋炀帝的萧皇后报告，萧皇后说："你直接向皇上报告吧！"这个宫女把情况向隋炀帝一讲，隋炀帝说："这哪里是你们宫女说的事呢？"下令把这个宫女斩首。以后又有宫女向萧皇后报告类似情况，萧皇后说："天下事已如此，无可救药，何必再说这些事，让皇上心烦。"从此，再没有人向隋炀帝报告军队将领准备起事造反的消息了。

赵行枢和隋朝将作少监宇文智及私人关系很好，他和宇文智及的外甥杨士览一同去找宇文智及，告诉他大家准备集体叛逃的打算。宇文智及说："皇上虽然无道，可是威令还可以贯彻。如果你们逃走，将会和窦贤一样被杀害。"司马德戡为此向宇文智及请教该怎么办。宇文智及说："今天的形势是天要灭隋，所以天下英雄并起，现在江都想叛逃者已经有数万人了。不如自己起来做大事，消灭隋朝，建立我们自己的帝王之业。"司马德戡立刻表示同意，赵行枢、薛世良请宇文智及去找他的哥哥右屯卫将军宇文化及做起兵夺权的盟主。宇文化及一听，吓得变色流汗。

后来一想，这不是从天上掉下来的做皇帝的机会吗？于是又点头同意了。

这个造反谋变的集团成立后，立刻开始了行动。武德元年（公元618年）三月，司马德戡派许弘仁、张恺进入保卫皇帝安全的备身府，对所有相识的警卫说："皇帝听说大家想逃走，于是准备了一大堆毒酒，想召集一次宴会，把大家都毒死。他自己和这些南方人继续在江都住下去。"警卫们一听，害怕了，相互转告，准备造反。司马德戡把军人们召集在一起，询问大家的意见，军人们纷纷说："我们都听您的。"司马德戡在下午盗取了御马，准备好兵器。当天晚上，正好是元礼、裴虔通值勤隋炀帝的内殿，唐奉义主管城门，司马德戡通知军士们动手，数万人在东城举起造反的火炬，独夫民贼隋炀帝的末日终于来临。

隋炀帝在江都宫中发现火起，而且听到了喧哗之声，忙问发生什么事情了。裴虔通对他说："草坊失火，外面正在救火。"隋炀帝于是不再怀疑。宇文智及和孟秉在宫城外集合了一千余人，劫持侯卫虎贲冯普乐分兵把守各交通要道。隋炀帝的孙子燕王杨琰觉察到有变，当夜进宫报告，在玄武门对裴虔通等人说："我突然中风，估计活不了多久了，想见父亲一面。"裴虔通仍然不许他进宫，而且把他囚禁起来。天快亮时，司马德戡带着参加政变的军队来了，裴虔通率领数百骑直冲成象殿，宿卫士兵大喊有贼，裴虔通下令把这些宿卫士兵全赶走。右屯卫将军独孤盛出来对裴虔通说："这是从哪里来的兵？我怎么没见过？"裴虔通说："事已如此，不关将军的事，将军就别问了。"独孤盛才知道是政变，不等穿上盔甲，就率领十几个人出来抵抗，不一会儿，就被政变军人所杀。千牛独孤开远率领数百殿内卫兵去请隋炀帝，他敲门大声说："现在还有兵有将，只要皇上亲自出战，还可以挽回败局，否则，就是大祸临头了。"喊了好久，不闻回答，原来隋炀帝换了便装，逃进西阁躲藏起来。裴虔通和元礼率领兵卒进西阁搜查，宇文化及收买的司宫魏氏领着裴虔通等人到永巷

问一美人说："陛下在哪里？"美人手指里屋，校尉令狐行达拔刀入内，隋炀帝靠窗说："你要杀我吗？"令狐行达说："臣不敢，只想跟陛下回长安。"隋炀帝被押到裴虔通面前。隋炀帝说："你不是我的老朋友吗？为什么要造反呢？"裴虔通说："臣不敢反，但是将士都想回家，所以想和陛下一起回京师。"隋炀帝以为他可以躲过这场劫难，乘机说："朕方欲归，正为上江米船未至，今与汝归耳！"裴虔通于是让士兵将隋炀帝看住，等宇文化及来处理。

天亮的时候，孟秉去找宇文化及，宇文化及紧张得说不出话来，有人来问，就低头说："罪过！罪过！"宇文化及进了宫城门，司马德戡将他迎入朝堂，称他为"丞相"。裴虔通见宇文化及来了，这才去对隋炀帝说："百官都在朝堂，陛下应当去慰劳。"士兵把马牵来，隋炀帝嫌马鞍太旧，等换了新鞍才肯上马。隋炀帝一被押出来，政变士兵就一片欢呼，隋炀帝问："虞世基在哪里？"马文举说："已经砍头了。"隋炀帝被押到了寝殿，裴虔通、司马德戡都举刀侍立，隋炀帝这才明白今天是躲不过去了，他叹息道："我何罪至此？"马文举说："陛下违弃宗庙，巡游不息，外勤征讨，内极奢淫，使丁壮尽于矢刃，女弱填于沟壑，四民丧业，盗贼蜂起；专任佞谀，饰非拒谏。何谓无罪？"隋炀帝说："我确实对不起老百姓，不过你们这些人和我一起享受荣华富贵，为什么要这样做呢？今天是谁在带头？"司马德戡说："天下人都在恨你，岂是一个人带头能做的事。"宇文化及叫封德彝来控诉隋炀帝的罪行，隋炀帝说："你本是士人，怎么也做起这种事来了？"封德彝一时说不出话来。裴虔通怕隋炀帝的花言巧语动摇军心，挥刀斩杀隋炀帝十二岁的爱子赵王杨杲，鲜血溅在隋炀帝身上，隋炀帝才知道大势已去。他说："天子自有天子的死法，不能用刀，去给我取毒酒来。"马文举不许人去取毒酒，让令狐行达把隋炀帝按在床上。隋炀帝知道顽抗无济于事，自己解下练巾，交给令狐行

达，令狐行达用这条练巾将隋炀帝勒死在床上。这个恶贯满盈的独夫民贼就这样自取灭亡了。

宇文化及在杀死隋炀帝后，立秦王杨浩为皇帝，王世充在洛阳听到这个消息后，立越王杨侗为皇帝，这样隋朝在名义上有了三个皇帝。李渊在长安觉得杨侑这块招牌用处不大了，在对隋炀帝之死假装表示了一点悲痛后，立即开始了取隋而代之的最后工作。他派人去告诉杨侑，隋朝天数已尽，必须把政权交给有德之人，这个人只能是唐王李渊。隋恭帝杨侑本来就是李渊手中的傀儡，李渊有了命令，他如何敢不听从呢？武德元年（公元618年）五月，隋恭帝宣布退位，把皇帝的宝座"禅让"给唐王李渊。李渊由此做了皇帝，并且把这个新的王朝命名为他家族的封号——唐，中国封建社会历史上最为辉煌的时代，就在这样一种硝烟弥漫的气氛中开始了。

进军长安，这是李渊一生中最重要的活动。他在太原起兵反隋，还只不过是天下群雄之一。然而当他一旦进入关中，他就成为灭亡隋朝的代表性人物，在争夺天下的群雄中占据了任何人也无法比拟的政治优势。所以，他可以在隋炀帝被杀不久，建立起唐朝，轰轰烈烈的统一战争也由此开始。五十三岁的李渊给自己定下的年号是"武德"，看来，当时他除了武力，其他的一切，都来不及关注。

人到了这个年纪，总是比较实际的，正在创业的李渊也不例外。

# 一统天下

## 第四章

# 巩固关中

李渊攻取长安后，立即就"以书谕诸郡县，于是东自商洛，南尽巴、蜀，郡县长吏及盗贼渠帅、氐羌酋长，争遣子弟入见请降，有司复书，日以百数"。尽管这样顺利，但河东的屈突通，金城（今甘肃兰州）的薛举，仍然直接威胁着长安。因此，怎样对付屈突通和薛举，是急需解决的问题。

李渊西进后，屈突通命尧君素留守河东，自己率军数万人西援长安，但为刘文静所遏，迟迟不能前进。双方在潼关相持一个多月。当他得知长安已被李渊攻破以后，遂留桑显和镇守潼关，自己引兵东向，欲赴洛阳。屈突通刚离潼关，桑显和就投降了刘文静。刘文静派窦琮和桑显和共同追击屈突通，屈突通被俘送往长安，也投降了。河东虽然还为尧君素所固守，但这支隋军的力量已是强弩之末，构不成对长安的任何威胁。

薛举原是隋朝金城府校尉。隋朝末年，在全国农民起义的影响下，陇右一带也爆发了农民起义。金城令郝瑗命薛举带数千人去镇压农民起义。义宁元年（公元617年）四月，薛举与其子薛仁果乘机夺取权力，囚禁郡县官吏，"开仓以赈贫乏。自称西秦霸王，建元为秦兴，封仁果为齐公，少子仁越为晋公"。同时，"掠官收马，招集群盗"，扩大其队伍。有一支起义军的领袖宗罗睺，就是被薛举"招集"而加入其队伍，又被"封为义兴公"的。另外，还有羌人锺利俗领导的一支起义军二万人，也归降了薛举。不久，又攻克袍罕（今甘肃临夏东），消灭了隋军一万人。接着，又攻克鄯州（今青海乐都）、廓州（今青海贵德东）等地，"尽有陇西之地，众至十三万"。

义宁元年（公元617年）七月，薛举在金城称帝。不久，薛仁果攻克秦州（今甘肃秦安西），薛举因西边大败于李轨而迁都于此。十二月，薛仁果又东进扶风（今陕西凤翔）。早在大业十年（公元614年），就有一支唐弼领导的起义军十万人，占据扶风郡的汧源（今陕西陇县），并且拥李弘芝做天子，唐弼自称唐王。这时，薛仁果派人招诱唐弼，唐弼先杀了李弘芝，然后率部投降薛举。薛仁果乘其不备，突然袭击，唐弼仓惶逃往扶风，被扶风太守窦琎所杀，其众完全并入了薛仁果的队伍。这时，薛仁果带领三十万人，准备进攻长安。

薛仁果得知李渊已攻克长安的消息，遂又围攻扶风。这对正要巩固关中的李渊来说，当然是很大的威胁。于是，李渊派李世民于扶风大败薛仁果。

武德元年（公元618年）七月，薛举又出兵至豳州（今陕西省彬县）、岐州（今陕西凤翔）一带，适逢李世民患疟疾，委托刘文静、殷开山主持军务。刘、殷二人由于麻痹轻敌，被薛军打得落花流水，"士卒死者什五六，大将军慕容罗喉、李安远、刘弘基皆没"。八月，薛仁果又进围宁州（今甘肃宁县），郝瑗又向薛举建议道："今唐兵新破，将帅并擒，京师骚动，可乘胜直取长安。"薛举接受了这个意见，但因为薛举患病，不久即死而未得行动。由此可见，薛举是唐高祖巩固关中最大的威胁。

薛举死后，薛仁果继承其帝位，住在折摭城（今甘肃泾川东北），继续与唐为敌。唐高祖又派李世民为元帅，西征薛仁果；同时，另派人赴凉州（今甘肃武威）联络李轨，使其从西方给薛举形成威胁。

　　薛仁果叛隋，不仅没有解除广大人民的痛苦，即使在统治阶级内部也很不得人心。他阴险毒辣，残酷异常，"所至多杀人，纳其妻妾"。对于不投降者，"磔于猛火之上，渐割以啗军士。初，拔秦州，悉召富人倒悬之，以醋灌鼻，或杙其下窍，以求金宝"。这样一来，势必"与诸将帅素多有隙。及嗣位，众咸猜惧"。薛仁果内部这样矛盾重重，当然是有利于李世民进兵的。

　　十一月，李世民兵至高墌（今陕西长武北），薛仁果派宗罗睺多次挑战，李世民均置之不理，坚壁不出。相持六十多天，薛仁果军粮用完，其部将梁胡郎又向李世民投降。至此，李世民才认为时机已到，先派梁实率军于浅水原（今陕西长武东北）引诱薛仁果，待宗罗睺急攻多日，已经疲惫不堪的时候，李世民率大军出其不意地掩袭而来，"唐兵表里奋击，呼声动地"，宗罗睺溃不成军，被"斩首数千级"。李世民亲率二千骑猛冲直追，直至折墌城下。沿途，薛仁果军多有投降。薛仁果入城拒守，妄图顽抗。由于"守城者争自投下"，军心动摇。薛仁果看到大势已去，只得举城投降了。

　　东败屈突通，西平薛仁果，唐高祖巩固关中的两大障碍消除了。

# 平定河西

　　李轨原是隋朝武威（今甘肃武威）鹰扬府司马，薛举在金城割据称雄以后，他感到随时有被进攻的可能，于是，他和同郡的曹珍、关谨、

梁硕、李赟、安修仁等人密谋，打算割据于武威。义宁元年（公元年617
年）七月，李轨自称河西大凉王，署置官属，成为一支不可忽视的势力。
不久，薛举派常仲兴率军进攻李轨，李轨派李赟率军迎战于吕松（今甘肃
武威东南）。经过激战，常仲兴全军覆没，被杀二千人，其余全部被俘。
接着，李轨相继攻陷张掖（今甘肃张掖）、炖煌（今甘肃敦煌东）、西平
（今青海乐都）、袍罕（今甘肃临夏东），尽有河西五郡之地。

　　武德元年（公元618年）八月，唐高祖为了进攻薛举，派人到凉州
（武威）联络李轨。李轨非常高兴，派其弟李懋到长安入贡，唐高祖授李
懋大将军头衔，又拜李轨为凉州总管，并封凉王。当唐高祖的册封使节张
俟德于第二年二月到达武威以后，李轨虽然已自称皇帝，但曾“欲去帝
号，受其封爵”。曹珍劝他说：“唐帝关中，凉帝河右，固不相妨。且已
为天子，奈何复自贬黜！”听了曹珍的话，李轨又动摇了。遂派邓晓到长
安入见李渊，奉书称“皇从弟大凉皇帝臣轨”而表示“不受官爵”。李渊
怒不可遏，扣留了邓晓，打算以武力解决李轨。

　　李轨做了一个河西一隅的皇帝，不惜对唐高祖称臣、称弟，仍然得
不到允可。他愿奉唐高祖在长安做他头上的皇帝，唐高祖却不许他做臣
属的地区皇帝。这充分说明唐高祖要做全中国的至高无上统一者，而不
做一隅之地的割据者。李轨则鼠目寸光，缺乏政治远见，只求在河西的
小天地里称孤道寡，毫无统一全国的打算，这就决定他只能为李渊所统
一，别无其他途径。

　　在封建社会里，任何一个政治集团内部，争权夺利的斗争都是不可避
免的。李轨由于缺乏政治远见，不能采取有力措施处理其统治集团内部的
矛盾，因而，其内部的矛盾激化了。吏部尚书梁硕和户部尚书安修仁的矛
盾更为突出，安修仁联合李轨的儿子李仲琰共同促使李轨杀了梁硕。梁硕
是李轨依靠的谋主，杀了梁硕，当然是李轨的一大损失。另外，李轨还迷

信神仙，胡人一巫者说："上帝当遣玉女白天而降。"他就"发民筑台以候玉女，劳费甚广"。当"河右饥，人相食"的时候，围绕着是否开仓赈济的问题，又展开了两派的斗争。结果，李轨采纳了错误的意见，拒不赈济贫困的人民，"由是士民离怨"。这些错综复杂的矛盾，是李轨政权不能久存的内在原因。

当唐高祖已经决定对李轨用兵的时候，安兴贵自告奋勇，愿去说服李轨，归附唐朝。安兴贵是李轨部将安修仁之兄，他想利用安修仁和李轨的关系，前往武威，劝说李轨。他到武威后对李轨说："凉州僻远，人物凋残，胜兵虽余十万，开地不过千里，既无险固，又接蕃戎，……今大唐据有京邑，略定中原，攻必取，战必胜，……今若举河西之地委质事之，即汉家窦融，未足为比。"李轨听了，初是"默然不答"，后则反唇相讥道："彼虽强大，其如予何？君与唐为计，诱引于我，酬彼恩遇耳。"安兴贵既未达目的，又有大祸临头的危险，于是他就一不做二不休，与其弟安修仁密谋，发动兵变，围攻李轨。这时，李轨内部矛盾重重，互不谐调，从而很快分崩离析，自己也成了俘虏。至此，唐朝又平定了河西。向东进军，也就没有后顾之忧了。这是唐高祖巩固关中的又一有利条件。

# 灭刘武周

刘武周的祖籍是河间景城（今河北交河东北），其父时迁到马邑（今山西朔州）。他曾参加过隋炀帝进攻高丽的战争。后来，回到马邑，为鹰

扬府校尉。义宁元年（公元617年）二月，由于他与马邑太守王仁恭的侍儿私通，害怕事泄惹祸，遂先发制人，乘农民饥饿无食，农民起义蓬勃发展的时候，宣布王仁恭"闭仓不赈恤"的罪状，同时又与同郡张万岁等十余人密谋策划，杀了王仁恭，自己做了太守。

刘武周叛隋，又"遣使附于突厥"，所以，隋雁门郡丞陈孝意、虎贲郎将王智辩合兵讨伐他。隋军围攻桑干镇（今山西雁门关西北），刘武周联合突厥共击王智辩，王智辩战败被杀，陈孝意逃回雁门（今山西代县）。刘武周又围攻雁门，陈孝意虽然"悉力拒守"，但终因"外无救援"，"围城百余日，食尽"，而被其部下张伦所杀。张伦杀了陈孝意，以雁门投降了刘武周。

三月，刘武周又先后破楼烦郡（今山西静乐）、定襄郡（今内蒙古和林格尔），同时，对突厥始毕可汗进行贿赂，突厥遂立刘武周为定杨可汗，刘武周也就自命不凡，以皇帝自居了。

刘武周经常借助突厥的力量威胁太原。武德二年（公元619年）四月，刘武周勾结突厥，军于黄蛇岭（今山西榆次北），距离太原近在咫尺，李元吉当然感到威胁，遂派张达率军驱逐刘武周，结果张达战败，全军覆没。刘武周乘机攻陷榆次（今山西榆次县）。接着，刘武周兵围太原。五月，又攻陷石州（今山西吕梁），杀刺史王俭，继又攻陷平遥（今山西平遥），对太原形成了战略上的包围形势。

六月，刘武周部将宋金刚率兵三万进攻太原，刘武周攻陷介州（今山西介休）。唐高祖派左武卫大将军姜宝谊、行军总管李仲文带兵迎战，结果唐军大败，姜宝谊、李仲文皆被俘虏，后又逃回，再和刘武周作战。由于屡次战败，唐高祖深为忧虑，遂以右仆射裴寂为晋州道行军总管，前往讨伐刘武周。裴寂进至介州（今山西介休），宋金刚据城固守。宋金刚首先断绝唐军的水源，待唐军欲移营就水时，宋金刚乘唐军因缺水所造成的

困难，突然袭击，打得唐军狼狈逃散，溃不成军。裴寂日夜奔驰，逃到晋州（今山西临汾）。这次战役以后，晋州以北，除了西河（今山西汾阳）以外，全为刘武周所有了。

在这种形势下，李元吉在太原惶恐不安。

李元吉是唐高祖的第四子，唐高祖从太原起兵时，命他为"太原郡守，封姑臧郡公。寻进封齐国公，授十五郡军事、镇北大将军，留镇太原，许以便宜从事"，后又"进爵为王，授并州总管"。

李元吉在太原，骄奢淫逸，无恶不作。他有"奴客婢妾数百人，好使之被甲，戏为攻战，前后死伤甚众，元吉亦尝被伤。其乳母陈善意苦谏，元吉醉，怒，命壮士殴杀之。性好田猎，载罔罟三十车，尝言：'我宁三日不食，不能一日不猎。'常与（窦）诞游猎，蹂践人禾稼。又纵左右夺民物，当衢射人，观其避箭。夜，开府门，宣淫他室。百姓怨愤，（宇文）歆屡谏不纳，乃表言其状"。窦诞、宇文歆二人，是辅佐李元吉留守太原的官员。窦诞与李元吉一道"游猎，蹂践人禾稼"；宇文歆则屡次劝阻李元吉的这些行动，李元吉都置之不理，一如既往。他向唐高祖反映，李元吉才于武德二年（公元619年）二月被免官。三月，李元吉又官复原职，再为并州总管，但他并无任何收敛的表现。因而，当九月刘武周又进逼太原时，他欺骗刘德威说："卿以老弱守城，吾以强兵出战。"实际上这是脱身之计。他乘夜溜出城去，携其妻妾奔还长安去了。刘武周兵临太原城下，"土豪薛深以城纳武周"。对此，唐高祖愤怒异常，认为是宇文歆之过，要将他斩首。礼部尚书李纲劝阻说，"王年少骄逸"，"歆谏，王不悛，寻皆闻奏，乃忠臣也，岂可杀哉！"唐高祖虽然听取了李纲的意见，未错杀宇文歆，但其起家之地的失守，不能不使长安大为震动。

刘武周占据太原后，又派宋金刚攻陷晋州，进逼绛州（今山西新绛），直捣龙门。宋金刚长驱直入，直达黄河岸上，这无疑是对唐的极大

威胁。不仅如此，宋金刚还进攻翼城（今山西翼城）、绛县（今山西绛县）一带，迫使裴寂节节败退，困守在虞州（今山西运城一带）、泰州（今山西万荣西）一隅之地。同时，河东的王行本也响应刘武周，致使"关中震骇"。这时，唐高祖提出了错误的主张。他说："贼势如此，难与争锋，宜弃大河以东，谨守关西。"在这个问题上，李世民却颇有远见卓识。他认为："太原，王业所基，国之根本；河东富实，京邑所资，若举而弃之，臣窃愤恨。"他表示要亲自率兵三万人，平定刘武周，收复太原。

武德二年（公元619年）十二月，李世民所率唐的主力军于美良川（今山西夏县北）大败宋金刚部将尉迟敬德。尉迟敬德又欲增援河东的王行本，在安邑（今山西安邑）又一次被李世民打败，只得退居柏壁（今山西新绛西南）。王行本得不到外援，于武德三年（公元620年）正月向唐投降了。

武德三年（公元620年）四月，李世民追及宋金刚部将寻相于吕州（今山西霍州），取得很大胜利。李世民又乘胜北进，一昼夜行军二百余里，战数十回合。尽管将士疲惫不堪，李世民仍然带头策马前进，终于在雀鼠谷（今山西介休与霍州之间）追上了宋金刚，一日八战，连战皆捷。宋金刚狼狈北逃，尉迟敬德与寻相先后在介休（今山西介休）与永安（今山西霍州）投降。李世民进军，势如破竹。刘武周的失败，已是势所难免。

刘武周听说宋金刚大败，惊恐万状，放弃太原，北走突厥，后被突厥所杀。宋金刚看到残局不可收拾，也想逃奔突厥，结果也被突厥杀死了。李世民取得太原，原为刘武周所控制的州县，全都归唐所有。

刘武周失败以后，其部将苑君璋还驻守在朔州（今山西朔州）。苑君璋曾勾结突厥，屡次进攻马邑、太原一带，但都没有什么发展，最后只得投降了唐朝。

消灭了刘武周，稳定了太原，使河东诸郡全为唐所有，既可以东行无阻，为攻取洛阳扫清了道路；同时，也使秦、晋连成一片，扩大了统一全国的根据地。

# 攻取洛阳

李渊攻取长安的时候，中原一带王世充率领的洛阳隋军和李密为首的瓦岗农民军正在进行激烈的大战。武德元年（公元618年）九月，王世充率领的隋军镇压了瓦岗农民军，李密投降唐朝，后李密又欲逃出潼关，东山再起，被唐军所杀。王世充取得胜利，据守洛阳，虽然他毫无向四周发展的打算。但洛阳毕竟是隋朝的东都，在政治上有一定影响，同时，它地处中原，位于运河中心，唐军要东进统一全国，洛阳首当其冲。因此，唐军攻取洛阳，是势在必行的。

隋炀帝取得统治权力以后，长住洛阳，洛阳逐步成了全国的政治中心。大业十二年（公元616年）七月，隋炀帝最后一次离开洛阳，到了江都。由于农民起义军遍地而起，他无法再回到洛阳，从此以后，洛阳就成为隋军残余势力的据点。

义宁元年（公元617年）初，瓦岗军兵临洛阳城下，留守洛阳的越王杨侗向隋炀帝告急。隋炀帝于这年五月、七月两次向洛阳增派援军。王世充就是各路援军的首领。

王世充是西域胡人，隋文帝时以军功拜仪同，授兵部员外郎。隋炀

帝即位后，他对隋炀帝那种顺我者存，逆我者亡的唯我独尊作风，深有体会。于是，他对隋炀帝奴颜婢膝，唯命是从，从而做了江都郡丞。王世充到了洛阳以后，虽然多次和瓦岗军作战，但互有胜负，始终没有改变洛阳隋军所处的困境。

隋炀帝被杀以后，李渊于长安做了皇帝。越王杨侗虽然也在洛阳做了皇帝，但实际大权却掌握在王世充手中。武德元年（公元618年）九月，瓦岗军与宇文化及大战结束，瓦岗军虽然取得胜利，但"其劲卒良马多死，士卒疲病"。王世充乘机打败瓦岗军，加强了自己在洛阳隋军中的地位。武德二年（公元619年）四月，他又强迫越王杨侗让位，自己做了皇帝，建国号为郑。从此，王世充就成为洛阳名副其实的最高统治者。

王世充做皇帝的前后，正是刘武周在今山西一带对唐威胁最大的时候，唐高祖不得不把主要力量用于对付刘武周。唐军无力东进，河北的窦建德也无南取洛阳之意，于是王世充得以暂时苟延残喘下去。

王世充刚愎自用，独断专行，在洛阳统治集团中日益孤立，连他身边的人也嫌他说话啰唆，语多而无要领。因此，他的各级官吏多有乘机离去者。例如，罗士信、席辩、杨虔安、李君义等，相继背离王世充，投降唐军；刘黑闼投降窦建德。还有其所属的州县官，相继背郑者，也为数不少。这些都说明王世充统治集团面临着分崩离析的危机。

武德三年（公元620年）六月，唐高祖已经平定了刘武周，解除了长安的危机。于是，唐高祖准备集中力量对付王世充了。七月，李世民就率军出发，东进洛阳。

本来，义宁元年（公元617年）十一月，李渊攻克长安，第二年正月，就派李建成、李世民率军十多万人，兵向东都，只是由于当时关中尚不巩固，所以才未强取洛阳。但在撤军之时，还在新安（今河南新安）、宜阳（今河南宜阳西）一带留下驻军，准备随时再来。十月，李密降唐以后，李渊为了控制原来瓦岗军的地盘，又派淮安王李神通为山东道安抚大使，命山东诸军并授节度；以黄门侍郎崔民干为副，开始向今山东、河北和河南北部一带地方发展势力。当时，这一带地方，除了有些零散的小股起义军外，主要的是河北的窦建德起义军。同时，在魏县（今河北大名西）还有以宇文化及为首的隋朝残余势力。

宇文化及缢杀了隋炀帝，自江都北返以后，又受到瓦岗军的沉重打击。最后盘据魏县，鸩杀了秦王杨浩，自己做了皇帝，国号许，妄图苟延残喘下去。

武德二年（公元619年）正月，李神通率唐军进攻魏县，宇文化及战败，东走聊城（今山东聊城东北），李神通又进围聊城。宇文化及军粮困难，向李神通请降，李神通为了攻取聊城，"以示国威"，同时欲以胜利物资奖赏将士，所以，他拒不接受。安抚副使崔民干和他的意见不合，他就把崔民干囚禁起来。当唐军强攻聊城，将要取胜时，李神通又怕别人抢夺功劳，中途下令收兵。正当此时，窦建德率领的河北起义军赶到聊城。窦建德攻克聊城，擒杀宇文化及，取得了重大的胜利。李神通先退保相州（今河南安阳），后又到黎阳（今河南浚县），与李世勣（即徐世勣，被唐主祖赐姓"李"）合兵一处。十一月，窦建德攻克黎阳，李神通、唐高祖的妹妹同安公主、李世勣的父亲李盖以及魏徵等人全部被俘，李世勣投降。唐朝利用李密失败后的机会在山东、河北一带发展起来的力量，基本上都损失殆尽了。

秦王李世民平定刘武周以后，于武德三年（公元620年）五月回到长安。七月，唐高祖又命他率军进攻王世充。唐军到达慈涧（今河南洛阳西），王世充率军三万与之交战。经过激战，王世充退入洛阳城内。李世民命行军总管史万宝由宜阳进据龙门（今河南洛阳南），命将军刘德威围攻河内（今河南沁阳），命怀州总管黄君汉进攻回洛城（今河南洛阳东

北），命王君廓至洛口（在今河南巩义），断绝王世充的粮道，主力大军驻扎于洛阳城北的邙山，对洛阳形成了包围的形势。

在剑拔弩张的形势下，王世充还不理解唐军为统一全国而东来的意图。他在阵前质问李世民说："隋室倾覆，唐帝关中，郑帝河南，世充未尝西侵，王忽举兵东来，何也？"宇文士及代替李世民回答道："四海皆仰皇风，唯公独阻声教，为此而来！"王世充又乞求似的说："相与息兵讲好，不亦善乎！"宇文士及干脆拒绝说："奉诏取东都，不令讲好也。"这里清楚地说明，王世充只打算割据洛阳一地，唐高祖则要统一全中国。否则，他为什么下诏"不令讲好"呢？这种不可调和的矛盾，决定了唐军必然要攻取洛阳，决无中途而废的可能。

唐军与王世充相持于洛阳时，河北的窦建德起义军是一支非常强大的力量。唐和王世充都曾派人去和窦建德联络。窦建德一面放回同安公主，表示愿和唐军友好，同时请求唐罢围洛阳之兵；一面又向王世充表示愿意派兵相助。

窦建德是隋清河郡漳南县（今山东平原）人，其家世代都是农民。在和乡亲们的交往中，他能够体谅穷苦人家的痛苦，乐于帮助别人，所以在当地群众中的威信很高。

大业七年（公元611年），隋朝政府征发农民进攻高丽，窦建德因为勇敢被选为二百人长，与窦建德同县的孙安祖也被选为征士。由于孙安祖家遭水灾，妻子饿死，不愿前往，从而遭到县令的怒笞。孙安祖刺杀了县令，去找窦建德。窦建德说："今水潦为灾，黎庶穷困，而主上不恤，亲驾临辽，加以往岁西征，疮痍未复，百姓疲弊，累年之役，行者不归，今重发兵，易可摇动。丈夫不死，当立大功，岂可为逃亡之虏也。我知高鸡泊中广大数百里，莞蒲阻深，可以逃难，承间而出虏掠，足以自资。既得聚人，且观时变，必有大功于天下矣。"非常明显，窦建德给孙安祖指

明了出路，只有聚众对抗政府的控制，才能生存；否则，就是"逃亡之虏"。孙安祖按照窦建德的意见，带领着窦建德给他招募的几百人，到高鸡泊中正式举行起义了。

当时，农民起义的熊熊烈火，遍地燃烧，仅在清河郡内，除了孙安祖的几百人以外，还有张金称的一万多人，高士达的一千多人。隋朝的地方官吏到处搜捕起义群众，窦建德也是他们搜捕的对象。由于郡县官吏惑疑窦建德支持起义军，于是捕杀了窦建德全家。窦建德忍无可忍，只得聚集了二百多人，参加了高士达的起义军。从此，窦建德就走上了农民起义的征途。

窦建德参加起义军后，屡立战功，逐步由一个小头目成为一支大规模起义军的领袖。

窦建德第一次显示其作战才能是打败隋朝涿郡通守郭绚。

大业十二年（公元616年），在农民起义军的沉重打击下，隋"诸郡无复完者，唯涿郡独全"。涿郡通守郭绚因此而受到重视。隋炀帝派他带领一万多人进攻高士达。高士达自感才略不及窦建德，遂把窦建德由司兵晋升为军司马，主要负责指挥作战。窦建德率七千精兵，假称投降，麻痹郭绚。待郭绚松懈以后，窦建德突然袭击，大败隋军，杀其数千人，得马千匹，郭绚带数十骑逃走，又被窦建德追上斩首，致使隋军闻风丧胆，"人吏哭之，数月不息"。经过这次战役，窦建德的威望大大提高了。

与此同时，隋还派太仆卿杨义臣率军一万多人进攻张金称。张金称遭到失败，这支起义军的群众都转移到窦建德那里去了。暂时的胜利，使杨义臣骄横得意，欲乘胜进攻高鸡泊。窦建德认为杨义臣暂居优势，应该避免决战，待相持一段时间，杨义臣疲惫的时候，再发动进攻，必然胜利。但高士达急于求胜，不采纳窦建德的意见，自己亲率主力迎击杨义臣，结果兵败被杀，给起义军造成重大损失。面临这次失败，窦建德聚集余众，

掩埋了战友们的尸体，又为高士达发丧；重整旗鼓，自称将军，继续领导起义军。从此，窦建德就成为这一支起义军的领袖了。

窦建德第二次重要的战功是大败隋涿郡留守薛世雄。薛世雄是很受隋炀帝赏识的将领，隋炀帝三次进攻高丽他都参加了，进攻高丽失败后，他当了涿郡留守。义宁元年（公元617年），由于瓦岗军逼近东都，隋炀帝命薛世雄率隋军三万人南下，镇压瓦岗起义军，以解东都之围；并命令他随时镇压沿途碰到的起义军。这时，窦建德刚于河间郡乐寿县（今河北省献县）称长乐王，他所率领的河北起义军已扩大到十余万人。薛世雄从涿郡南下，窦建德首当其冲，这就决定窦建德和薛世雄之间的大战不可避免。

薛世雄兵行至河间（今河北河间）七里井，窦建德用声东击西的办法使薛世雄误认为窦建德要逃跑，从而麻痹大意起来。窦建德认为时机已到，亲率精兵一千人，向隋军猛烈突击，恰遇大雾之际，隋军毫无准备，不辨敌我，"自相踏藉，死者万余"。薛世雄与左右数十骑仓惶逃入河间城内，自感没有完成隋炀帝所赋予的使命，羞愧万分，积郁成疾，回到涿郡，就快快而死了。通过这次胜利，窦建德消灭了隋朝反动统治者在北方的一支主力军，加速了隋炀帝反动政权的灭亡，壮大了农民起义军的声威。

窦建德再立战功，是消灭宇文化及为首的隋朝残余势力。

宇文化及是隋左翊卫大将军宇文述的儿子，幼年曾被称为"轻薄公子"，无赖之徒。由于得到隋炀帝的宠信，官至右屯卫将军。他随隋炀帝到江都后，农民起义的烽火已遍地燃烧，隋炀帝已无法再回长安。跟随隋炀帝的"从驾骁果"（卫队）大都是关中人，由于江都粮食发生恐慌，他们又久离家乡，眼看隋炀帝无意再回长安，于是纷纷散去，打算北返。在此形势下，宇文化及一伙发动政变，缢杀了隋炀帝，另立隋炀帝的侄子秦

王杨浩为傀儡皇帝，实际大权操在宇文化及手中。

宇文化及率领十余万隋军北返的时候，瓦岗军已经占领洛阳以东大部地区。瓦岗军为了避免腹背受敌，越王侗也正想利用瓦岗军去消灭宇文化及，于是，瓦岗军暂时和东都的敌人妥协，主要打击宇文化及。宇文化及遭到沉重打击以后，北走魏县（今河北大名西南），鸩杀了傀儡皇帝杨浩，自己做了皇帝，国号许。武德二年（公元619年）二月，窦建德进攻魏县，宇文化及遭到失败，退往聊城（今山东聊城西北），窦建德又跟踪而至，四面围攻。破城之后，活捉了宇文化及与其同伙。这支跟随隋炀帝已久的反动武装，到这时候就被窦建德彻底消灭了。自此以后，隋朝的残余势力主要的就只有洛阳的王世充了。

本来，唐军进攻洛阳，是地主阶级两大集团争夺全国统治权力的斗争。窦建德应该积极扩充力量，壮大自己，乘机统一全国；但他却只是消极地认为唐破郑后，必然威胁自己，从而采取了援郑拒唐的对策，以致与王世充同归于尽。

当时，唐高祖要统一全国是不可动摇的方针。所以，唐军首先严词拒绝王世充"息兵讲好"的请求，接着，又拒绝窦建德"退军潼关，返郑侵地，复修前好"的要求，同时又威胁窦建德说，"赵、魏之地，久为我有，为足下所侵夺"，率军增援王世充"良非上策"，望你"择善而从"，否则，"恐虽悔难追"。显而易见，唐军与王世充的战争似箭在弦上；对窦建德软硬兼施，不准他增援王世充。

武德四年（公元621年）二月，李世民、王世充都亲自出马，在洛阳城外进行了一次激烈大战，结果是唐军胜利，俘斩王世充军七八千人。唐军又进围宫城，"城中守御甚严，大炮飞石重五十斤，掷二百步，八弓弩箭如车辐，镞如巨斧，射五百步。世民四面攻之，昼夜不息，旬余不克"。王世充军虽然危险万分，但唐军也"疲弊思归"。针对这种情况，李世民毫不动摇，下令军中曰："洛阳未破，师必不还，敢言班师者斩！"唐军继续攻城，王世充只有等待窦建德来援了。

三月，窦建德率军十余万，号称三十万，增援王世充。窦建德进军至成皋（即虎牢，在今河南荥阳西旧汜水镇）的东原，通知王世充，希望能够东西夹击唐军。

面临腹背受敌的威胁，李世民召集将佐，商讨了对策。在商讨中，多数人认为：唐"兵疲老，世充凭守坚城，未易猝拔，建德席胜而来，锋锐气胜"，唐军"腹背受敌，非完策也，不若退保新安，以承其弊"。记室薛收说："世充保据东都，府库充实，所将之兵，皆江、淮精锐，即日之患，但乏粮食耳。以是之故，为我所持，求战不得，守则难久。建德亲率大众，远来赴援，亦当极其精锐。纵之至此，两寇合从，转河北之粟以馈洛阳，则战争方始，偃兵无日，混一之期，殊未有涯也。"鉴于这种情况，他建议：分兵一部监视洛阳王世充的动静，不与决战；另由李世民亲率精锐部队，阻击窦建德。李世民完全接受了这种意见。同时，还进一步分析说："世充兵摧食尽，上下离心，不烦力攻，可以坐克。建德新破（孟）海公，将骄卒惰，吾据武牢，扼其咽喉。"否则，窦建德进入武牢，和王世充会合在一起，力量肯定强大，必然难以对付。于是，李世民下定决心，使屈突通等辅佐李元吉围困洛阳，自己亲率精锐部队东赴武牢。经过几次交锋，李世民都取得了胜利。

五月初二这一天，窦建德穷其全力发动进攻，北距黄河，西薄汜水，南属鹊山，绵亘二十里（即今河南荥阳西汜水镇至黄河沿汜水一带），鼓行西进。李世民采用了以逸待劳的战术，坚守不出，自早至午，窦建德军饥饿疲惫，正争饮水时，唐军突然出击，窦建德措手不及，战败受伤，退至牛口渚（今河南荥阳西汜水东北），被唐军所俘。窦建德失败，王世充所属的偃师（今河南偃师）、巩县（今河南巩义）等地官吏相继投降唐

军。王世充看到大势已去，也只得举城投降了。

从此以后，中原、河北一带，基本上为唐所统一了。

在镇压河北起义军和攻取洛阳的这次战役中，一方面，显示了农民起义领袖窦建德缺乏政治远见，不能利用地主阶级内部的矛盾发展力量，壮大自己，反而参与地主阶级两大集团的火并，葬送了自己；另一方面，也显示了地主阶级的政治家、军事家李世民勇猛善战、机智果断、以少胜多的杰出才能。在参与战争的三支力量中，只有唐军是统一全国的力量，唐高祖和李世民，野心勃勃，抓紧一切机会发展力量，扩大地盘，逐步削弱别人，壮大自己。这次战争的胜利，是他们统一全国的重要一步。反之，窦建德、王世充都没有统一全国的打算，也无统一全国的措施和行动，更加缺乏指挥作战的军事才能，所以，他们的失败并不是偶然的。

# 荡平萧铣

萧铣是隋末在长江中游的一支割据势力的首领。与以萧铣为首的割据势力同时存在的还有林士弘领导的起义军。林士弘是鄱阳（今江西波阳）人，大业十二年（公元616年）与其乡人操师乞共同起义。后来，操师乞在与隋军作战时牺牲，林士弘就做了首领，有众十余万人。十二月，林士弘于虔州（今江西赣州）称帝，国号楚。"豪杰争杀隋守令，以郡县应之。其地北至九江，南及番禺，皆为所有。"

萧铣是后梁宣帝的曾孙。他的祖父萧岿，当隋灭后梁时逃奔陈朝。开皇九年（公元589年），隋灭陈时，萧巋以会稽（今浙江绍兴）郡投降，后被送至长安斩首。隋炀帝时，萧铣因外戚关系被擢为罗县令（位于今湖南湘阴东北）。

义宁元年（公元617年），农民起义的烽火，正在遍地燃烧；隋朝的地方官吏也纷纷割据一方，称王称帝，隋朝的灭亡，已是指日可待了。于是，巴陵（今湖南岳阳）校尉董景珍、雷世猛、旅帅郑文秀、许玄彻、万瓒、徐德基、郭华，还有张绣等人，打算据郡叛隋。最初，他们欲推举董景珍为首，董景珍自以为"素寒贱，不为众所服"。遂又改举萧铣为首。萧铣喜出望外，声言隋灭后梁，使他"痛心疾首，无忘雪耻"。他表示要"纠率士庶，敬从来请"，他立即"集得数千人，扬言讨贼而实欲相应"。这就是说，董景珍等推举萧铣为首，正符合萧铣的愿望。所以他就迫不及待地聚众而起了。接着，他就自称梁王，独树一帜。第二年，萧铣又做了皇帝，封董景珍等功臣七人皆为王。在攻下南郡之后，又徙都江陵（今湖北江陵），以此为中心，逐步向外扩充势力。

萧铣派张绣巡岭南，隋将张镇周、王仁寿投降。钦州刺史宁长真以林、始安之地（即今广西桂林南到钦州一带地方）归附于萧铣。同时，林士弘也千方百计争取岭南的隋朝地方势力，因此，汉阳太守冯盎以苍梧、高凉、珠崖、番禺之地（即今广东中部以及海南岛北部一带）归附于林士弘。另外，萧铣与林士弘又各派人都去争取交趾（河内）太守丘和，丘和对他们都拒不投降。萧铣又派宁长真带兵进攻，也大败而回。最后，还是因为丘和听到隋炀帝已死的消息后，才归附萧铣的。"于是东自九江，西抵三峡，南尽交趾，北距汉川，铣皆有之，胜兵四十余万。"

武德二年（公元619年）九月，萧铣派其大将杨道生进攻峡州（今湖北宜昌），被峡州刺史许绍击败。萧铣又派陈普环率水师沿江西上，规取巴蜀，又被许绍打败。

　　为了平定萧铣，唐高祖于武德四年（公元621年）派河间王李孝恭和李靖顺江东下，直取江陵。

　　唐高祖攻取长安以后，就派李孝恭自金州（今陕西安康）进入巴蜀。武德二年（公元619年）李孝恭被授为信州总管。第二年，改信州为夔州（今四川奉节），命李孝恭为夔州总管，"令大造舟楫，教习水战，以图萧铣"。同时，为了取得巴蜀地主阶级的支持，还"召巴蜀首领子弟，量才授用，致之左右，外示引擢而实以为质也"。李靖于武德二年（公元619年）至金州（今陕西安康），然后进入巴蜀。后因进攻萧铣进展较慢而被唐高祖问罪，峡州刺史许绍为之请命，才未被斩首。武德四年（公元621年），唐高祖派李孝恭、李靖率巴蜀兵东下，进攻萧铣。

　　在萧铣统治集团内部，由于诸将争功夺权。逐步产生了尖锐而复杂的矛盾。萧铣为了控制诸将，"乃宣言罢兵营农，实欲夺诸将之权"。这样一来，很快就引起了一些将领的不满。大司马董景珍之弟阴谋叛乱，未能得逞而被杀。接着，萧铣又召镇守长沙（今湖南长沙）的董景珍到江陵，董景珍怕受其弟的牵连，遂以长沙向李孝恭投降。萧铣又命其齐王张绣进攻长沙，董景珍失败，被其部下所杀。张绣自恃有功，骄横异常，萧铣又杀了张绣。于是统治集团内部互相猜疑，有不少将领背叛萧铣而去，力量大大削弱了。

　　武德四年（公元621年）九月，唐高祖命李孝恭为荆湘道行军总管，李靖为摄行军长史，统十二总管，自夔州（今四川奉节）顺流东下；以庐江王李瑗为荆郢道行军元帅，黔州刺史田世康出辰州道（今湖南沅陵），黄州总管周法明出夏口道（今湖北汉口），共同围攻萧铣。当时，长江三峡水涨，有人建议应水落时进军，李靖说："兵贵神速。应该在水涨之际，乘其不备，出其不意，兵临江陵，使萧铣措手不及，取得胜利。"十月，李孝恭按照李靖的建议，率战船二千余艘东下，萧铣果然"以江水方涨，殊不为备"，唐军顺利进至夷陵（今湖北宜昌）。这时，萧铣一大将文士弘率精兵数万屯于清江（今湖北恩施），唐军大败文士弘，获战舰三百余艘，唐军追至百里洲（今湖北枝江南），文士弘又一次失败逃走。另外，萧铣的江州总管盖彦举也投降了唐军。

萧铣为了削夺诸将兵权，实行"罢兵营农"政策，仅留宿卫数千人在江陵。当他听到唐兵压境，文士弘战败的消息时，大为恐慌。"仓猝征兵，皆在江、岭之外，道途阻远，不能遽集，乃悉见兵出拒战。"双方接触，唐军先败后胜，李靖"见其众乱，纵兵奋击，大破之，乘胜直抵江陵，入其外郭。又攻水城，拔之，大获舟舰，李靖使李孝恭尽散之江中。"诸将皆问为什么获取敌舰弃而不用，李靖说："萧铣之地，南出岭表，东距洞庭，吾悬军深入，若攻城未拔，援军四集，吾表里受敌，进退不获，虽有舟楫，将安用之？今弃舟舰，使塞江而下，援兵见之，必谓江陵已破，未敢轻进，往来觇伺，动淹旬月，吾取之必矣。"果然不出李靖所料，萧铣援军见了散置江中的舟楫，疑虑不敢前进。萧铣的交州刺史丘和、长史高士廉、司马杜之松等人，听说萧铣失败，都投降唐朝了。

李孝恭集中力量围攻江陵，萧铣看到大势已去，下令开门出降。李孝恭采取了"秋毫无犯"的措施，稳定社会秩序的各种措施，致使"南方州县闻之，皆望风归附"。不久，各地"援兵至者十余万，闻江陵不守，皆释甲而降"。另外，萧铣的黄门侍郎刘洎以岭南五十余城投降唐朝。十一月，萧铣的桂州（今广西桂林）总管李袭志也向唐朝投降了。后来，萧铣被送往长安斩首。

在唐军破萧铣之前，林士弘起义军在接连不断的胜利声中，与张善安为首的另一支起义军发生了矛盾。最初，当林士弘于江南起义后，张善安也在江北攻陷庐江郡（今安徽合肥）后，然后渡过长江，归附林士弘于豫章（今江西南昌）。后因受到林士弘的猜疑，遂和林士弘发生了

武力冲突，结果，张善安于武德五年（公元622年）二月投降了唐朝。同时，萧铣也曾派兵攻克豫章，使林士弘遭到重大损失。萧铣失败投唐以后，其溃散的队伍中有很多人归附林士弘，林士弘的力量才稍有恢复。武德五年（公元622年）十月，林士弘命其弟鄱阳王林药师攻循州（今广东惠州），战败被杀。其部将王戎又以南昌州（今江西永修北，旧建昌）投降唐军。林士弘惊恐万状，逃到安成（今江西安福）山洞中，又被唐军击败，林士弘死去，所余少数起义群众散居各地。这支坚持了六年之久的起义军，就这样以失败而告终。

自此以后，长江中游和岭南一带，都统一在唐朝的势力范围之内了。

# 统一江南

活动于长江下游和东南一带的强大力量是杜伏威和辅公祏领导的起义军。

杜伏威、辅公祏领导的农民起义军，是隋末农民战争中较大的一支起义队伍，他们从山东转战江淮，在打击隋王朝黑暗统治的斗争中，有着非常重要的贡献。

杜伏威、辅公祏起义是在大业九年（公元613年）年底。这一年，隋炀帝不顾第一次进攻高丽失败的严重教训，又发动了第二次进攻高丽的战争。由于战争带来的沉重灾难，激起了农民阶级更加激烈的反抗。隋朝的灭亡已是指日可待，隋炀帝也失去了地主阶级代理人的地位。因而，统治阶级内部的矛盾也明显激化了，杨玄感发动推翻隋炀帝的战争，就是这种形势下的产物。隋炀帝虽然调动进攻高丽的军队镇压了杨玄感起兵，但杨玄感要推翻隋炀帝政权的战争，却反映了广大农民的要求。这次战争的影响颇为深远。大业九年（公元613年）八月杨玄感失败，九月，东海（今江苏连云港西南）彭孝才起义，十月又有吕明星围攻东郡（今河南滑县东），十一月又有扶风（今陕西凤翔）向海明起义，等等。这一切说明，杨玄感失败以后，广大农民反抗隋炀帝政权的浪潮正在日益高涨。杜伏威、辅公柘也在这时起义，正标志着农民起义形势的继续发展。

杜伏威是齐州章丘（今山东章丘）人，由于其"家贫无以自给"，遂和有"刎颈之交"的辅公柘聚众起义。虽然他年仅十六岁，但在和官军作战时非常勇敢，"出则居前，入则殿后"。这样一来，就很自然的得到了群众的拥护和爱戴，成了领袖人物。

大业九年（公元613年），杜伏威率众入长白山（在今山东邹平南、章丘和淄博之间），加入左君行领导的起义军。后来，由于和左君行意见不合，离开长白山，转战到淮南去了。这时，在下邳（今江苏睢宁西北）还有一支苗海潮领导的起义军。杜伏威为了壮大力量，派辅公柘用软硬兼施的办法，既说明"同苦隋政，各兴大义，力分势弱，常恐见擒"，应该"合以为强，以免隋军相制"；又强硬地表示：若不"听命"，就要"一战以决雄雌"，迫使苗海潮率众加入了自己的队伍。另外，还有海陵（今江苏泰州）赵破阵领导的起义军也被并入了他的队伍。这样一来，这支队伍的力量也就更加可观了。

地主阶级的政权是不会坐视农民起义队伍日益壮大的。正当杜伏威领导的起义军成长发展的时候，隋朝的校尉宋颢率军前往镇压这支革命力量。起义军与隋军稍一接触，即伪败后退，把隋军诱入芦苇从中，然后纵火焚烧，使隋军全军覆没。这次胜利，大大提高了杜伏威起义军的声威。

　　义宁元年（公元617年），隋炀帝派右御卫将军陈稜带精锐部队八千人进攻杜伏威。陈稜慑于杜伏威军的威力，不敢直接向杜伏威进攻。杜伏威为了激怒陈稜，派人送给他一套妇女衣服，并且致书称他"陈姥"。这一作法，果然生效，陈稜恼羞成怒，倾巢而出。杜伏威亲自出阵挑战，出其不意，被陈稜部将射中其额。杜伏威怒不可遏地指着射箭者道："不杀汝，我终不拔箭。"他奋不顾身地冲入隋军，捉住射箭者，使其将箭拔下，然后将他斩首。由于杜伏威身先士卒，农民军努力冲杀，隋军全线溃乱，陈稜仅以身免。杜伏威乘胜攻破高邮（今江苏高邮北），占据历阳（今安徽和县），在历阳自称总管，同时，还派遣所部分别取得附近许多地方。在这种形势下，江淮之间许多小股起义军纷纷加入杜伏威的队伍。杜伏威领导的农民起义军也就成了江淮一带力量最大的起义队伍了。

　　当宇文化及杀了隋炀帝北返的时候，曾命杜伏威为历阳太守。杜伏威拒不接受，反而上表于东都的越王杨侗，越王杨侗命他为东道大总管，封楚王。隋朝的黑暗统治是生产力发展的障碍；反隋就是开辟历史前进的道路。尽管隋炀帝已经死了，但隋朝的残余势力还在起着维护黑暗统治的作用。因此，杜伏威向越王杨侗上表称臣是错误的，这样做必然失去广泛的群众基础，不能迅速发展壮大自己的力量。不过，从当时的实际情况看，隋朝的统治已经分崩离析，越王杨侗在实际上不能支配杜伏威，所以，事实上杜伏威仍然是一支独立活动的力量，仍然在不断削弱着隋朝的黑暗统治。

　　在江淮一带，与杜伏威领导的起义军密切相关的还有两支队伍，一支是李子通领导的农民起义军，一支是沈法兴领导的地主武装割据势力。

　　李子通是东海（即海州，治所在今江苏连云港西南海州镇）人。他家庭贫困，以渔猎为业。因为他经常帮助别人解决困难，所以在乡里颇有威望。隋朝末年，当农民起义的烽火遍地燃烧的时候，他加入了长白山左才

相领导的起义队伍。他很善于团结群众，不到半年，队伍就有一万人之众了。左才相嫉妒他的才能，又害怕他的力量发展太快对自己不利，于是，迫使李子通离开长白山，到了淮南，后来加入了杜伏威起义军。不久，李子通妄图谋杀杜伏威，在遭突然袭击时，杜伏威身受重伤。其养子、得力部将王雄诞负之逃到芦苇中，才幸免于难。隋军将领来整乘着农民军内部矛盾的爆发，首先进攻杜伏威，接着又进攻李子通。杜伏威遭到重大损失；李子通失败，奔向海陵（今江苏泰州），在这里自称将军，整顿了队伍，还剩两万余人。

沈法兴是湖州武康（今浙江德清西武康）人，是江南的世家大族。他的父亲沈恪是陈朝的广州刺史，他是隋朝的吴兴（今浙江吴兴）郡守。沈法兴曾经奉隋炀帝之命和太仆丞元祐共同镇压过农民起义。在宇文化及杀了隋炀帝之后，他"自以代居南土，宗族数千家，为远近所服"，于是，逮捕了元祐，以诛宇文化及为名，"发自东阳，行收兵，将趋江都，下余杭郡。比至乌程，精卒六万"。接着，又先后攻下毗陵（今江苏常州）、丹阳（今江苏南京），共占有江南十余郡之地，自称江南道总管。虽然他也曾上表越王侗，表示愿意臣属之意，但事实上他自置百官，后又称梁王，俨然是一个独立的政权。自此以后，他又自认为"江淮已南可指而定，专立威刑，将士有小过，便即诛戮，而言笑自若，由是将士解体"。这样，他就只能是每况愈下了。

另外，还有陈稜率领的一部分隋军的残余势力。陈稜曾经到过台湾，跟随隋炀帝进攻过高丽，镇压过杨玄感起兵和农民起义，是颇受隋炀帝重用的将领。宇文化及杀了隋炀帝以后，就派他为江都太守。宇文化及北返以后，他就成为江、淮一带隋朝政府的主要力量了。

武德元年（公元618年）四月，宇文化及率领隋朝的十多万军队北返以后，在江、淮一带活动的主要是以历阳（今安徽和县）为中心的杜伏威起义军，以海陵（今江苏泰州）为中心的李子通起义军，以毗陵（今江苏常州）为中心的沈法兴地方割据势力，还有以江都（今江苏扬州）为中心的陈稜隋朝残余势力。

武德二年（公元619年）九月，李子通围攻江都，陈稜向沈法兴和杜伏威同时求援。沈法兴派其子沈纶带兵数万和杜伏威共同增援陈稜，两支援军相距数十里之远。李子通为了阻止援军的前进，招募了一些江南人伪称沈纶部下，夜袭杜伏威营，杜伏威误认为真的是沈纶来袭，遂派兵袭击了沈纶。于是两军互相猜疑，不敢前进。李子通乘机猛攻江都，终于取得胜利。接着，又打败沈纶，迫使杜伏威撤兵。李子通占据江都，立即就做了皇帝，建国号为吴，改元明政。在这次战争中，杜伏威去援助隋朝曾经亲自带兵镇压过自己的陈稜，显然是敌我不分，非常错误的。但作为农民起义的领袖，往往根据当前的利益或个人恩怨去决定自己的行动。要求他在这方面不犯错误，无疑是过于苛求了。

陈稜战败，失去地盘，只好投靠杜伏威去了。

武德三年（公元620年），李子通渡江进攻沈法兴，首先夺取京口（今江苏镇江），继又在庱亭（今江苏常州西北）大败沈法兴的部将蒋元超。沈法兴放弃毗陵，逃往吴郡（今江苏苏州），于是，丹阳、毗陵一带都成了李子通的势力范围。

不久，杜伏威派辅公祏、阚稜、王雄诞等带兵进攻李子通。辅公祏攻克丹阳，李子通反攻，初获小胜，继又被王雄诞打败。李子通放弃江都，退守京口。这样一来，淮南、江北一带全为杜伏威所有，为了

大明寺——鉴真纪念堂

便于向江南发展，杜伏威又把政治中心由历阳迁到了丹阳。

李子通在京口稍加休整，又东向太湖，进攻吴郡的沈法兴。沈法兴战败，狼狈逃窜，被李子通追得走投无路，跳江自尽了。于是，"子通军势复振，徙都余杭，尽收法兴之地，北自太湖，南至岭，东包会稽，西距宣城，皆有之"。

李渊建唐后，以长安为中心，关中为根据地，积极扩充势力，影响愈来愈大。面临这种形势，杜伏威于武德二年（公元619年）八月向唐朝请降，唐高祖以他为淮南安抚大使、和州总管。武德三年（公元620年），唐高祖又命他，"总管江、淮以南诸军事、扬州刺史、东南道行台尚书令、淮南道安抚使，进封吴王，赐姓李氏。以辅公祏为行台左仆射，封舒国公"。这样，杜伏威就正式成了唐朝的地方官了。武德四年（公元621年）元月，杜伏威派陈正通、徐绍宗带兵二千人，帮助李世民袭击王世充，攻克梁县（今河南临汝），取得了胜利。十一月，杜伏威又派王雄诞进攻李子通，李子通守独松岭（今浙江杭州西北武康附近），王雄诞部将陈当"将千余人，乘高据险以逼之，多张旗帜，夜则缚炬火于树，布满山泽。子通惧，烧营走保杭州；雄诞追击之，又败之于城下"。李子通被迫投降。杜伏威将李子通送往长安，占领了李子通原有的地盘。接着，王雄诞又镇压了歙州（今安徽歙县）一带的汪华起义军和箧山（今江苏昆山）一带的闻人遂安起义军。"于是伏威尽有淮南、江东之地，南至岭，东距海。"这是杜伏威军最盛之时。

杜伏威对李子通的战争，是地主阶级新的代理人李渊重新统一中国的组成部分。这时，瓦岗军已经失败，唐朝又镇压了河北的窦建德起义军，平定了中原的王世充割据势力，正在逐步镇压各地的起义军和地方割据势力。杜伏威以唐朝使臣的身份镇压了李子通起义，这显然他是背离了农民阶级，在按照地主阶级的意志执行任务了。

武德五年（公元622年），杜伏威到了长安，李渊命他为太子太保，仍兼行台尚书令，留在长安，位在齐王李元吉上，并以随同杜伏威入朝的阚棱为左领军将军。

李子通被送到长安，受到李渊"赐宅一区、公田五顷"的优待。但他获悉杜伏威也到了长安后，就打算重返江东，卷土重来。但他刚离了长安，到了蓝田关（在今陕西省蓝田县境内），就被唐朝官吏逮捕杀害。

杜伏威前往长安的时候，表面上命辅公祏石留守丹阳，而实际上却让其养子、亲信大将王雄诞掌握着大权。

本来，辅公祏与杜伏威有"刎颈之交"，是共同起义的战友；在起义军中，他的地位仅次于杜伏威。但是，由于"公祏年长，伏威兄事之，军中谓之伯父，畏敬与伏威等"，杜伏威就渐渐嫉妒起辅公祏来了。杜伏威为了控制辅公祏，遂命其"养子阚棱为左将军，王雄诞为右将军，潜夺其兵权。公祏知之，怏怏不平，与其故人左游仙阳为学道，辟穀以自晦"。显而易见，杜伏威与辅公祏之间的裂痕是由来已久了。

当杜伏威到长安去的时候，曾经嘱咐王雄诞："吾至长安，苟不失职，勿令公祏为变。"不难看出，这是要王雄诞紧紧控制住辅公祏。但事与愿违，杜伏威于武德五年（公元622年）七月赴长安以后，武德六年（公元623年）八月，辅公祏就和左游仙开始擅自行动了。辅公俪首先制造舆论，诈称得到了杜伏威的来信，信中质疑王雄诞有了二心；王雄诞闻讯以后，极不愉快，称病不再视事。辅公祏乘机夺取兵权，然后要求王雄诞共同造反。这时，王雄诞才知道自己上当了，追悔莫及，于是他向辅公祏表示："今天下方平，吴王（杜伏威）又在京师，大唐兵威，所向无敌，奈何无故自求族灭乎！雄诞有死而已，不敢闻命。"辅公祏杀了王雄诞，一面制造舆论说，杜伏威不能回江南，因而给他来信，要他起兵反唐；一面准备武器，储存军粮；同时，又在丹阳称帝，国号为宋，以左游

仙为兵部尚书、东南道大使、越州总管，并联络在豫章（今江西省南昌市）的张善安起义军，正式举起了反唐的旗帜。

消息传到长安，唐高祖立即派兵镇压。命襄州道行台尚书左仆射赵郡王李孝恭为行军元帅，统帅李靖、黄君汉、李世勣各部军队进攻辅公祏。辅公祏派其部将冯慧亮、陈当世率水军三万屯博望山（今安徽省当涂县西南东梁山），又派陈正通、徐绍宗将步骑三万屯青林山（今安徽省当涂县东南），并于梁山（即今安徽省和县西梁山，与博望山隔江对峙，形势险要，西晋以来历为攻守要地）连铁锁以断江路，企图以此阻止唐军沿江东下。李孝恭、李靖先派兵断其粮道，然后以战斗力稍差的部队发动进攻，稍进即退，冯慧亮等部出动追击，待冯慧亮等部离开其坚守的要塞时，李孝恭、李靖突然以主力出击，大败冯慧亮等军。李靖乘胜先破丹阳，辅公祏弃城东走，欲到会稽左游仙处，但未达目的，行至武康（今浙江省德清县西武康）被俘，后来在丹阳被杀害了。在这次镇压辅公祏的战争中，随杜伏威赴长安的阚棱也极为卖力，但他自恃功多，傲慢无礼，终于也被李孝恭以"谋反"的罪名处死了。

镇压了辅公祏起义以后，李孝恭风闻辅公祏是奉杜伏威之命造反的，但他"不晓其诈，遽以奏闻"。这时杜伏威已死，于是"乃除伏威名，籍没其妻子。贞观元年，太宗知其冤，赦之，复其官爵，葬以公礼。"这更充分说明，杜伏威在最后确实已成为统治阶级的成员了。

曾经响应辅公祏起义的张善安，也于武德六年（公元623年）十二月被唐安抚使李大亮诱骗到长安，遭到了杀害。

辅公祏起义反唐，是农民阶级反抗地主阶级的斗争，是隋末农民起义的继续。但是，在经过长期的战争之后，社会生产急待恢复，经济的发展，刻不容缓。所以，人心思安，希望能够有个安定的环境。王雄诞认为"天下方平"，反唐是"无故自求族灭"，辅公祏起义后，也没有提出明

确的政治目标，正反映了这个时代人心思安的内容。正因为这样，辅公祏就不能像隋朝末年王薄起义那样，以《无向辽东浪死歌》鼓动群众，公开反对隋炀帝进攻高丽；也不能像瓦岗军那样，指出隋炀帝的罪状，号召群众推翻隋炀帝政权。因此，辅公祏反唐虽然也是农民起义，但它就不能像隋末农民起义那样，迅猛异常，势不可当，而是很快失败了。这更进一步说明，任何历史人物的活动，都不能超出他所处的时代所允许的范围。

　　唐军镇压了辅公祏起义以后，"北自淮，东包江，度岭而南，尽统之"，也就是长江下游和东南一带都为唐所统一了。

# 重建章制

## 第五章

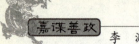 

# 轻徭薄赋

　　租、庸、调法是北魏、北齐、北周、隋、唐五个王朝实行的赋税制度。赋税制度是封建国家得以存在的主要支柱之一，赋税制度一方面体现出封建社会发展的程度；一方面也体现出制定赋税制度的统治者驾驭国家的能力。李渊在武德二年（公元619年）就初定租、庸、调法，武德四年（公元621年）推行新货币"开元通宝"，武德六年（公元623年）连下数道减省徭役的诏令，武德七年（公元624年）确定均田令和租、庸、调法，反映出他对社会经济的高度重视。这些在争夺天下的战争中推行的经济措施，不但对于唐朝取得统一天下战争的胜利起了作用，而且对于大唐帝国走向繁荣昌盛有极其重大的意义。因此，李渊在治理国家方面，也绝非传统史学家所说的那种无能之辈。

　　中国的封建经济制度在秦汉时期获得确立，但是大土地私有制的发展，又导致封建国家收入减少，于是出现了封建土地国有制与封建大土地私有制的长期斗争，其中西汉与东汉之交王莽推行"更天下田为王田"的"改制"措施，弄得一下子土崩瓦解，给了后来的统治者以深刻的教训。自东汉以来，每一代皇帝都懂得限制大土地私有制发展的道理，却没有一个皇帝敢下取缔大土地私有制的命令。这样一来，以大量土地为实力后盾的豪强地主迅速崛起，在经济、政治、文化诸方面都占到了极大的优势。东汉末年黄巾农民起义打得东汉政权摇摇欲坠，却被豪强地主武装联合镇

压，就说明豪强地主在社会生活中占有怎样的地位了。豪强地主的势力强大，正说明封建国家力量相对缩小，这又是作为封建国家的最高统治者极不情愿的事情，于是出现一系列封建国家与豪强地主之间又斗争又妥协的事件。租、庸、调法就是这种又斗争又妥协的特定历史条件产物。

租、庸、调法最早在西晋时出现。西晋政权在三国曹魏政权的基础上产生，曹操利用黄巾农民起义后诸侯相互攻战，造成一部分大地主被消灭，而出现大量"无主荒地"的形势，用国家的名义组织农民耕作，这就是所谓"屯田"。虽然屯田在形式上分为"军屯"和"民屯"两种，但就性质上说都是把农民变成国家的农奴，明显具有与豪强地主争夺土地和劳动力的用意。这种办法对于加强封建国家的力量显然是有好处的，所以晋武帝司马炎代魏而立后，就把这种屯田制转化为国家统一实行的"占田法"，使得土地在名义上全归封建国家所有，再以国家的名义把土地分配给全国百姓。当然在进行土地分配时，西晋统治者没有忘记豪强地主们的利益，这就使得具体占田的数量有很大差别。如《晋书》卷二十六《食货志》载：

男子一人占田七十亩，女子三十亩。其外丁男课田五十亩，丁女二十亩，次丁男半之，女则不课。……远夷不课田者输义米，户三斛，远者五斗，极远者输算钱，人二十八文。

其官品第一至于第九，各以贵贱占田，品第一者占五十顷，第二品四十五顷，第三品四十顷，第四品三十五顷，第五品三十顷，第六品二十五顷，第七品二十顷，第八品十五顷，第九品十顷。

而又各以品之高卑荫其亲属，多者及九族，少者三世。宗室、国宾、先贤之后，及士人子孙亦如之。而又得荫人以为衣食客及佃客，品第六已上得衣食客三人，第七第八品二人，第九品及局辇、迹禽、前驱、由基、强弩、司马、羽林郎、殿中冗从武贲、殿中武贲、持椎斧武骑武贲、持载

亢从武贲、命中武贲武骑，一人。

　　其应有佃客者，官品第一第二者佃客无过十五户，第三品十户，第四品七户，第五品五户，第六品三户，第七品二户，第八品第九品一户。这个已经十分不平等的占有土地的办法对王公贵族更为优惠，他们"以国为家"，除了在京师近郊"有刍蒿之田"，"大国十五顷，次国十顷，小国七顷"，在他们各自的管辖区，几乎可以肆无忌惮地随便占地。这种既满足豪强地主的利益，又强调封建国家在名义上对土地的分配权力的办法，就是西晋占田法的实质。

　　在对一般农民规定的占田办法中特别强调了"课田"的数量，即凡占田七十亩的男子和占田三十亩的女子，丁男课田五十亩，丁女课田二十亩。这就是对农民的劳役剥削。此外，还有实物剥削，这就是所谓"户调式"。唐徐坚《初学记》卷二十九《宝器部，绢》第九引《晋故事》载："凡民丁课田，夫五十亩，亩收租四斛；绢三匹，绵三斤。凡属诸侯皆减租谷亩一斗（升），计所减以增诸侯绢户一匹，以为诸侯秩。又分民租户二斛，以为诸侯奉。其余租旧调绢户三匹，绵三斤，书为公赋。九品相通，皆输入于官，自如旧制。"这说明西晋政府对农民的剥削分为劳役和实物两大项，而实物又以租粮和调绢两种形式体现。

　　北魏孝文帝改革时期，将西晋占田法改为均田制，其中对官僚贵族的优惠办法自不待言，对农民来说，主要是土地数量有所增加，如《魏书》卷一百一十《食货志》所载："诸男夫十五以上，受露田四十亩，妇人二十亩，奴婢依良，丁牛一头受田三十亩，限四牛。所授之田率倍之，三易之田再倍之，以供耕作及还受之盈缩。

　　诸初授田者，男夫一人给田二十亩，课莳余，种桑五十树，枣五株，榆三根。非桑之土，夫给一亩，依法课莳榆、枣。奴各依良。限三年种

毕，不毕，夺其不毕之地。"在这样一种均田制基础上的户调制对农民的剥削似乎有所减轻。

"其民调一夫一妇帛一匹，粟二石。民年十五以上未娶者，四人出一夫一妇之调。奴任耕，婢任织者，八口当未娶者四。"以当时社会生产力水平估计，一夫一妇的家庭可得田一百六十亩左右，除去二十亩桑田，每年生产粮食应在一百二十石以上，承担二石租粮负担，应当说并非难事，如果没有太多徭役，农民的生活较以前会有所保障，生产积极性会有所提高。为此，北魏社会经济恢复发展较快，这种均田制和租调制也为后来的北齐、北周、隋朝所继承。

李渊熟悉的隋朝，依照北齐的办法实行均田制。一夫受露田八十亩，妇女四十亩，另有桑田或者麻田二十亩，合计一百四十亩。为照顾大地主的利益，又有奴婢依良，牛一头受田六十亩，限四牛，官吏依照官品占有职分田、公廨田等一系列特殊规定。在这种均田制的基础上，隋朝实行租、庸、调法，如《隋书》卷二十四《食货志》所载："丁男一床，租粟三石，桑土调以绢絁，麻土以布绢，絁以匹，加绵三两，布以端，加麻三斤。单丁及仆隶各半之。未受地者皆不课，有品爵及孝子顺孙义节妇，并免课役。开皇三年正月，帝入新宫，初令军人以二十一成丁，减十二番每岁为二十日役，减调绢一匹为二丈。开皇十年，以宇内无事，益宽徭赋，百姓年五十者，输庸停防。"这里的"庸"，指代替负担徭役的绢帛，数量多少虽然还不清楚，但至少说明隋朝曾经有用实物代替劳役的打算。比较隋朝的租、调数量，比北魏、北齐、北周都要低一点，说明隋文帝时期的经济政策措施还是得当的，所以李渊对隋文帝时期的隋朝统治办法还是比较支持的。不过那位独夫民贼——隋炀帝并不按照这些经验办事，自他上台后，不断用大兵大役压迫人民。他自己规定："除妇人及奴婢、部曲之课，男子以二十二成丁。"但他很快把自己说过的话丢在一边，随心

所欲地苦役天下的百姓，以致丢了江山、丢了性命。李渊对这一现实生活的教训自然看得很仔细。于是在唐朝建立不久，李渊就拿出了他的经济政策，这就是唐代的均田制基础上的租、庸、调法。

唐朝的均田制颁行于武德七年（公元624年），正是李渊即将完成统一天下战争的时候。这说明李渊对社会经济恢复发展的高度重视，这样唐朝的均田令在前代诸王朝均田制基础上也有所调整变化。其基本办法如《唐六典》卷三《尚书户部》所载："凡给田之制有差。丁男中男以一顷，老男笃疾废疾以四十亩，寡妻妾以三十亩，若为户者则减丁之半。凡田分为二等，一曰永业，一曰口分。丁之田二为永业，八为口分。凡道士给田三十亩，女冠二十亩，僧尼亦如之。凡官户受田，减百姓口分之半。凡天下百姓给园宅地者，良口三人以上给一亩，三口加一亩，贱口五人给一亩，五口加一亩，其口分、永业不与焉。凡应收授之田，皆起十月，毕十二月。凡授田先课后不课，先贫后富，先无后少。凡州县界内所部，受田悉足者为宽乡，不足者为狭乡。"这是对一般百姓而言，至于官僚贵族另有特殊的优惠办法，仅永业田，就有一系列特殊规定：

"凡官人受永业田。亲王一百顷，职事官正一品六十顷，郡王及职事官从一品五十顷，国公若职事官二品四十顷，郡公若职事官从二品三十五顷，县公若职事官正三品二十五顷，职事官从三品二十顷，侯若职事官正四品十四顷，伯若职事官从四品十一顷，子若职事官正五品八顷，男若职事官从五品五顷。上柱国三十顷，柱国二十五顷，上护军二十顷，护军十五顷，上轻车都尉一十顷，轻车都尉七顷，上骑都尉六顷，骑都尉四顷，骁骑尉、飞骑尉各八十亩，云骑尉、武骑尉各六十亩。其散官五品以上同职事给。"除此之外，官吏还有依照职位高低而不同数量的职分田和公廨田。这说明李渊在土地分配这一关键问题上，代表着封建国家和大地主的利益，和魏、齐、周、隋等历代封建统治者并无本质区别。

　　不过，亲历隋末农民战争的李渊，明白农民战争的根本原因是隋炀帝大兵大役的暴政所致，因此，在对农民的剥削程度上不能不有所收敛。于是，在租、庸、调法方面，有较大的改进。如《唐六典》卷三《尚书户部》所载："凡赋役之制有四。一曰租，二曰调，三曰役，四曰杂徭。课户每丁租粟二石。其调随乡土所产绫绢絁各二丈，布加五分之一，输绫绢絁者绵三两，输布者麻三斤，皆书印焉。凡丁岁役二旬（有闰之年加二日），无事则收其庸，每日三尺（布加五分之一）。有事而加役者，旬有五日免其调，三旬则租调俱免（通正役并不得过五十日）。"从实物数量而言，隋朝是年租三石，唐代改为两石，应是明显的减少。更重要的是对过重的徭役有所限制。虽然规定国家有事加役时，超过十五天免调，即农民一天的劳动报酬是一尺三寸绢，而农民如果不负担徭役，则每天要向封建国家缴纳三尺绢，说明这种租庸代役法实际是一种限制代役的办法；但是，毕竟规定了如果农民负担徭役超过三十天，则可以全免租调，等于规定封建国家对农民的人身占有是每年五十天。相对隋炀帝无节制地苦役人民，这种对过度征发徭役的限制，有明显的进步意义，这应当是李渊汲取隋末农民起义教训的结果，他在武德六年（公元623年），也就是租、庸、调令发布的前一年两次下限制征发徭役的诏令。如《唐大诏令集》卷一百一十一所载《简徭役诏》说隋炀帝"征求无度，侵夺任己。下民困扰，各靡聊生，丧乱之余，百不存一"。现在虽然建立起来了唐政权，但百姓"衣食未丰"，他作为皇帝的对策是"所以每给优复，蠲其徭赋，不许差科，则有劳扰，义存简静，使务农桑，……自今以后，非有别敕，不得则差科徭役及迎送供承"。在这年四月的《禁止迎送营造差科诏》中说："新附之民，特蠲徭赋，欲其休息，更无烦扰，使获安静，自修产业。犹恐所在州县，未称朕怀，道路送迎，廨宇营筑，率意征求，擅相呼召。诸如此类，悉宜禁断。……不遵诏者，重加推罚。"从这些诏令中可

以看出李渊从巩固唐朝政权的目的出发，对过度征发徭役是有所警惕与限制的，这是他亲历农民战争风暴的收获之一。

金开元

当然，我们还不能对李渊制定的这个办法过于肯定，因为在他的规定中还留有一个伏笔，即所谓"杂徭"，这虽然是一种地方政府临时性征发的徭役，却是一种没有具体规定数量的劳役剥削，可能会大大突破李渊规定的"正役"标准。此外，李渊还按百姓的资产多少，把天下户口分为三等（后改为九等），按户等交税，被称为户税，还有每亩地两升粟米的地税，加在一起，唐朝的老百姓过的日子比隋朝的老百姓过的日子强不了多少。因此，李渊虽然是个精明的统治者，能够开创出一个大唐王朝，但他对历史进程所起的作用，仍然有限。

# 三省六部

李渊作为隋朝官僚贵族集团中的一员，对于隋朝的官僚行政体系自然非常熟悉，于是唐朝的职官制度基本沿袭隋朝，李渊主要做了恢复封建国家机器正常运转的工作。

唐承隋制，隋朝制度又渊源于北周。建立北周的宇文泰在许多方面

都刻意仿古，在中央政权建设上就仿效《周礼》中的"六官"之制而设"三公""三孤""六卿"和上中下大夫、上中下士之官。其中《周礼》中的"六官"，即辅佐天子治国制典的"天官冢宰"，掌管地图疆域和教化臣民的"地官司徒"，掌管祭祀礼节的"春官宗伯"，掌管行政部门的"夏官司马"，掌管司法刑名的"秋官司寇"，掌管宫室建设的"冬官司空"，对于隋朝中央机构三省六部的出现，有极大的启发意义，对于熟悉隋朝制度的李渊来说，自然会有极大的影响。

隋文帝制定的隋朝中枢官制，比秦汉以来历代中枢官制都更为细密完整。概括而言，隋朝中枢实际有五个"省"，其中尚书省、门下省、内史省与国家行政关系密切，所以并称三省。至于秘书省和内侍省主要为皇帝个人和家族服务，所以在中国传统史学家的著作中常常忽略不提。

尚书省掌管一切政令，长官为尚书令和左右仆射，下属吏、礼、兵、都官、度支、工这六个部。各部长官称"尚书"，尚书令、左右仆射加上六部尚书统称"八座"。每部尚书下设侍郎若干人分别掌管各曹之事，六部共设二十四曹，有三十六个侍郎供职。侍郎一般都掌握一司之职，与后代的尚书副手不同。各部主管的内容分工明确，吏部主官吏的任命升迁考绩，礼部主国家礼仪、庆典、科举考试、臣民教化，兵部主军队后勤供应及配合各军事机构的调配工作，都官部主司法刑名，度支部主户口财赋，工部主国家大型工程建设。为此，尚书省已经是一个机构完整的中枢政务部门。

门下省是对施政方案和具体执行过程中进行监督，并且随时提出修正意见的部门，在级别上与尚书省相差无几。长官为纳言，下属有给事黄门侍郎、散骑常侍、谏议大夫等官；还兼辖城门、尚食、尚药、符玺、御府、殿内六局。

内史省是协助皇帝制定治国方略和施政方案的机构，长官称内史监，下属官员有内史令、侍郎等。

秘书省掌图书、档案工作，长官为秘书监，下属秘书丞、秘书郎、校书郎、正字、领著作曹、太史曹等。内侍省是掌管宫廷内部事务的机构，各级机构都由宦官担任，长官有内侍、内常侍、内给事等。一方面可以为皇帝传递朝中信息，另一方面管理与宫廷生活有关的各机构，领内尚食、掖廷、宫卫、奚宫、内仆、内府等局。

除了"五省"之外，隋朝中枢还设有专门用来纠察百官的御史台，长官在御史大夫，下属治书侍御史、侍御史、殿前侍御史、监察御史等。另有主管水利事业的都水台，长官在都水使者，下属都水丞、参军、河堤谒者等官。御史台和都水台并称"二台"。

五省二台之外另设有"九寺"，类似秦代的九卿，计为：太常、光禄、卫尉、宗正、太仆、大理、鸿胪、司农、太府。各寺均有卿、少卿、丞、主簿等官，不过因为中央政事多由三省六部官员承担，所以九寺的权力和级别都较秦汉时为低。

九寺之外还有国子寺，掌管中央的学校教育。有祭酒、博士、助教等官，下辖国子学、太学、四门学、书算学等部门。

李渊建立唐朝，对传统政治体制只能是恢复修补，绝对不可能自行其事地重来，为此，唐朝的官制完全是在隋朝制度的基础上建立。《旧唐书》卷四十二《阳官志》说："高祖发迹太原，官名称位，皆依隋旧。及登极之初，未遑改作，随时署置，务从省便。武德七年定令：以太尉、司徒、司空为三公；尚书、门下、中书、秘书、殿中、内侍为六省；次御史台；次太常、光禄、卫尉、宗正、太仆、大理、鸿胪、司农、太府为九寺；次将作监；次国子学；次天策上将府；次左右卫、左右骁卫、左右领军、左右武侯、左右监门、左右屯、左右领为十四卫府。"

唐之官制，其名号禄秩虽因时增损，而大抵皆沿隋故。其官司之别，

曰省、曰台、曰寺、曰监、曰蝢卫、曰府，各统其属，以分职定位。其辨贵贱、叙劳能，则有品、有爵、有勋、有阶，以时考核而升降之。这说明，李渊建立的唐朝官僚体系和政治体制，是依据隋朝旧制而定，不过还是做了一点改动，如把隋朝的中枢五省改为六省，又在武德三年（公元620年）将门下省的长官纳言改为侍中，将内史省改名中书省，其长官也从内史令更名中书令，其下属给事郎改名给事中。

李渊建立的中枢机构虽然号称六省，实际仍然是由尚书、中书、门下三省掌握主要行政权力，而且仍然是由中书省制策，门下省审议，尚书省执行，尚书省的执行部门仍然分为六部，所以，唐朝的中枢机构仍然被称为三省六部。

唐朝中枢的尚书省负责典领百官，尚书令由李世民担任。由于后来李世民做了皇帝，尚书令这个职务再不授予他人，尚书省的长官改为由左、右仆射担任。辅佐左、右仆射的官员是左、右丞各一人。尚书省下辖吏、民、礼、兵、刑、工六部。六部长官为尚书，下属侍郎、郎中、员外郎、主事等官。部下有司，每部四司，如吏部分设吏部司、司封司、司勋司、考功司、六部共二十四司，各司长官为郎中，员外郎为辅佐官。六部基本行使主要政府职能，鉴于此，尚书省具有宰相府的性质。

门下省具有参与中枢决策的权力，与尚书省几乎有着同等的地位。长官为门下侍中二人，副手是门下侍郎，再下设有左散骑常侍、左谏议大夫、给事中、左补阙、左拾遗等官。

中书省在名义上是辅佐皇帝掌握行政权力的机构，因此也具有宰相的性质。中书省设中书令二人，副手是中书侍郎，可以参议朝政，再下有中书舍人，任务是"掌侍禁奏，参议表章"。再下有右散骑常侍、右谏议大夫、右补阙、右拾遗等官。从李渊把每个省的长官都定为二人，谏官也分为左右两大体系，说明他有一整套驾驭臣下的办法，使得左右相互牵制，

最后都必须听命于皇帝。

秘书省有秘书监、少监、丞等官，任务与隋朝相同，掌管经籍图书。殿中省的殿中监、少监等官，主要掌管皇帝的衣服、日常用品，也兼管皇帝日常生活。内侍省以宦官为首，主管宫廷内部事务。至于御史台、国子学、九寺，和隋朝的情况几乎没有什么差别。

李渊还建立了一整套地方官体系。地方分州、县两级，州设刺史，为一州之长，下属别驾、长史、司马、录事参军、各曹军事等官。县设县令，负责地方行政、刑狱各方面事务。

从唐初官制设立情况看，李渊在行政制度方面确实是颇为精通的政治家，他继承了隋朝的全部行政体系，又在强化中央集权方面进行了许多修补性工作，一方面保证行政效率，另一方面又保证对政权的严密控制，他作为大唐王朝的开创者是当之无愧的。

# 恢复科举

恢复自隋朝开始的科举选官制度，是李渊在唐朝政权建设方面最重要的贡献之一。宋代大文豪苏东坡在《论养士》一文中说："三代以上出于学，战国至秦出于客，汉以后出于郡县吏，魏晋以来出于九品中正，隋唐至今出于科举。"孙中山先生更在《五权宪法》一文中指出："现在各国的考试制度，差不多都是学英国的。穷流溯源，英国的考试制度，原来还是从我们中国学过去的。"由此可以知道李渊在建立唐朝后推行科举制，

是具有深远历史意义的事情。

科举制产生于隋朝，这是多数学者已经得出的结论。作为这个结论最有力的证据是《旧唐书》卷101《薛登传》载薛登在武则天天授年间所上改革选举疏："古之取士，实异于今。……自七国之季，虽杂纵横，而汉代求才，犹征百行。……魏氏取人，尤爱放达；晋、宋以后，只重门资。……有梁荐士，雅爱属词；陈氏简贤，特珍赋咏。故其俗以诗酒为重，不以修身为务。逮至隋室，余风尚在，开皇中李谔论之于文帝曰："魏之三祖，更好文词，忽君人之大道，好雕虫之小艺。……代俗以此相高，朝廷以兹擢士。故文笔日烦，其政日乱。"帝纳李谔之策，由是下制禁断浮词。……炀帝嗣兴，又变前法，置进士等科，于是后生之徒，复相放效。"

从这段奏疏中可知隋朝时期取士为官的标准发生过两次变化。隋文帝"禁断浮词"，显然重视的是"人君大道"，以及解决实际问题的能力；隋炀帝好文学，于是"又变前法"。所谓"置进士等科"，是增设了以文辞取士的新科目，隋炀帝大业三年（公元607年）所颁行的"十科"，第七位是"学业"，第八位是"文才"；到了大业五年（公元609年）颁行的"四科"中，"学业""才艺"上升到首位，说明靠考试成绩获得官职的可能性大为增加，这是隋朝科举制产生的重要标志。

当唐朝建立起来后，李渊遇到人才缺乏的问题，认为不能不采用过去已经习以为常的办法进行搜罗人才的工作。科举制作为突破豪强地主按照门第出身保持政治优势的办法，对于出身寒微的士人，开了一道狭窄的入仕之途，为统治者扩大其统治基础，还是很有好处的。李渊很早就明白了这个道理，所以早在武德四年（公元621年）四月初一，这还是李世民与王世充、窦建德在洛阳拼死决斗、胜负未卜的时候，李渊就迫不及待地发出有关推行科举制的第一道诏令。如《唐摭言》卷一所载："诸州学士及

早有明经及秀才、俊士、进士，明于理体，为乡里所称者，委本县考试，州长重覆，取其合格，每年十月随物入贡。"这里说的"明经"，是早在汉代察举时就有的科目，在隋代明确为对儒家经典著作的研究和理解，分为九经、五经、三经、二经、学究一经、三礼、三传、史料等多种。

《新唐书》卷四十四《选举志》说："凡明经，先帖文，然后口试经问大义十条，答时务策三道，亦为四等。"说明李渊在恢复科举考试制度时不大赞成隋炀帝偏重文学的做法，而采取注重解决实际问题的"试策"。至于"秀才"，是隋代最高科等，既要求有对国家政治形势的认识，又要求提出施政方案设想，还要求有文学表达能力，如《新唐书·选举志》说："凡秀才，试方略策五道，以文理通粗为上上、上中、上下、中上，凡四等为及第。"李渊在秀才科考试时以"方略策"为考试内容，自然是他注重实际的思想体现。"进士"在唐代是最热门的科举考试科目，以讨论国家大事为考试内容，最得士人们向往。考试分四场，第一试为杂文，第二试为试论，第三试为试策，第四试为试帖经。在李渊主持朝政期间，进士科只试试策，由于进士出身者在中央政权中供职者较多，逐渐因为参加考试者增加而成为唐代科举的代名词。

李渊在对科举取士有了深刻了解的基础上，于武德五年（公元622年）三月正式下了科举诏令，如《唐大诏令集》卷一百零二所载："择贤任能，救民之要术；推贤进士，奉上之良规。自古哲王，弘风阐化，设官分职，惟才是与。然而岩穴幽居，草莱僻陋，被褐怀珠，无因自达。实资选众之举，固藉左右之容。……末叶浇伪，名实相乖，举非其人，滥居班秩。……招选之道，宜革前弊，惩劝之方，式加恒典，苟有才艺，所贵适时，洁己登朝，无贤自进。宜令京官五品以上及诸州总管、刺史各举一人。其有志行可录，才用未申，亦听自举。具陈艺能，当加显擢，授以不次。"这是李渊着手恢复科举制工作最有力的证据，正是李渊首倡恢复科

举，为后来唐太宗、武则天、唐玄宗巩固、完善科举制度奠定了基础。为此，对李渊这一开创性贡献是不应忽视的。

# 均田强兵

军队在国家政权中的决定性意义是每一个封建政治家都懂得的道理，李渊自然也不例外。当他在太原起兵时，有三万军队，其中有一万人是临时招募而来，并非隋朝旧鹰扬府的府兵。李渊在向长安进军途中，不断扩充军队，建立唐朝前已经有二十余万人，为了使来自各方面的军队听命中央，李渊开始了一些尝试性工作，例如《资治通鉴》卷一百八十八载尉迟敬德降唐后，李渊"以为右一府统军，使将其旧众八千，与诸营相参"。为了解决军粮问题，李渊又在战争期间推行耕战结合政策，把招募军队和招降军队逐步纳入府兵组织系统，开始了建立府兵制的工作。

府兵制是自北魏以来与鲜卑族文化传统有密切关系的一种军队建设制度。在当时社会，专有军户、兵户这样一个等级阶层，他们世代服役，地位在名义上低于一般农民，类似屯户、客户，人身依附性很强，相当于隶属于封建国家的农奴。宇文泰建立西魏时，以军人为其政权支柱，府兵的待遇一下子大为提高。府兵的特点是兵农合一，也就是说这些府兵在不打仗时，可以留在家里种地。为了保持战斗力，在农闲时要有一定的训练，国家一旦有通知，府兵就必须到各自隶属的军府报到出征。北朝著名民歌《木兰辞》介绍的女英雄花木兰一家就是属于军户家庭，《木兰辞》所反映的也正是府兵的生活。

　　府兵制既然是一种育兵于农的军队组织形式，就有一个待遇的问题。从魏、齐、周、隋历代王朝看，府兵制都与均田制有密切的关系，或者说当时的均田制在很大程度上是首先保证府兵的需要。此外，府兵承担了兵役，就不再承担国家的其他徭役，也不必负担国家的租、庸、调税收。这样府兵虽然本人承担了兵役，却可以保证家人少受封建国家的剥削之苦，生活水平较一般农民要强一些。

　　西魏宇文泰建立的府兵，以"广募关陇豪右以增军旅"，这样府兵主要来源于今天的陕西省和甘肃省，西魏、北周、隋朝政权以关、陇豪族为其统治基础，其实又是源于这些家在关陇地区的府兵。

　　李渊恢复府兵制，吸收了前代府兵制的优点，首先是在均田制的有关规定中实行对府兵优待的政策。《通典》卷二《食货典·田制》载："诸因王事没落外藩不还，有亲属同居，其身分之地，六年乃追。身还之日，随便先给。即身死王事者，其子孙虽未成丁，身分地勿追。其因战伤及笃疾废疾者，亦不追减，听终其身也。"这是说如果府兵为国家作战死伤，他从国家得到的土地可以保住。此外在分配土地上，也是优先满足府兵的需要。如《玉海》引《邺侯家传》说："国初，太原从义之师，愿留宿卫为心不归者六万，于渭北白渠之下七县，绝户膏腴之地，分给义士家为永业，于县置太原田，以居其父兄子弟。"通过对府兵在经济待遇方面高于普通农民的办法，李渊获得了府兵们的支持，取得了夺取天下的胜利。

　　为加强对军队的控制，李渊在武德二年（公元619年）就把关内诸军府分隶十二军，这样关中分成了十二道，各道领导一定数量的骠骑、车骑府。武德三年（公元620年），十二军各立军号，万年道为参旗军，长安道为鼓旗军，富平道为玄戈军，醴泉道为井钺军，同州道为羽林军，华州道为骑官军，宁州道为折威军，岐州道为平道军，豳州道为招摇军，西麟

道为苑游军，泾州道为天纪军，宜州道为天节军。每军长官为军将和副将，负责监督耕战。每军又设有"坊"，置坊主一人，由本坊五品勋官担任，任务是检查户口，劝课农桑。武德六年（公元623年），李渊以"天下既定"为由，一度撤销十二军建制，但到了武德八年（公元625年），因为突厥来犯，李渊又下令恢复十二军。这些军队分地驻扎，就地农耕和训练，具有明显的府兵性质。《旧唐书》卷六十二《郑善果传附从兄元俦传》载参旗将军郑元俦因为"少在戎旅，尤明军法"，李渊"常令巡诸军，教其兵事"。这说明李渊对府兵制的建立投入过不少精力。

隋朝的军府称鹰扬府，长官称鹰扬郎将和鹰击郎将。李渊建唐后改名为军头和府副，这样必然使这些军人心里有不满意的地方。李渊想名称只是个称呼，所以很快改名为统军和别将，再又改成骠骑将军和车骑将军。军人有了将军头衔，自然比"郎将""军头"光彩得多，对李渊的拥戴程度自然也有所加强。虽然李渊在武德七年（公元624年），即统一天下战争基本取得胜利时，把军府长官从骠骑将军再改为"统军"，但他已经取得府兵的支持，名称如何再无关大局了。后来唐太宗再改军府为折冲府，长官为折冲都尉，也没有遇到任何麻烦。

府兵在本地农耕训练，既保持军队的特征，又保证了一部分后勤供应，尤其在均田制中得到一定实惠，至少府兵的家庭可以少承受租、庸、调负担，所以府兵有一定战斗力，在统一天下和对外战争中都显示出巨大作用。为此，李渊在建立府兵制过程中所起的历史作用也是巨大的。

唐三彩骆驼载乐俑

李渊在建立唐朝以后，虽然主要着眼于统一天下的战争，但在十分紧张的军事活动中，还是抽出时间精力关心政权建设，在奠定大唐王朝各项基本制度方面做了大量工作。他作为有经验的政治家，在初创国家的历史时期基本是成功的。

# 整修《唐律》

《唐律》是我国古代法律的集大成者。它在古代法制史上承上启下，一方面继承并发展了秦汉魏晋南北朝至隋以来的法律，一方面又对五代宋元明清的法律有深远影响；同时，对亚洲各国古代法典的形成与发展也产生了积极的作用。《唐律》是从武德年间开始逐步形成的。

唐代的法律文书分为律、令、格、式四种。律，是处理刑事犯罪的法律条文，也就是对犯罪者判罪量刑的依据。律最早可追溯到春秋末年各诸侯国的刑书，到战国末年，各国的刑书已称为律，后经秦律、汉律的发展，其内容虽有增减，但律的名称就沿袭下来了。南北朝时期，北魏律的内容是兼采汉律和魏、晋律而成，汉律经秦律承袭于战国时李悝的《法经》。陈寅恪先生认为："北魏、北齐、隋、唐律为一系相承之嫡统，而与北周律无涉也。"由此可见，唐律是由战国时期的律文发展而来。

令，是国家制度方面的专用条例，最早起源于战国。它与律的不同之处是"令偏重于教诫，律偏重于惩罚"。由于令往往是由皇帝通过诏制颁布的，所以，它和律一样，都被认为是国家的根本大法。律和令相互为

用，相互补充。

格，就是政府颁布的内容来自诏敕的各种禁令。是针对各种违法者进行处罚的，故而可视为对律的补充或变通条例。它最早起源于汉晋，后经北魏到唐，都受到重视。

式，是关于国家政府各部门的办事规则和公文程式，还有百官的职责和权限。式起源于战国末期，经秦、汉、魏、晋发展到唐代。

律、令、格、式在历史上的出现虽然有早晚不同，但四者并行是从隋代开始的。

高祖称帝以后，"诏纳言刘文静与当朝通识之士，因开皇律令而损益之，尽削大业所用烦峻之法。又制五十三条格，务在宽简，取便于时。寻又敕尚书左仆射裴寂、尚书右仆射萧瑀及大理卿崔善为、给事中王敬业、中书舍人刘林甫、颜师古、王孝远、泾州别驾靖延、太常丞丁孝乌、隋大理丞房轴、上将府参军李桐客，太常博士徐上机等，撰定律令，大略以开皇为准。于时诸事始定，边方尚梗，救时之弊，有所未暇，惟正五十三条格，人于新律，余无所改。"这里明确提到律、令、格，虽然未谈到式，但另一敕文中却说："律令格式，且用开皇旧法。"由此可见，以上记载可以说明三点意思。其一，废除大业年间（公元605—617年）的一切法令；其二，唐初的律、令、格、式，都是沿袭"开皇旧法"而来；其三，制定新的律、令、格、式，遵循了"务在宽简，取便于时"的原则。这就是说，武德律令发挥了由"烦峻之法"向"宽简"之法转折的作用。

太宗即位以后，本着"务在宽简，取便于时"的原则，对《武德律》进一步进行修改，形成《贞观律》。例如把绞刑改为断右趾，又把断右趾改为加役流三千里，居作二年。"比古死刑，殆除其半"。又"于隋代旧律，减大辟人流九十二条，减人徒者七十一条。"这些无不说明，高祖确立的制定律、令、格、式的原则是顺应时代潮流的。

太宗时，《唐律》基本上形成。高宗即位后，又命长孙无忌、李勣、于志宁等人以《武德律》《贞观律》为蓝本，制定《永徽律》。接着，又命长孙无忌等人对《永徽律》进行具体解释，形成流传至今的《唐律疏议》。《唐律》的逐步形成，《武德律》是其开端。所以高宗说："律令格式，天下通规，非朕庸虚所能创制。并是武德之际，贞观已来，或取定宸衷，参详众议，章备条举，轨躅昭然，临事遵行，自不能尽。"这足以说明，《武德律》是《唐律》形成的基础。

高祖是在隋末农民大起义的风浪中建唐称帝的。他对隋炀帝骄奢淫逸、以竭泽而渔的手段使广大劳动者走投无路、被迫起义的事实，都耳闻目睹。隋炀帝身首异处的下场，不能不使他引以为戒。这样以来，他就不得不把隋炀帝当作镜子，放松对广大劳动人民的奴役和压榨，在统治集团内部也尽量不听谗言，重用贤人。总之，采取各种手段缓和社会矛盾。

高祖制定《武德律》的原则，正符合社会发展的要求。他制定《武德律》以"开皇律令而损益之"，是因为"隋文帝参用周、齐旧政，以定律令，除苛惨之法，务在宽平"。反之，他"尽削大业所用烦峻之法"，是因为"炀帝忌刻，法令尤峻，人不堪命，遂至于亡"。由于他总结了历史经验，吸取了教训，所以，"初起义师于太原，即布宽大之令。百姓苦隋苛政，竞来归附。旬月之间，遂成帝业"。这就是说，他能够从太原起兵，很快建唐称帝，与其"布宽大之令"密切相关。

历史的经验和教训，高祖自己的亲身体会，促使其在制定《武德律》的时候提出了"务在宽简，取便于时"的修撰原则，实际上也是他多方面施政的指导思想。他取得长安以后，财政支出，很有节制；"征敛赋役，务在宽简"。武德四年（公元621年）四月，关于益州（治所在今四川成都）、夔州（治所在今重庆奉节）辖区内的囚徒疏理问题，他有制曰："所有囚徒，悉行覆察，务使宽简，小大以情。"由此看来，"务使宽

简"是高祖处理各种社会问题的指导思想。这种指导思想，到太宗时更有进一步的发展。

贞观十一年（公元637年）正月，房玄龄等人完成受诏修订的律令，"凡削烦去蠹，变重为轻者，不可胜纪"。不久，"又删武德、贞观以来敕格三千余件，定留七百条，以为格十八卷，留本司施行。斟酌今古，除烦去弊、甚为宽简，便于人者"。后来，"高宗即位，遵贞观故事，务在恤刑"。当他知道狱中囚犯人数不多时，遂"怡然形于颜色"。不言而喻，高祖的制定律令原则，在唐初较长的时间内都得到了贯彻。

武德、贞观、永徽时期，经济发展，政治稳定，各种社会问题都较为缓和，是唐代社会的兴盛时期。律、令、格、式是维持社会秩序、巩固以皇帝为核心的中央集权的有力手段。唐初社会秩序安定，君民关系、君臣关系、民族关系都相对的谐调，如果说这与当时律、令、格、式的较为宽松密切相关，是无可非议的。也可以说，高祖提出的制定律令原则，对唐初社会的稳定发展起了促进作用。

《唐律》在中国古代法制史上发挥了承前启后的作用。前面已略述其渊源，说明了其"承前"的历史。下面再简述其影响，说明其"启后"的作用。

清朝的学者认为："论者谓《唐律》一准乎礼，以为出入得古今之平，故宋世多采用之。元时断狱，亦每引为据。明洪武初，命儒臣同刑官进讲《唐律》。后命刘惟谦等详定《明律》，其篇目一准于唐。"显而易见，宋、元、明律都是从《唐律》发展而来的。

至于《大清律例》和《唐律》的承袭关系更为明显。例如，《唐律》篇目今所沿用者，有《名例》《职制》《贼盗》《诈伪》《杂犯》《捕亡》《断狱》诸门。其《唐律》合而今分者，如《户婚》《为户役》《婚姻》诸门。其名稍异而实同者，如《卫禁》《为宫卫》诸门。还有"分析类附者"诸门。总之，《大清律例》"上稽历代之制，其节目备具，足以沿波而讨源者，要惟《唐律》为最善，故著之于录，以见监古立法之所自焉"。事实证明，《唐律》是战国至隋的法制集大成者，又是宋、元、明、清律文的蓝本。因此，我们认为《唐律》在中国古代法制史上发挥了承前启后的作用。

其实，《唐律》不仅在中国古代法制史上占有重要地位，而且对亚洲其他国家也有很大影响，特别是日本和朝鲜半岛。

由于唐帝国的文化对当时世界的影响，日本把中国视为"东方文化大本营"，"对中国文化无限向往"，希望"过像汉人那样灿烂的文化生活"。遣唐使接二连三地到唐，正是日本学习唐文化的实际活动。在这种形势下，《唐律》自然也是日本学习的内容。

唐高宗乾封二年（公元667年），日本制定了最早的成文法典《近江令》，《近江令》的主要依据就是武德、贞观、永徽三朝的令。《大宝律令》是日本历史上所谓划时代的法典，它和《唐律》一样，都有十二篇，其篇目次序都和《唐律》一样，内容也大体相同，只是有些地方加以简化与省并。正因为这样，杨廷福先生认为，"日本律令制时代的法典，亦步亦趋地追随唐朝"。另外，鸠山和夫与阪本三郎合著的《日本法制史一班》，把日本的法律发展分为四个时期，其中第二时期就俗称为"模仿唐时代"。可见，《唐律》对日本的影响是非常深远的。

唐文化对朝鲜半岛的影响也是非常深远的。唐代初期，朝鲜半岛由三国分立走向统一，统一以后的新罗，被日本人视为"中国文化的分店"，因此，日本除了向唐派遣留学生外，还向新罗派了不少留学生。既然新罗是中国文化的分店，新罗文化中必然包含《唐律》的内容。

总而言之，《唐律》对中国、对亚洲的日本、朝鲜半岛，还有越南等，都产生了重要的影响。之所以能产生这种影响，主要是因为唐帝国强

盛，文化先进，与其他各国交往频繁。这种局面的形成，与高祖开创的宽松原则密切相关。按照"务在宽简"的原则处理各种问题，势必形成宽松的社会气氛、宽松的社会氛围，可以使人们少受各种约束，充分发挥自己的作用，创造更多的物质财富和精神财富。唐初的经济、文化都有很快的发展，与这种宽松的社会氛围是有因果关系的。《唐律》对中外历史的影响，说明唐帝国在当时的世界上具有崇高的地位。这种崇高的地位，产生于宽松的社会氛围之中。

# 盛世文明

李渊建唐以后，不仅对恢复发展政治、经济、军事制度方面做出了重要贡献，同时，对文化教育的发展也采取了有效的措施。唐代文化事业的高度发展及其深远影响，与唐初的良好开端是分不开的。

李渊通读史书认识到："万邦之君，有典则有则。"法律是判断言行是非和进行赏罚的标准，也是君主权力的所在。轻视法律，则功不立，名不成。只有重视法律，使大家都遵守，这样才能治理好国家。所谓"禁暴惩奸，宏风阐化，安民立政，莫此为先"。

但如何用法律，掌握到宽猛适度呢？他总结了秦汉以来的各朝用法的经验教训。认为秦朝灭礼教，恣意实行严刑酷法，残害百姓，结果是民不堪命，宇内骚然，爆发了农民大起义，秦王朝被推翻；汉朝以秦为鉴，实行"务从约法"的方针，废除了肉刑、连坐收孥法、诽谤妖言法，但很不彻底，还保有把人剁成肉酱的菹醢之法，是"安民之化，虽有未行"；魏晋时期，是前朝的流弊相沿，宽猛失度，纲维无序，结果是政散民凋；隋朝虽然有所厘革，但损益不定，疏密不准，隋文帝晚年刑罚也更加严酷，诏令盗一钱者判死刑，盗边粮一升以上者，本人死刑，家口没官，甚至三人共窃一瓜也要处死。隋炀帝时任意为法，不依科律，滥肆株连，杀戮无辜，法外用刑，惨绝人寰，结果激起了百姓的反抗，隋王朝土崩瓦解。他从中认识到，律令应当简约，宽猛适度，依律定罪，一断于法，恤刑慎杀，勿施酷刑。

大业十三年（公元617年）十一月，李渊率军攻入长安。立即与民约法十二条，规定杀人、劫盗、背军、叛逆者处死刑，其余皆废免；宣布废除隋朝的苛禁严刑，在当时起到稳定局势的作用。

武德元年（公元618年）六月初一，李渊刚称帝一个月，便命刘文静和有识之士，修订《隋开皇律令》，而且提出修改律令的原则是："本设法令，使人共解，而往代相承，多为隐语，执法之官，缘此舞弄。宜更刊定，务使易知。""务从宽简，取使于时。"也就是说立法不仅应当由繁而简，而且应当去重从轻，律令的语言要易懂、准确，防止官吏在文辞上弄虚作假，要尽削隋朝的烦峻之法。同年十一月初四，颁新格五十三条，其中官吏受贿、犯盗、诈取官府财物之罪，不可赦；规定正月、五月、九月不行刑，因为这时正是春节、春耕、秋收的季节，行刑会影响正常的生活和生产。同时，又令左仆射裴寂、吏部尚书殷开山、大理卿郎楚之、司门郎中沈叔安、内史舍人崔善为等重新撰修律令。十二月十二，又加内史令萧瑀、礼部尚书李纲、国子博士丁孝乌等人参加修订。武德七年（公元624年）三月二十九日，《武德律》修成，仍为五百条，仅删除《开皇律》中的苛法五十三条，又新加五十三条，流刑的里数各加一千里，在流放地戴刑具服劳役，三流皆为一年。

　　《武德律》的篇目与《开皇律》相同，共分为十二篇。第一篇名例，它是总纲，是有关犯、刑罚、诉讼等方面的通例和特例以及刑法原则。第二篇卫禁，主要是警卫皇帝的宫殿庙苑和保州、镇、关、津等方面的法律条文。第三篇职制，有关官员的设置、职责、失职、受贿、以及驿传等方面的规定，目的是为提高官僚机构的效能，严明职守责任，惩治贪赃枉法。第四篇户婚，主要是关于户籍、田宅、徭役、赋税、家庭、婚姻等方面的规定，目的是保护封建土地所有制，维护封建家长制，确认包办买卖婚姻。第五篇厩库，关于牲畜、仓库管理方面的规定。第六篇擅兴，主要是关于兵士征集，军队的调动及兴造方面的规定。目的是维护皇帝对军队的绝对控制权，严禁擅发兵，严惩贻误、泄漏军机者。第七篇贼盗，是关于反叛、抢劫、偷盗、杀人等方面的法律条文。目的是为保护封建政权和地主阶级的财产不受侵犯，维护封建伦理纲常。第八篇斗讼，关于斗殴和控告方面的规定。第九篇诈伪，有关伪造御宝，诈取官方的印信、文书、符节等侵犯皇帝权威和封建国家利益的犯罪行为，判处的法律规定。第十篇杂律，凡不能编入其他篇的罪，都归入此篇，范围广，内容杂。第十一篇捕亡，关于官吏追捕逃犯的法律规定。第十二篇断狱，关于审讯、判决执行、监狱管理等方面的法律规定。

　　在颁行《武德律》的同时，还有《武德令》三十一卷、《武德式》十四卷。

　　《武德律》是唐朝律令的基础，后来的《贞观律》《永徽律》，就是以它为蓝本，并吸收了立法和司法的实践经验，加以修改而成。虽然《武德律》已散佚，但从《唐律疏议》中，也可以看到它的全貌。

　　李渊以隋朝为鉴，从中接受一条重要教训，就是官吏贪赃受贿，枉法曲情，不但削弱官僚机器的效能，而且激化了社会矛盾。所以，他主张严惩贪官污吏。在武德元年（618年）颁布的五十三条新格中，对官吏受贿要严惩不赦。而《武德律》对受贿罪的惩处更详尽，《贞观律》《永徽律》也都受其影响，一脉相承，其惩处的规定极为详细。如主管长官非因公事而接受管内的财物，一尺绢笞四十，一匹加一等，十匹判徒刑一年；接受财物而不枉法，一尺杖九十，二匹加一等，三十匹判加役流；接受财物而又枉法，一尺杖一百，一匹加一等，十五匹判绞刑。主管官员借本管内的财物，百日不还，也以受贿罪论。朝官出差地方，接受"送馈"，离职后接受旧僚佐的"馈与"，都要给予处罚。不是主管官员因为牵连事情接受别人财物，一尺笞二十，一匹加一等，十匹判徒刑一年。对行贿者也要给予处刑。

李渊不但在立法的过程中实行宽简的原则，而且在执法的过程中亦注意宽简。为此，他结合重大事件，搞些赦免。武德元年（公元618年）五月，李渊即皇帝位，大赦。武德四年（公元621年）七月，平定王世充，大赦百姓。武德七年（公元624年）四月，江南平定，大赦天下。武德九年（公元626年）六月，立李世民为皇太子，大赦天下。

李渊有时也亲自审查囚犯，看是否有冤案或错案。武德二年（公元619年）二月，武功人严甘罗因抢劫，被官吏逮捕。李渊审讯他，问为什么要抢劫。严甘罗毫不回避地说："饥寒交迫，所以为盗。"这件事使李渊受到很大震动，他内疚地说："吾为汝君，使汝穷乏，吾罪也。"遂命将其释放。管仲在《管子·牧民》中说："仓廪实，则知礼法；衣食足，则知荣辱。"只有使百姓免于冻馁，然后才能谈得上礼义法度，如果不注意发展生产，而空谈礼法，社会永远也不会安定。孟子教诲要"制民之产"，使每家能有五亩之宅，一百亩之田，使其足以事父母，养妻子，乐岁终身饱，凶年免于死亡，这样才能使他们走向善良，遵守礼法。武德四年（公元621年）、武德八年（公元625年），他两次亲审囚徒，多有宽恕。

　　李渊总结历史上王朝兴亡的教训，认为"择善任能，救民之要术；推贤进士，奉上之良规。"强调人才的作用，但如何造就人才呢？他认为关键是要通过学校进行培养教育。"自古为政，莫不以学，则仁义礼智信，五者俱备，故能为利博深。"所以，他对教育颇为重视，极力把学校办成封建官吏的养成所。兴办学校，建立较完备的教育体系。

　　武德元年（公元618年）五月，李渊称帝后的第一件大事，就是在长安设置国子学、太学、四门学，招收学生三百余人；郡县也要设学校，招收学生。十一月，诏命于秘书省外别立小学，让皇族子孙及功臣子弟入学。

　　教育的行政管理机关初称国子学，设祭酒一人，从三品，掌管学校的训导政令，每岁终考核学官的教学训导成绩，主持学生的毕业考试。设丞一人，从六品下，掌管学校的日常行政管理。还有主簿一人，从七品下，掌管印章，管理学籍。教师有博士分经主讲，助教辅助博士分经讲授，直讲协助博士和助教讲授经术。

　　教学内容和各门课程的学习年限有明确规定：《礼记》三年，《春秋左氏传》三年，《易经》三年，《诗经》三年，《尚书》一年半，《春秋公羊传》一年半，《春秋谷梁传》一年半，《孝经》《论语》共一年，《周礼》二年，《仪礼》二年。同时学习书法，每日写纸一幅，学习时务策，读《国语》《说文》《三苍》《尔雅》，另外还学习吉、凶二礼。另外设有专科学校，开设各种专业课。书学：是专攻书法的学校，学《石经三体》三年，《说文》二年，《字林》一年。算学：是专攻数学的学校，学习分为二组：第一组的学习《孙子算经》《五曹算经》共一年，《九章算经》《海岛算经》共三年，《张丘建算经》《夏侯阳算经》各一年，《周髀算经》和《五经算术》共一年。第二组学生学习《缀术》四年，《缉古算经》三年。《记遗》《三等教》两组皆兼习之。

各类学校的教学方法，一般是先让学生熟读经文，然后由教师讲授，并强调教师的讲授要提其纲要，博大精深。同时兼有答疑和讨论。平时考试在旬假前一天举行，每月考试三次，年终考试在仲冬前举行。考试分笔试和口试，成绩分上、中、下三等。州县学校的年终考试。当地的长官必须亲临考场监试。

学生每十天放假一日，称"旬假"。五月放"田假"、九月放"授衣假"。学校内严禁喧闹，但可以弹琴和习射。对无理取闹，不接受师长教训和超假者，皆令其退学。三次年终考试为下等，或学业无成就不能贡举者，也令其退学。

学校对教师有严格要求，博士和助教每讲授课程必须讲完，不得中途停讲改业，年终要统计讲课多少，效果如何，然后评出讲课的等级，作为升迁的依据。

还把学校管理的如、何，作为考核学官的重要内容，所谓"训导有方，生徒充业，为学官之最。"并要求州县长官必须过问学校的大事，如学生的入学要由州县长官审批。

另外，各乡里也办学，还允许私人办学，其毕业生可以参加科举考试。

武德二年（公元619年）六月，诏令在国子学立周公、孔子庙各一所，四季要尊祭。命寻访他们的后人，当授于爵位。诏书对教育的作用，周公、孔子的贡献进行阐述。其诏曰："盛德必祀，义存方策，达人命世，流庆后昆。建国君临，弘风阐教，崇贤章善，莫尚于兹。自八卦初陈，《九畴》攸叙，徽章既革，节文不备。爰始姬旦，主翊周邦，创设《礼经》，大明典宪。启生民之耳目，穷法度之本原，起化二《南》，业隆八百，丰功茂德，独冠终古。……粤若宣尼，天资叡哲，经过齐鲁之际，揖让洙泗之间，综理遗文，弘宣旧制。四科之教，历代不刊，三千之徒，风流无歇。惟兹二圣，道著生民，宗祀不修，孰明褒尚？朕君临区

宇，兴化崇儒，永言先达，情深绍嗣。宜令有司于国子学立周公、孔子庙各一所，四时致祭。仍博求其后，具以名闻，详考所宜，当加爵士。"

武德四年（公元621年）正月，新年一开始，便在门下省置修文馆。内设大学士、学士、直学士。讲论诸经文义，商讨政事。并招收学生三十人，主要是贵族子弟，在此攻读学业。

武德七年（公元624年）二月，李渊为表示对教育的重视，弘扬儒学，带领五品以上的朝官视察国子学。首先由李渊主持祭周公、孔子，然后由国子学祭酒讲学。讲学之后，开始辩论经义。学官和大臣之间互不相让，各抒己见，往往争论得面红耳赤。李渊又诏以周公为先圣，以孔子为配祀。

武德九年（公元628年），诏改修文馆为弘文馆。

李渊不但较重视教育，对其他文化事业也颇为重视。大业十三年（公元617年）十一月，李渊攻克长安，立即命主符郎宋公弼收集图书典籍。武德四年（公元621年）五月，唐军攻克洛阳，授命房玄龄收聚隋朝的藏书。次年，由司农少卿宋遵贵负责将书运往长安，可惜运书的船只行经砥柱时，八千多卷书籍多被漂没，存者十不一二。李渊采纳令狐德棻的建议，诏令用重金收购书籍，并组织人员缮写，数年间群书略备。至武德九年（公元626年），在弘文馆共收聚四部书二十余万卷。抢救了大批文献典籍，使一些重要书籍得以保存下来。

武德七年（公元624年）九月十七日，给事由欧阳询奉敕编撰的《艺术类聚》书成，共一百卷。内分天、岁时、地、州、郡、山水、符命、帝王、后妃、储宫、人、礼、乐、职官、封爵、政治、刑法、杂文、武、军器、居处、产业、衣冠、仪饰、服饰、舟车、食物、杂器物、巧艺、方术、内典、灵异、火、药香草、宝玉、百谷、布帛、果、木、鸟、兽、鳞介、虫豸、祥瑞、灾异等四十六部。每部下又分若干细目，全书共

七百二十七目，约一百万字。书中所引用的有关经、史、子、集各类古籍一千四百三十一种。此书所收的内容上自天文，下至地理，旁及社会生活，科学技术、文化知识、无所不收，实为一部百科全书。

李渊也很重视修史，以古为鉴。武德初年，在秘书省设史馆，负责修史工作。

武德四年（公元621年）十一月，起居舍人令狐德棻对李渊说："近代以来，多无正史，梁、陈及齐，犹有文籍。至周、隋遭大业离乱，多有遗阙。当今耳目犹接，尚有可凭，如更十数年后，恐事迹烟没。陛下既受禅于隋，复承周氏历数，国家二祖功业，并在周时。如文史不存，何以贻鉴今古？如臣愚见，并请修之。"李渊觉得他说得很有道理，修史提供借鉴，这是利国利民的功业。于是，诏命中书令萧瑀、给事中王敬业、著作郎殷闻礼修《魏史》；侍中陈叔达、秘书丞令狐德棻、太史令庾俭修《周史》；兼中书令封德彝、中书舍人颜师古修《隋史》；大理卿崔善为、中书舍人孔绍安、太子洗马萧德言修《梁史》；太子詹事裴矩、兼吏部郎中祖孝孙、前秘书丞魏徵修《齐史》；秘书监窦琎、给事中欧阳询、秦王文学姚思廉可修《陈史》。在诏书中一再强调，修史的原则为"务加详核，博采旧闻，义在不刊，书法无隐"。他遗憾的是这些史书还没有修成，自己便退位做了不问政事的太上皇。

李渊很注意借鉴历史的教训，感到魏晋南北朝以来的"九品中正制"弊病太多。这种制度是以门第为标准选拔官吏，结果是门阀世族垄断了择官的大权，只重门第，不重人才，造成"上品无寒门，下品无势族"的局面。出身寒门的有才之士被排斥，家世显贵的庸才却得高官，朝中挤满腐败无能之徒。而且由于世家大族把持择官的大权，门生故吏满天下，往往仗势对抗朝廷。所以，他决定废除"九品中正制"，通过科举考试的方法选拔官吏。

武德四年（公元621年），战争形势发生很大变化，关中和巴蜀地区已经巩固，平定了薛举、李轨、刘武周，洛阳战事大局已定，全国统一已经提到历史的日程上来。他认为推行科举制的时机已经成熟。于四月十一日，敕命各州县学的学生或自学者，学业有成、为乡里所称赞，可参加明经、秀才、俊士、进士等科目的考试。先由各县考试合格，然后由州的长官审核，取成绩上等者，每年十月随朝集使一起赴京师参加考试。同年七月，平定王世充，大赦天下，诏令："奇才异行，随状荐举。"

武德五年（公元622年）三月，又下诏奖励有才能者，可以自举，根据才能加以作用，其诏曰："招选之道，宜革前弊，惩劝之方，式加恒典。苟有才艺，所贵适时，洁已登朝无嫌自进。宜令京官五品以上及诸州总管、刺史各举一人。其有志行可录，才用未申，亦听自举，具陈艺能，当加显擢，授以不次。赏罚之科，并依别格，所司颁下，详回搜引，务在奖纳，称朕意焉。"

当年十月，各州送到京师参加考试明经科的有一百四十三人，秀才科的有六人，俊士科的有三十九人，进士科的有三十人。

明经科主要考儒家经典，先考帖经（背诵儒家经典），然后问经文大义十条，答时务策三道。

秀才科考方略策五道，以文理精通分为上上、上中、上下、中上，此四等为及第。

进士科主要考时务策五道，帖一大经，还要考试赋。经、策通为甲第，策、帖通四以上为乙第。因进士科的仕途最优，故进士及第被时人称为"登龙门"。

因为科举考试一定程度上打破了门第界限，以才学为考取的唯一标准。所以一些寒门出身的子弟，人人跃跃欲试。

十一月，各州的举子都到尚书省参加考试，由吏部考功员外郎申世宁

任主考官。十二月发榜，中举者秀才一人、俊士十四人、进士四人，没有考中者各给绢五匹，作为回走的路费，令再勤备修其学业。有的举子不返回故乡，在京师的寺院温习功课，等待来年再考。

进士科中，孙伏伽为状元，当时亦称状头。另外三人为李义琛和弟李义琰，从弟李上德，李氏一门三人同中进士，一时被传为佳话。

李义琛家境贫寒，与李上德在一起居住，兄弟之间互相激励，勤奋学习。赴京师考试走到潼关遭到大雪，被困在旅店。时有咸阳的商人见他们兄弟十分可怜，便与他们住在一起，并赠给粮食。数日后，天晴，李义琛等商议卖驴宴请商人表示答谢，商人窃听后，不辞而去。后李义琛官至雍州长史、李义琰官至中书侍郎、同中书门下三品，李上德官至司门郎中，皆有政绩，被称为良吏。

孙伏伽等四人中进士，按当时的礼仪称主考官谓"座主"，亦称"恩门""师门"，同榜及第者谓"同年"。

发榜后的第二天，孙伏伽等四名进士来到主考官申世宁家谢恩。仪式极为隆重，朝中的文臣武将皆来观看。孙伏伽等一行四人站在堂前的西阶下，面向东，向主考官谢恩，然后登阶入宴。

谢恩之后，主考官申世宁带领四名进士去拜见宰相。在都堂门里宰相横行站立，由状元孙伏伽先致词，然后进士一一自我介绍。随后去舍入院，答谢诸位舍人。

新及第的进士，还要去曲江赴宴。当日，长安倾城而出去观看，教坊的艺术家也要去做精彩的表演。进士们饮酒赋诗，谈天说地。

及第的进士用金字帖子向家中报喜，家里的亲戚邻里闻讯都要前来贺喜。

这些烦琐的仪式，其用意是表示对人才的尊重，也激励他人去勤奋学习。

武德六年（公元623年），取进士六人。武德七年（公元624年）二月，为激励人们学习儒学，诏令诸州县长官，如果有人精通儒学中的一部经典，而未被录用为官者，可以举送，经过考试合格，可以加阶叙用。官吏百姓的子弟有聪明好学者，可申报送到京师学习。同年七月，李渊又下诏书曰："宁州罗川县前兵曹史孝谦，守约邱园，伏膺道素，爰有二子，年并幼童。讲习《孝经》，成畅厥旨。义方之训，实堪励俗。故从优秩，赏以不次，宜普颁示，咸使知闻。如此之徒，并即申上，朕加亲览，时将褒异。"

自此，正式设立童子科，凡十岁以下的儿童，能通一部经及《孝经》《论语》，经考试合格，即可授官。这虽不是科举制度中的主要科目，但却是早期发现人才的创举。

武德八年（公元625年），取秀才一人，进士五名。李渊在位九年，由于处在战争状态，仅举行四次科举考试，取进士十九人，秀才四人，俊士十四人，上书拜官一人。虽然取士人数不多，但奠定了唐朝用科举制度择选官吏的基础。这不仅为封建官僚机构输送了人才，在一定程度上改善了封建官僚集团的文化状况。因为科举是当时人们走上仕途的重要途径之一，个人的前途，家族的兴旺都与科举有关。所谓"三百年来科第之设，草泽望之起家，簪绂望之继世。孤寒失之，其族馁矣；世族失之，其族绝矣"。而要科举及第，就得有才学，才能和学识是成为走上仕途的敲门砖。这样造成一种崇拜科举、注重学识的风气，人们为了一线的希望，埋头读书。所谓"父教其子，兄教其弟，无所易业"，客观上促进了唐代文化的发展。

抑制佛教的泛滥和尊崇儒学是一个问题的两方面，都是为了加强皇权。

自佛教传入中国以后，就和在思想领域里占统治地位的儒家思想互相影响。佛教能够在逐步中国化的过程中得到发展，主要是和儒家思想日益

调和、会通、融合的结果。但是，由于两者产生的地理、历史条件和文化传统不同，二者内容又有互相对立的一面，同时，由于儒家思想的正统地位，故而佛教在中国的发展过程中又常常遭到儒家的批判和排斥。

从根本上说，儒家重视人生的现实，重视社会组织和人际关系。故而要求从个人本身开始，做到修身、齐家、治国、平天下。也就是使每一个人都在家庭、国家处于适当的地位，以达到家庭和谐，国家富强，天下太平的目的。这是积极的入世思想。而佛教则认为人生是痛苦，社会是苦海，要求人们出家，脱离现实，以达到成佛目的。这是消极的出世思想。基于这个前提，二者对于生与死也有截然不同的态度。儒家认为，生与死都是自然现象，男女婚配，生儿育女，使社会得以延续，也就是要人们重视现实的人生。而佛教则宣扬因果报应，轮回转世，使人们希望在死后有个好去处。前者重生，后者重死，也是不可调和的矛盾。

唐初，最早反佛的是傅奕。傅奕是相州邺（今河北临漳西）人，隋末李渊为扶风（今陕西凤翔）太守时即与其相识，李渊建唐称帝后，先以其为太史丞，后为太史令。武德七年（公元624年），他上疏建议灭佛。他认为佛教宣传"不忠不孝，削发而揖君亲"，佛经是"妖书"，他迷惑百姓，使其相信因果报应："布施一钱，希万倍之报，持斋一日，冀百日之粮。"有些愚昧之人，"造作恶逆，身坠刑网，方乃狱中礼佛，口诵佛经，昼夜忘疲，规免其罪"。这是"乃追既往之罪，虚规将来之福"，完全是欺骗。

在傅奕看来，"且生死寿夭，由于自然，刑德威福，关之人主。乃谓贫富贵贱，功业所招，而愚僧矫诈，皆云有佛"。这是"窃人主之权，擅造化之力，其为害政，良可悲矣！"显而易见，傅奕认为佛的作用和君主的权力是相互对立的。人的生与死是自然现象，刑德威福是人力所致。视富贵贫贱为佛的作用就是窃夺了君主的权力，为害于政。他还说："礼本于事亲，终于奉上，此则忠孝之理著，臣子之行成。而佛逾城出家，逃背君父，以匹夫而抗天子，以礼体而悖所亲。"佛教是"无父之教"。为了尊君奉亲，以行忠孝，他主张"今之僧尼，请匹配，即成十万余户，产男育女，十年长养，一纪教训，自然盈国，可以足兵"。这样一来，"四海免蚕食之殃，百姓知威福所在，则妖惑之风自革，淳朴之化还兴"。实际上这是以行忠孝的手段，达到巩固唐朝政权的目的。这是儒家思想的根本所在。由此可见，佛教和儒家思想的冲突是政治上的分歧。正因为这是事关唐朝政权的问题，所以，高祖接受了这个建议。后因玄武门之变发生，才未能彻底实施。太宗即位后，傅奕又向太宗说，佛教"于百姓无补，于国家有害"。也得到了太宗的赞同。

高祖对傅亦的建议虽然未曾彻底实施，但他和傅奕的思想是一致的。他尊崇儒学，正是和傅奕不谋而合的地方；他同意反佛，是为儒学的发展创造有利条件。因此，反佛和崇儒是一个问题的两个方面。

春秋战国时期道家学派的代表是老子，他主张宇宙间的万物都源于神秘玄妙的"道"。"道"无形无名，自然无为，既不能被看见摸到，又不可言说。是天地开辟之前宇宙浑沌混一的原始状态，是超越现实世界一切事物的宇宙最高法则。由道化生出最初的元气物质，元气分为阴阳，阳气上升为天，阴气下凝为地，天地阴阳冲和交感生成万事万物，而人为万物的灵长。道教渊源于古代的巫术，先秦时的阴阳五行学说，秦汉时的神仙方术，东汉时开始形成。道教继承了道家的思想，并把"道"神化为具有无限威力的宗教崇拜偶像，成为具有人格的最高神灵。"太上老君"（即老子）便是"道"的化身。道教相信人经过修炼可以长生不死，成为神仙。东汉时张道陵倡行"五斗米道"，奉老子为教主，奉《道德经》为主要经典，中经三国、两晋、南北朝得到进一步发展。

李渊出身于关陇世族，但与山东世族、江东世族相比，其社会地位

还有很大差距。李渊为抬高李氏的门第，尊道教祖师老子李聃为自己的祖先，称自己是神仙后裔，借以制造"君权神授"的舆论。一些道教上层人士为迎合李渊，也到处制造"老君显灵"，降授符合的宗教神话。

道教茅山派的第十代宗师王远知，据说曾密告李渊将受符命。

楼观台道士岐晖，虽人道脱俗，但却关心时局。大业七年（公元611年），隋炀帝亲驾攻战高丽，把社会经济推向绝境。传说他对弟子云"天道将改"，还预言："当有老君子孙治世，此后吾教大兴。"

武德三年（公元620年），相传晋州（今山西临汾）人吉善行，在浮山县羊角山见一骑白马的老者，对吉善行说："为吾语唐天子，吾汝祖也，今年平贼后，子孙享国千年。"据说白马老者就是太上老君。李渊听到吉善行的奏言，便在羊角山立庙祭祀宗祖老君，改浮山县为神仙县。

武德七年（公元624年），曾当过道士的太史令傅奕，上疏请废除佛教。他从维护封建伦理、道德出发，指斥佛教不讲君臣父子之义，对君不忠，对父不孝；痛斥他们游手游食，不从事生产，剃发易服逃避赋役，剥削百姓割截国贮；指出佛教带来的危害，使百姓通识者少，不察根由，信其诈语。李渊为压抑佛教，推崇道教，让群臣讨论。太仆卿张道源支持傅奕。中书令萧瑀反对说："佛，圣人也。傅奕的议论，诽谤圣人无法，请处以严刑。"傅奕驳斥说："礼本于事亲，终于奉上，此是忠孝之理，臣子之行成。而佛逾城出家，逃跑背其父，以匹夫而抗天子，以继亲而悖所亲。萧瑀乃遵无父之教！"萧无法回答，但合掌说："地狱所设，正为此人。"李渊同意傅奕的观点，以此压制佛教，推崇道教。

武德八年（公元625年），李渊亲撰《大唐宗圣观记》刊于石。同年，正式下诏定三教次序：道教最先，儒教次之，佛教最后。道教由于得到李渊的尊崇，处于至高无上的地位。

# 承前启后

自古以来，历代统治者都重视总结历史的经验和教训。高祖继承了这种传统，更加重视历史的经验和教训，特别是对秦亡汉兴、隋亡唐兴的借鉴，更使他感到迫切。他从历史的借鉴中否定了隋炀帝的倒行逆施政策，采取了多种顺应历史前进的举措，把历史的经验和教训变成了历史前进的动力。

历代的统治者，为了巩固自己的地位，不得不从历史上总结经验，吸取教训，找寻借鉴。西周的统治者就认为："殷鉴不远，在夏后之世。"这就是说，夏桀的亡国是殷纣的一面镜子。刘邦即位后，听了陆贾总结的可以马上得天下，不可以马上治天下的经验，认为非常重要，立即就要陆贾为他总结"秦所以失天下，吾所以得之者何，及古成败之国"。被刘邦大加赞赏的《新语》，就是这种政治需要的产物。张释之也是因为"言秦汉之间事，秦所以失而汉所以兴者久矣"，而使汉文帝非常满意的。这种传统，到了唐代更有进一步的发展。在高祖时开始修撰，太宗时完成的五代史中，不再像《汉书》《三国志》那样，宣扬皇权神授，天人感应的思想，而是从统治者本身去寻找政治上治乱兴衰的原因。

魏徵说："皇天无亲，唯德是辅；天时不如地利，地利不如人和。"他在论述北齐的灭亡时，明确论证了这种观点。他说：齐后主前后，齐国的各种条件没有变化，"太行、长城之固自若也，江淮、汾晋之险不移

也，帑藏输税之赋未亏也，士庶甲兵之众不缺也"；但为什么"前王用之而有余，后王守之而不足"呢？因为"前王之御时也，沐雨栉风，拯其溺而救其焚，信赏必罚，安而利之，既与共其存亡，故得同其生死。后主则不然，以人从欲，损物益己。雕墙峻宇，甘酒嗜音，廊肆遍于宫园，禽色荒于外内，俾昼作夜，罔水行舟，所欲必成。所求必得。……视人如草芥，从恶如顺流。佞阉处当轴之权，婢媪擅回天之力，卖官鬻狱，乱政淫刑，刳剖被于忠良，禄位加于权马，谗邪并进，法令多闻，……于是土崩瓦解，众叛亲离，顾瞻周道，咸有西归之志"。总之，由于北齐后主"土木之功不息，嫔嫱之选无已，征税尽，人力殚，物产无以给其求，江海不能赡其欲"。因此，"齐氏之败亡，盖亦由人，匪唯天道也"。同样的客观条件，齐后主前后却有兴衰的不同，逻辑的结论，当然是齐后主的所做所为导致了国家的衰亡。

在论及陈朝的灭亡时，魏徵也同样从统治者本身去找原因。他说，"遐观列辟，篡武嗣兴，其始也皆欲齐明日月，合德开地，高视五帝，俯协三五"，但后来为什么不能坚持下去呢？因为有的君主是"中庸之才"，这种人"口存于仁义，心怵于嗜欲。仁义利物而道远，嗜欲遂性而便身。便身不可久违，道远难以固志"。有些投机取巧者，专门对这种君主投其所好，"以悦导之，若下坂以走丸，譬顺流而决壅"，促使其堕落腐化，以至于丧身亡国。陈朝就是这样。

"陈高祖拔起垄亩，有雄桀之姿。……扫侯景于既成，拯梁室于已坠。"到了世祖，"清明在躬，早预经纶，知民疾苦，思择令典，庶几至治"。陈后主就大不相同了，他"生深宫之中，长妇人之手，既属邦国殄瘁，不知稼穑艰难。……政刑日紊，尸素盈朝，眈荒为长夜之歌，嬖宠同艳妻之孽，危亡弗恤，上下相蒙，众叛亲离，临机不寤，自投于井，冀以苟生，视其以此求全，抑亦民斯下矣。"这样一来，陈朝的灭亡也就不可

避免了。

在论及隋朝的灭亡时,魏徵虽然赞扬过隋文帝"躬节俭,平徭赋,仓廪实,法令行,君子咸乐其生,小人各安其业,强无凌弱,众不暴寡,人物殷阜,朝野欢娱"。但他又指出,由于隋文帝"素无术学,不能尽下,无宽仁之度,有刻薄之资",再加违背嫡长子继承制度,因此,隋朝乱亡之兆,"起自高帝,成于炀帝,所由来远矣,非一朝一夕"。为什么隋朝乱亡之兆成于炀帝呢?因为隋炀帝"淫荒无度,法令滋章,教绝四维,刑参五虐,锄诛骨肉,屠剿忠良,受赏者莫见其功,为戮者不知其罪。骄怒之兵屡动,土木之功不息,频出朔方,三驾辽左,旌旗万里,征税百端,猾吏侵渔,人不堪命",故而爆发了大规模的反隋浪潮。

以上情况说明,唐人不仅注意统一王朝的盛衰,也重视地区性政权的兴亡。这样广泛的总结历史的经验教训,是前人没有的。同时,用对比的手法,指出在同样的条件下,前后君主的所作所为不同,导致不同的后果。这样,就更有力地说明,国家的治乱兴衰决定于统治者的所作所为。

高祖重视总结历史经验的事实很多,他一登上皇帝的宝座,就围绕着怎样巩固其统治地位的问题从历史上寻找借鉴。秦亡汉兴,隋亡唐兴的类同之处很多,所以,他特别重视总结这方面的经验和教训。

武德元年(公元618年),在谈到秦亡汉兴时,高祖认为:"秦以不闻其过而亡,典籍岂无先诫,臣仆谄谀,故弗之觉也。"这就是说,前代君主的过失,史书虽有记载,但后代君主还可以重蹈覆辙,这主要是有的臣下投其所好,不能如实反映情况。这就要求后代君主必须自觉听取正确意见,不要只听顺耳之言。秦亡汉兴就是这样,"汉高祖反正,从谏如流。泊乎文、景继业,宣、元承绪,不由斯道,孰隆景祚?"换言之,汉初的统治者纠正了秦的错误,才使汉朝兴盛起来。高祖正是以此为借鉴,才又认真总结了隋朝灭亡的教训。

　　武德二年（公元619年），高祖谓裴寂曰："隋末无道，上不相蒙，主则骄矜，臣惟谄佞。上不闻过，下不尽忠，至使社稷倾危，身死匹夫之手，朕拨乱反正，志在安人，平乱任武臣，守成委文吏，庶得各展器能，以匡不逮。比每虚心接待，冀闻谠言。"在高祖看来，"上下闻过，下不尽忠"是君臣两方面的事；主骄矜，臣谄佞，是君臣两方面各自的表现。故而解决问题也需要从两方面考虑。除了自己要善于听取正确意见外，还要用人得当，使武臣文吏各发挥其长处，互相配合。显然，这比汉高祖仅只是"从谏如流"前进了一步。既然隋亡的教训促使他面对现实，可见他已认识到总结历史经验的现实意义了。

　　高祖的《罢贡异物诏》更能说明问题。他开头就说："逸游损德，昔贤贻训；玩物丧志，前典格言；西旅献獒，召公于是作诫；东齐馈乐，尼父所以离心；隋末无道，肆极奢靡，内骋倡优之乐，外崇耳目之娱，冠盖相望，征求不息，公利扰遽，徭费无穷。"显然这都是总结过去。在总结过去的基础上，他又针锋相对地说："朕受命君临，志在命俭约，日旰忘食，昧爽求衣，纂组珠玑，皆云屏绝，雕琢绮丽，久从抑止。其侏儒短节，小马庳牛，异兽奇禽，皆非实用。诸有此献，委宜停断。"这更清楚地说明高祖的现实措施是以总结历史经验为前提的。

　　武德七年（公元624年）四月，为了稳定社会秩序，制定新的律令，高祖也总结了有关的经验和教训。他说："所以禁暴惩奸，宏风阐化。安民立教，莫此为先。"但是，"秦并天下，堕灭礼教，恣行酷烈，害虐蒸民，宇内骚然，遂以颠覆，汉氏拨乱。思易前轨，虽务从约法，蠲削严科，尚行菹醢之诛，尤设黔黎之禁。安民之道，突有未宏，刑措之风，以兹莫致。"魏晋以后，以上流弊更有发展。到了隋朝，"虽云厘革，然而损益不定，疏舛尚多，品式章程，罕能甄备"。由于律令很不完备，可以随意解释，故使"愚民妄触，动陷罗网。屡闻刊改，卒以无成"。因此，

他要"补千年之坠典，拯百王之宿弊，思所以正本证源，式清流末，永垂宪则，贻范后昆。爰命群才，修订律令"。他还指出，修订律令要考虑到历史的发展，时代的不同，必须"斟酌繁省，取合时宜，矫正差违，务以体要"。在这个诏书中，高祖首先肯定制定律令非常必要，接着就指出破坏律令或律令很不完备带来的后果，最后说明他制定了适合时宜的新律令。非常明显，高祖是在总结前人经验教训的基础上颁布新的律令的。

正确认识历史的发展，是统治者进行政治决策的必要条件。高祖正是在这方面为"贞观之治"开创了先河。太宗说："以古为镜，可以知兴替。"这样明确地把历史当作镜子，正是唐人超过前人的地方。太宗还更概括地说："看古之帝王，有兴有衰，犹朝之有暮，皆为蔽耳目，不知时政得失，忠正者不言，邪谄者日进，既不见过，所以至于灭亡。"显然，这比高祖总结秦亡汉兴，隋亡唐兴的历史更有普遍意义。但是，谁也不能否认，后者对前者有继承发展的关系。先有具体的论述，后有抽象的概括，这是人们认识事物的普遍规律，唐高祖、唐太宗当然也不会例外。

综上所述，唐初统治者总结历史经验教训的深度和广度都远远超过了前人。他们不仅总结统一王朝的治乱盛衰，也注意了分裂时期地区性政权的兴亡；不仅深入分析历代某人某事的成败原因，同时也善于综合概括带普遍意义的经验教训。这些事实，都与高祖密切相关。由于高祖重视历史的经验和教训，认识到史书有"惩恶劝善，多识前古，贻鉴将来"的作用，所以命魏徵等人修撰五代史，借修史的机会总结前人的经验和教训。由于高祖重视历史的经验和教训，故而采取了多种符合社会实际的政策，收到了明显的社会效益，促使太宗进一步从深度和广度上总结经验和教训。从这种意义上说，高祖对"贞观之治"的形式确有不可忽视的作用。

纳谏，作为太宗的美德已屡见于史书，但高祖的纳谏却很少有人注意。其实，高祖的纳谏才更应受到重视。他十分清楚，隋炀帝身首异处的

重要原因之一，就是他拒谏饰非，偏听偏信，致使众叛亲离，不知死之将至。针对这种情况，他必然要虚心求谏，听取各种意见。因此，高祖纳谏是他顺应历史前进的要求，是巩固其统治地位的客观需要。这样一来，太宗纳谏只能是对高祖纳谏的继续和发展。

高祖意识到秦二世、隋炀帝饰非拒谏所导致的结果，故而他非常重视臣僚们的进谏。

武德元年（公元618年），万年县法曹孙伏伽为了让高祖不忘隋亡唐兴的历史，特意讲了一套应重视纳谏的道理。他说："臣闻天子有诤臣，虽无道不失其天下；父有诤子，虽无道不陷于不义。故云子不可不诤于父，臣不可不诤于君。以此言之，臣之事君，犹子之事父故也。隋后主所以失天下者何也？止为不闻其过。当时非无直言之士，由君不受谏，自谓德盛唐尧，功过夏禹，穷侈极欲，以恣其心，天下之士，肝脑涂地，户口减耗，盗贼日滋，而不觉知者，皆由朝臣不敢告之也。向使修严父之法，开直言之路，选贤任能，赏罚得中，人人乐业，谁能摇动者乎？"孙伏伽还告诫高祖："陛下勿以唐得天下之易，不知隋失之不难也。"在孙伏伽看来，君主不闻其过就会失去天下。高祖看了孙伏伽的上疏，非常高兴，对其赐帛三百匹，以示奖励。

君主必须纳谏的道理，太宗将其更加深化了。他说："自知者明，人不能善鉴已过。如善为文章，工诸技艺，皆自谓己善，他人不及。"其实，自认为好的文章往往有"芜音拙句"。梳发必须要有明镜，才能看清自己的形容。按照这种道理，君主必须有匡谏之臣，才能发现自己的过失。他还根据自己的体会说："君主一日万机，一人听断，细微差僻，安能尽美？唯有魏徵随事谏正，多中朕失。其进喻启沃，有同明镜。分明善恶，嘹见己形。"孙伏伽用简单的比喻方法，以君臣、父子的关系，联系到隋炀帝败亡的实际，说明君主必须纳谏的原因。太宗则从皇帝日理万

机，个人精力有限，不可能尽善尽美的道理，把秦亡汉兴，隋亡唐兴的具体事实理论化了。显然，这是由浅入深，由具体事实到抽象概括的进一步发展。从这里又可以看出，太宗的纳谏美德也是对高祖的继承和发展。

由于高祖认识到纳谏的重要意义，所以，对于有益的批评，他都能认真考虑。孙伏伽曾批评他说："陛下二十日龙飞，二十一日有献鹞鹆者，此乃前朝之弊风，少年之事务，何忽今日行之！又闻相国参军事卢牟之献琵琶，长安县丞张安道献弓箭，频蒙赏劳。但'普天之下，莫非王土；率土之滨，莫非王臣'。陛下必有所欲，何求而不得？陛下所少者，岂此物哉！"这就是说，高祖刚做皇帝就接受别人玩乐方面的贡献，把皇帝降低到一般少年人的水平，皇帝的需求决不在这些方面。

孙伏伽还批评说："近者，太常官司于人间借妇女裙襦五百余具，以充散妓之服，云拟五月五日于玄武门游戏。臣窃思审，实损皇猷，亦非贻厥子孙谋，为后代法之。"孙伏伽认为，"此谓淫风，不可不改"。

孙伏伽还根据"性相近而习相远"的道理，要求慎重选择皇太子身边的群僚，决不能使"无义之人，及先来无赖，家门不能邕睦，及好奢华驰猎驱射，专作慢游狗马声色歌舞之人"接近太子，以免对太子有不良的影响。

高祖对这些批评和建议都愉快地接受了。这充分反映了高祖富有进取心的精神状态。这正是一个开国君主，一心要把国家推向富强，并极力巩固自己地位的真实反映。太宗正是继承了这种精神状态，才促使形成"贞观之治"的。

富有进取心的精神状态，还表现在高祖要求臣下如实地反映情况方面。他在《令陈直言诏》中，尖锐地批评那些"表疏因循，尚多迂诞；申请盗贼，不肯至言，论民疾苦，每亏实录；妄引哲王，深相佞媚，假托符瑞，极笔阿谀；乱语细书，动盈数纸"。这种反对因循守旧，不肯

直言，华而不实，空话连篇的求实作风，正是开国君主进取精神的另一种表现。

武德四年（公元621年），唐军平定了王世充，镇压了窦建德起义军后，高祖先后下过《平窦建德大赦诏》《平王世充大赦诏》，表示"大赦天下"，但忽而又"责其党与，并令配迁。"为此，孙伏伽又批评他道："臣闻王言无戏，自古格言；去食存信，闻诸旧典。……言之出口，不可不慎。……既云常赦不免皆赦除之，此非直赦其有罪，亦是与天下断当，许其更新。以此言之，但是赦后，即便无事。因何王世充及窦建德部下赦后乃欲迁之？此是陛下自违本心，欲遣下人若为取则？"在孙伏伽看来，皇帝决不可失信于人，否则，就会失去民心。高祖接受了批评。同时，孙伏伽还建议设置谏官，以利于高祖纳谏，也被高祖采纳了。

在许多重大问题上，高祖能够听取各种不同的意见，然后经过自己的分析，最后做出决定。例如，由于突厥频繁地向内地进攻，唐朝经常要兴师动众，挥兵北上。这样一来，运送军粮就是一个很大的问题。为了解决运送军粮的困难，并州大总管府长史窦静上表请求在太原"置屯田以省馈运。时议者以民物凋零，不宜动众，书奏不肯。静频上书，辞甚切至。于是征静入朝，与裴寂、萧瑀、封德彝等争论于殿庭，寂等不能屈，竟从静议。岁收数千斛，高祖善之，令检校并州大总管"。为了屯田问题，把持不同意见的双方集中于殿庭，当面讨论，最后，既采纳了窦静的意见，收到了实效，也没有责怪固执己见的裴寂等人。这种作法，显然有利于统治集团内部发表有益的意见。

由于按照窦静的主张进行屯田的效果很好，故而接着又有秦王李世民请求增置屯田于并州（今山西太原）境内，也得到了高祖的支持。

高祖不仅可以听取各种意见，集思广益，最后做出决策，而且当有人和他本人的意见不一致，有所争执时，他也可以考虑别人的意见，适当

采纳。例如，武德二年（公元619年），高祖曾命殿内监窦诞和右卫将军宇文歆帮助齐王李元吉镇守太原。当时，李元吉骄奢淫逸，残暴异常，任意田猎，踩践百姓禾稼，夺民财物，还随意射人，观其避箭。窦诞听之任之，随声附和。宇文歆则如实向高祖反映道："王在州之日，多出微行，常供窦诞游猎，踩践谷稼，放纵亲昵，公行攘夺，境内兽畜，取之殆尽。当衢而射，观人避箭，以为笑乐。分遣左右，戏为攻战，至相击刺，痕伤致死。夜开府门，宣淫他室，百姓怨毒，各怀愤叹。以此守城，安能自保！"果然不出所料，当刘武周兵临太原城下时，李元吉弃城逃跑，奔赴长安。太原失守，高祖怒不可遏。他对礼部尚书李纲说："元吉幼小，未习时事，故遣窦诞、宇文歆辅之。强兵数万，食支十年，起义兴运之资，一朝而弃。宇文歆首画此计，我当斩之。"李纲不同意这种看法，当面反驳道："赖歆令陛下不失爱子，臣以为有功。"高祖认为宇文歆有罪，李纲认为他有功，显然是针锋相对的。反驳皇帝的意见，当然非同小可。因此，李纲又进一步解释他自己的看法说："齐王年少，肆行骄逸，放纵左右，侵渔百姓，诞曾无谏止，乃随顺掩藏，以成其衅，此诞之罪。宇文歆论情则疏，向彼又浅，王之过失，悉以闻奏。且父子之际，人所难言，歆言之，岂非忠恳。今欲诛罪，不录其心，臣愚窃以为过。"高祖认为李纲之言颇有道理，遂于第二天"召纲入，升御座"，并对他说："今我有公，遂使刑罚不滥。元吉自恶，结怨于人。歆既曾以表闻，诞亦焉能制禁。"经过李纲的解释，高祖好像恍然大悟，既不再追究宇文歆的责任，又指出了李纲的片面看法。因为李纲认为李元吉之过，在于窦诞不谏。高祖明确指出："歆既曾以表闻，诞亦焉能制禁。"这样一来，解脱了所有的有关者，而只认为"元吉自恶，结怨于人"，当然可以使臣僚们心悦诚服，忠于自己。

古代的皇帝，有至高无上的权力，有生杀予夺的大权，故而很少有人敢冒犯他的尊严。唐初的皇帝对此有清醒的认识。太宗曾对长孙无忌等人说："夫人臣之对帝王，多顺从而不逆，甘言以取容。"所以，他要臣僚们对他的发问"不得有隐，宜以次言朕过失"。这一点，也和高祖有共同之处。例如，武德四年（公元621年），谏议大夫苏世长在披香殿（在武功庆善宫）侍宴时，他指桑骂槐地说："此殿隋炀帝所作耶，是何雕丽之若此也？"高祖立即指责说："卿好谏似直，其心实诈。岂不知此殿是吾所造，何须设诡疑而言炀帝乎？"苏世长又说："臣实不知，但见倾宫、鹿台（均为纣王所造）琉璃之瓦，并非受命帝王爱民节用之所为也。若是陛下作此，诚非宜。臣昔在武功，幸常陪侍，见陛下宅宇，才蔽风霜，当此之时，亦以为足。今因隋之侈，民不堪命，数归有道，而陛下得之，实为惩其奢淫，不忘俭约。今初有天下，而于隋宫之内，又加雕饰，欲拨其乱，宁可得乎？"苏世长是在王世充失败后才投降唐朝的隋臣，他居然敢当面把唐高祖比做亡国之君殷纣王、隋炀帝，真可谓胆大妄为。但是，高祖并没有因此而有任何不悦，反而"深然之"。

在这方面，高祖比太宗还更高明些。太宗虽然要求臣僚们"言朕过失"，但他真正碰到有人当众批评时，他就怒不可遏了。有一次，他罢朝大发雷霆说："会须杀此田舍翁。"当长孙皇后问他为谁而发怒时，他说："魏徵每廷辱我。"长孙皇后对他大加赞扬说："主明臣直；今魏徵直，由陛下之明故也。"这样，太宗才又高兴起来。

高祖则截然不同，当殷纣王早已遭人唾骂，大家又都对隋炀帝深恶痛绝的时候，苏世长竟敢把他和殷纣王、隋炀帝相比，他也毫无责怪之意，当然更显得难能可贵。这主要是由于他认识到"隋氏以主骄臣谄亡天下"，从而"虚心求谏"，并要求臣僚们"有怀必尽，勿自隐也"的结果。由此看来，在怎样对待自己的过失方面，从高祖到太宗，是一脉相承的。

　　高祖是从隋末农民战争的风浪中起家的，随炀帝那种擅权弄法的后果，他是历历在目的。所以，他对自己的言行颇为谨慎，力求不再重蹈隋炀帝的覆辙。武德元年（公元618年）年底，高祖刚做皇帝不久，"有犯法不至死者，上特命杀之"。监察御史李素立谏曰："三尺法，王者所与天下共也；法一动摇，人无所措手足。陛下甫创洪业，奈何弃法，臣忝法司，不敢奉诏。"高祖接受了李素立的意见，收回了自己的命令。从此以后，李素立受到了重用，很快被提升为侍御史（监察御史是正八品，侍御史为从六品）。另外，孙伏伽也曾向他建议说："往者天下未平，威权需应机而作；今四方既定，设法须与人共之。但法者，陛下自作之，还须守之，使天下百姓信而畏之。"也同样得到了高祖的重视。从这些情况看来，好像是皇帝的权威受到了限制，但实际上却大大提高了高祖的威望。

　　在封建社会里，法是统治集团意志的集中体现。至高无上的皇帝，如果按法办事，必然得到统治集团的拥护和支持；反之，如果像隋炀帝那样，随心所欲，为所欲为，则必然为统治集团所抛弃。因为当时法的作用就是维护统治者的地位和社会秩序。社会秩序的实质，就是要把少数人对多数人的统治和奴役合法化、固定化。皇帝如果不受法的任何约束，必然使社会秩序遭到破坏，从而导致少数人对多数人的奴役和统治不能合法化、固定化。隋炀帝的暴政导致了农民起义，正是这种原因。在当时的历史条件下，广大劳动人民也往往把法视为能够保护自己利益的东西。所以，当大家认为的"清官"敢于说出"王子犯法，与民同罪"的时候，就会得到被奴役者的喝彩。反之，一些暴君、污吏，迷信自己的权威，目空一切，为所欲为的时候，就会遭到人民的反对，以致失去一切，断送自己。正因为如此，高祖能够听取谏言，不随意违法，收到了巩固其地位的效果。

　　在一般人看来，纳谏属于政治范畴。是否重视纳谏，是评论政治家的

重要内容。高祖在政治方面的纳谏，以上已举多例。但在军事方面的纳谏还鲜为人知，故再举例加以说明。

武德元年（公元618年）正月，高祖还未做皇帝，他以唐王的身份命李建成为左元帅，李世民为右元帅，率十余万人进军东都。四月，又主动撤军。撤军的理由，李世民说："吾新定关中，根本未固，虽得东都，不能守也。"但"根本未固"的含义是什么呢？只有从开府仪同三司韦云起的上表中才能知其大概。

韦云起针对唐军东进上表道："国家承丧乱之后，百姓流离，未蒙安养，频年不熟，关内阻饥。京邑初平，物情未附，鼠窃狗盗，犹为国忧。周至、司竹，余氛未殄；蓝田、谷口，群盗实多。朝夕伺间，极为国害。虽京城之内，每夜贼发。北有师都，连结胡寇，斯乃国家腹心之疾也。舍此不图，而窥兵函、洛，若师出之后，内盗乘虚，一旦有变，祸将不小。臣谓王世充远隔千里，山川悬绝，无能为害。待有余力，方可讨之。今内难未弭，且宜弘于度外。如臣愚见，请暂戢兵，务稸劝农，安人和众，关中小盗，自然宁息。秦川将卒，贾勇有余，三年之后，一举便定。今虽欲速，臣恐未可。"他非常清楚，关中的生产尚未恢复，民生问题尚未解决，因而长安周围铤而走险者尚多，甚至"京城之内，每夜贼发"。而且还有梁师都勾结突厥的骚扰。这就是关中还不巩固的原因所在。由于韦云起的上表有理有据，致使高祖改变了军事行动。武德四年（公元621年）平定东都，正在韦云起预料的"三年之后"。事实证明，唐军西撤，先巩固关中，后来在统一战争中采取先西后东的方针是完全正确的。这更有力地说明了高祖在军事行动上纳谏的重要意义。

事实证明，高祖也并非对所有的谏言都能接受。礼部尚书李纲就曾说过："陛下功成业泰，颇自矜伐，臣以凡劣，才乖元凯，所言如石投水，安敢久为尚书。兼以愚臣事太子，所怀鄙见，复不采纳，既无补益，所以

请退。"对高祖的建议是"如石投水"，对李建成的建议也不被采纳，所以导致李纲"请退"。可见，高祖拒绝别人的意见也并非偶然。事实上也不是绝无仅有。

玄武之变

第六章

# 秦王其人

　　自太原起兵到统一全国的战争过程中，李世民威望日隆，在上层统治集团中，特别是在兄弟中有着特殊的地位。当太原谋划起兵时，李世民起了重要作用，其兄李建成、其弟李元吉，却在河东，没能直接参与其事。唐兵平定关中，建立李唐王朝，李建成以嫡长子身份封为太子。太子是国之储君，需经常留在君主的身边，习理朝政，一般的领军作战是不派太子亲征的，即所谓"君之嗣嫡，不可以帅师"。李渊出身关陇军事贵族，趁隋末农民大起义基本上摧毁了隋统治政权时，才起兵反隋。夺得全国最高统治政权之初，其地位并不巩固，因而李渊从不把军国大权委任外姓将领担任，而由李氏诸王任各路大军统帅，最重要的岗位更是必须由自己的儿子来担任。

　　进入长安后，初次出兵关东，也以李建成、李世民分任左、右元帅。但到李渊称帝、李建成立为太子时，削平割据势力、镇压各地农民起义军的战争指挥权就只能由秦王李世民来执掌了。武德三年（620年）出兵关东时，李元吉已十八岁，也随同秦王领兵出战。不过，指挥全局的是李世民，李元吉指挥作战虽也取得一些成功，但其谋略远不如李世民，在诸将领中的威望也远不及李世民。这就在客观上为李世民建功立业提供了机会。唐军进入长安前，李世民与长兄李建成的地位、权力基本相同；进入长安后，由于所处地位的不同，两人之间的关系就开始发生了变化。

　　李世民由于屡建奇功，政治地位、军事才能都日益增长，不但掌握着大量军队，而且还身兼丞相之职。其地位在当时是颇为特殊的。这对太子李建成不能不说是一个威胁。李建成东宫府属太子中允王珪和洗马魏徵早就看到了这一点，提醒太子李建成说："秦王功盖天下，中外归心；殿下但以年长位居东宫，无大功以镇海内。"建议太子李建成乘刘黑闼旧部复起，宜亲自率兵前往镇压以取功名，并借此机会结交山东豪杰，以加强自己的实力。所以，李建成这次破例统兵出关，而李世民则被召回留在京师。这说明双方的矛盾随着统一战争的胜利，逐步加深了。而在这一矛盾的形成过程中，李世民由不自觉到自觉地利用自己的特殊地位，不断搜罗人马，逐步形成了以李世民为核心的私党集团。

　　李世民私党的渊源，可追溯到太原起兵时。那时，李世民参与了太原起兵的决策，所以跟许多"太原元谋功臣"关系密切。如在太原起兵时起过重要作用的大臣刘文静与武将左骁卫大将军长孙顺德、右骁卫大将军刘弘基等，都与李世民交好。入长安后，刘文静与裴寂发生矛盾，史籍记载由于裴寂的谗毁，致使刘文静被李渊杀害。虽经李世民力争，也未能挽救。其实很可能是由于李渊觉察到或是疑忌刘文静支持李世民结党，才下决心杀他，以削弱李世民的私党势力。此外，元谋功臣中的长孙顺德后来成了李世民的亲信，刘弘基、柴绍常随李世民征战，唐俭是天策府长史，都成了秦王府一边的人。

　　唐军进入长安后，四方豪杰之士纷纷归附，李世民乘机网罗了大批人才。如长孙无忌、房玄龄与杜如晦成为秦王府的重要谋士和决策者。长孙无忌是李世民的妻兄，"贵戚好学，该博文史，性通恪，有筹略"。房玄龄，齐州临淄人，"幼聪敏，博览经史，工草隶，善属文"。十八岁考中进士，在隋代时已被视为"一定会飞黄腾达"的人物。经温彦博推荐，投入李世民门下，署为记室参军。"每表奏，驻马立成，无草稿。"

玄武门

连李渊也大加称赞道："此人深识机宜，足堪委任。每为我儿陈事，必会
人心，千里之外，犹对面语耳。"房玄龄得遇知已，"罄竭心力"，为李
世民效命。每次战争结束之后，"众人竞求珍玩，玄龄独先收人物，致之
幕府。及有谋臣猛将，皆与之潜相中结，各尽其死力"。为秦王李世民搜
罗人才，培植私党，起了重要作用。杜如晦，京兆杜陵（今陕西西安东
南）人，"少聪悟，好谈文史"，大业中，为隋吏部侍郎高孝基"深所器
重"。杜如晦归唐后，李世民引为秦王府兵曹参军，不久被李渊调离秦
府，任陕州总管府长史。房玄龄向李世民说："府僚去者虽多，盖不足
惜。杜如晦聪明识达，王佐才也。若大王守藩端拱，无所用之；必欲经营
四方，非此人莫可。"李世民大惊道："尔不言，几失此人矣。"遂奏
留在府内。李世民接受了房玄龄的意见，说明此时他已不安于"守藩端
拱"，并怀有"经营四方"之志。杜如晦果然不负所望，随李世民出战，
"尝参谋帷幄，军国多事，剖断如流，深为众服"。因此，房玄龄、杜如
晦等人成为太子李建成、齐王李元吉最为忧心的人物。

在平定陇右、陇东和进行统一关东的历次战争中，李世民都放手引进人才。还在破薛仁果时，就想留用薛仁果，答应免其死，后俘入京师，被李渊所杀；又"俘其精兵万余人"，"与之游猎驰射，无所间然"。史载降卒"荷恩慑气，咸愿效死"。在破刘武周时，招抚了著名将领尉迟敬德。"敬德善解避槊，每单骑入贼阵，贼槊攒刺，终不能伤，又能夺取贼槊，还以刺之"，练得一手夺槊的绝招。齐王李元吉以善马槊自负，曾与其比武。尉迟敬德自去兵刃，而让李元吉留着。交手片刻，三夺其槊，弄得元吉"虽面相叹异，内甚耻之"。还有屈突通降唐后，为秦王"行军元帅长史，以平薛举"，"寻以本官判陕东道行台"，从讨王世充，"拜陕东大行台右仆射，镇于洛阳"。公孙武达，武德初年到长春宫拜见秦王，"以讨刘武周，又从平王世充、窦建德，累迁秦王府右三军骠骑"。段志玄"从讨王世充"，"迁秦王府右二护军"。钱九陇从"平薛仁果，刘武周"，又从秦王"擒窦建德，平王世充"。樊兴从秦王"破薛举，平王世充、窦建德"。此外，尚有李安远、张士贵、薛万彻等人，都是在历次战争中，成为秦王府的重要将领。特别是在平定王世充战争时，李世民更是搜罗了大批文臣武将。如秦叔宝、程知节本跟从李密，后归王世充。降唐后，秦叔宝"事秦府""拜马军总管""寻授秦王府右三统军"；知节"授秦王府左三统军"。张公瑾为王世充洧州长史，"以州城归国"，李世勣荐给秦王，"尉迟敬德亦言之，乃引入幕府"。刘师立初为王世充将军，"洛阳平，当诛"，秦王"惜其才，特除之，为左亲卫"。李君羡初为王世充骠骑，"叛而来归"，李世民"引为左右"。田留安为王世充征南将军，"率众来归"，李世民任其为右四统军。戴胄本为隋越王侗官吏，秦王"克武牢而得之，引为秦府士曹参军"。

此外，武德四年（公元612年）在平定王世充，镇压窦建德后，李世民以为"海内渐平"，乃开文学馆，延四方文学之士十八人。

秦王府的属官杜如晦、记室房玄龄、虞世南、文学褚亮、姚思廉、主簿李玄道、参军蔡允恭、薛元敬、颜相时，天策府的从事中郎于志宁、军谘祭酒苏世长、记室薛收、仓曹李守素。国子助教陆德明，孔颖达，信都盖文达，宋州总管府户曹许敬宗都以本官兼文学馆学士。"

李世民将他们"分为三番，更日值宿，供给珍膳，恩礼优厚"。他自己"朝谒公事之暇，辄至馆中，引诸学士讨论文籍，或夜分乃寝"。又使库直阎立本画像，褚亮为赞，号"十八学士"。这实际上是以房玄龄、杜如晦为首组织起来的一个秦王府智囊团。

至此，以李世民为首的政治集团，文武具备，已基本形成了。如果说李世民在统一战争过程中招安一些军事人才，还可以说是为了战争的需要，那么在战争即将结束的时候，李世民迅速由军事转向政治，尊崇文士，那就只能说明李世民对于政权已怀有野心了。

在十八学士中，许多是关东统一战争中招收来的。如陆德明、孔颖达原在王世充辖区；李玄道先为李密记室，后又任王世充著作佐郎；李守各代均为山东名族；虞世南本为窦建德黄门侍郎；蔡允恭为窦建德部属。

以上事实说明李世民在经略山东的过程中，大大地扩充了自己的军事、政治实力，为以后的政治斗争做好了组织准备。

# 三子相争

窦氏为李渊所生的四个儿子李建成、李世民、李元霸、李元吉，除

李元霸早夭外，晋阳起兵时李建成二十九岁，李世民二十一岁，李元吉只有十五岁。在西取长安的进军中，李建成与李世民分统左、右两支大军，都为攻取长安立下了功劳。李渊称帝后首次出兵关东，也是李建成、李世民以左、右元帅的头衔领兵出征。李渊称帝后，李建成被立为太子，留在京师协助唐高祖处理军国大事，因而平定天下的统帅一职，便落在李世民的身上。李世民东征王世充时，十八岁的齐王李元吉也随同出征，指挥作战，但谋略、战功和威望都远不能同李世民相比。

李世民在统一战争中屡屡立下的赫赫战功，为他带来了一系列的荣誉、头衔和权力，他在唐帝国中的政治地位和军事实力日益增长。

武德四年（公元621年），李世民俘获窦建德、王世充大胜而归。唐高祖认为前代官职皆不足以表彰他，特意设置天策上将一职，位在王公之上。十月，李世民以天策上将领司徒、陕东道大行台尚书令，仍开天策府，可自置官属。

不久，又诏令陕东道大行台尚书省自令、仆射至郎中、主事，品秩皆与京师同，而员数较少。

武德五年（公元622年）七月，当李世民统帅大军击败刘黑闼、进军徐圆朗之时，唐高祖在京师宫城的西偏营建弘义宫，使秦王居之，殊遇无比。

很显然，李世民声望、地位与权势的日增，这对于太子李建成地位所构成的威胁，是客观存在的。而李世民在他取得赫赫战功而被授予天策上将之后，并不是没有谋取国家最高权力的意图。他于武德四年（公元621年）于京师"锐意经籍，开文学馆以待四方之士。行台司勋郎中杜如晦等十八人为学士，每更直阁下，降以温颜，与之讨论经义，或夜分而罢"。在天下即将平定之际，李世民的"锐意经籍""讨论经义"表明他已开始了由崇尚军事向注重政治的转变。他的真正意图，从他注意网罗人才、培

植私党中，可以窥见其觊觎国家最高权力的用心。

早在晋阳起兵的前夕，李世民便注意结交豪杰，所谓"太原元谋功臣"如刘文静、左骁卫大将军长孙顺德、右骁卫大将军刘弘基以及柴绍、唐俭等人，都同李世民有着密切的关系。攻取长安后，李世民更是注意网罗人才，如房玄龄、杜如晦以及长孙无忌等人，无不成了他的谋士。杜如晦归唐后不久，李渊调如晦出任陕州总管府长史，房玄龄得知后问李世民说道："府僚去者虽多，盖不足惜。杜如晦聪明识达，王佐才也。若大王守藩端拱，无所用之；必欲经营四方，非此人莫可。"

李世民闻听后大惊道："尔不言，几失此人矣！"

作为秦王府的心腹谋士，房玄龄的话泄露了李世民的天机。他所说的不甘于"守藩端拱"，而是想要"经营四方"，非杜如晦不可，表明李世民早已有"经营四方"之志。否则，房玄龄的话岂不成了无的放矢？李世民经房玄龄的提醒，果然将杜如晦留在自己府中，随从自己征讨薛举、刘武周、王世充、窦建德，成了秦王的又一心腹谋士。所谓文学之士十八人表明，秦王府中真可谓人才济济。

在平定天下的征战中，李世民又从敌军的营垒中网罗了一大批武将，诸如尉迟敬德、秦叔宝、程知节、屈突通、张士贵、薛万彻、张公谨、李君羡、田留安、戴胄等人，不一而足。

可见，以李世民为首的政治集团，文臣武将可谓均已齐备。如不是为着"经营四方"，李世民为何对网罗天下英才表现出如此之大的兴趣？

至于在李建成、李元吉的府中，他们也都是有着各自的亲信，如太子宫中的王珪、魏徵、韦挺等人，都很有政治才干。

兄弟三人之中，太子与秦王之间的矛盾，不难理解。而李元吉虽然跟随秦王东征，但二人之间却没有结成亲密的关系。在太子与秦王的对立之中，李元吉站在建成一方，这除了秦王对他不器重外，也可能与李元吉本人的"行为放荡骄奢"有关。李元吉既然与秦王格格不入，太子又是未来的皇帝，因而，他与李建成结盟除掉威胁自己的秦王，也是不难理解的。

需要指出的是，由于李世民后来做了大唐帝国的皇帝，因而唐初官修的《实录》以及后来官修的所谓正史，在有关李建成、李元吉以及兄弟三人之间的明争暗斗，还有唐高祖对于兄弟三人的态度和立场，在记载上有不少失实的地方，这是我们在认识这段历史时无法回避的问题。事实表明，太子李建成与齐王李元吉并非如《旧唐书·高祖二十二子列传》中史臣评论的那样："建成残忍，岂主鬯之才；元吉凶狂，有覆巢之迹。"李建成在西取长安、东征刘黑闼以及辅佐高祖处理国家政务时，均显示出一定的才能，并非平庸之辈。司马光修《资治通鉴》时，对《高祖实录》《太宗实录》中的"抑扬诬讳之辞，今不尽取"，这种态度是实事求是的。

李渊于晋阳起兵后，把军国大权交给他这三个儿子执掌。待到兄弟三人均形成一定的势力，而李世民的声望和地位又威胁太子李建成时，彼此之间的争权夺势、相互倾轧，便是不可避免的。

东宫与秦王府间的矛盾，随着统一战争的结束而急剧地激化起来，形成一场你死我活的明争暗斗。这场明争暗斗表现在宫廷中，关系也颇为复杂。

在朝廷的大臣中，支持李建成的是裴寂，而宇文士及、萧瑀、陈叔达则倾向于李世民。上述大臣之中，裴寂是最受唐高祖信任的宰相。唐高祖晚年，宫中内宠甚多，其中以张婕妤、尹德妃最受宠幸。由于在一些事情上李世民得罪了张婕妤、尹德妃，她们便经常在唐高祖面前赞扬太子李建成，说李世民的坏话，甚至对李世民进行诬陷，致使高祖对李世民颇为不满。李建成在朝廷和宫中有裴寂和高祖嫔妃们的支持，形势对他颇为有利。

李建成、李元吉与李世民之间的争斗最终难免要通过暴力的方式来

　　进行解决，这对于他们来说都是早有准备的。东宫、秦王府、齐王府都有自己的卫兵，此外又都私募大批勇士，如李世民有蓄养在外的勇士八百人，李建成则私自招募二千多人为东宫卫士，号称"长林兵"，分别驻守东宫的"左、右长林门"。李建成又命令可达志"从燕王李艺发幽州突骑三百，置东宫诸坊，欲以补东宫长上"，被人告发。李建成因此而遭到唐高祖的谴责，可达志被流放到巂州。

　　李建成又派自己的亲信杨文干私自招募壮士，送至京师。当时，唐高祖前往宜君仁智宫，命李建成留守京师，李世民、李元吉皆随行前往。李建成使令李元吉在途中对李世民下手，并说："安危之计，决在今岁。"同时，李建成派郎将尔朱焕、校尉桥公山到庆州向杨文干运送铠甲兵器。尔、桥二人到幽州后，感到事关重大，便到仁智宫向唐高祖告密，告发太子派杨文干举兵谋反，内外相应；同时又有宁州人杜凤举也到仁智宫告发此事。唐高祖听后大怒，托言他事用亲笔诏书召李建成前来仁智宫。李建成见手诏后，因心怀鬼胎而恐惧万分，不敢应召前往。太子舍人徐师谟劝李建成据城起兵，詹事主簿赵弘智劝李建成轻车简从，前往认罪。李建成听从赵弘智的劝告，率十余名骑兵到达仁智宫，向唐高祖叩头认罪，唐高祖怒气未消，夜间"饲以麦饭"，令人将李建成看守起来。同时，派司农卿宇文颖急驰召杨文干来仁智宫。宇文颖到达庆州后以实情相告，杨文干于是起兵造反，唐高祖派左武卫将军钱九陇与灵州都督杨师道率兵进击。

　　唐高祖派李世民向往讨伐，说道："文干事连建成，恐应之者众，汝宜自行，还，立汝为太子。吾不能效隋文帝自诛其子，当封建成为蜀王。蜀兵脆弱，他日苟能事汝，汝宜全之；不能事汝，汝取之易耳！"

　　李世民讨伐杨文干时，嫔妃们以及封德彝为李建成说情，唐高祖又改变了另立太子的主意，只是责怪李建成不应该"兄弟不睦"，归罪于太子中丞王缔、左卫率韦挺、天策兵曹参军杜淹，将他们一并流放到巂州，此

事便不了了之。

当时，突厥屡次入侵关中，有人建议焚烧长安而迁都，"则胡寇自息矣"。唐高祖赞成这一建议并安排臣下选择新都地址，李建成、李元吉以及裴寂表示赞成，萧瑀虽知不该迁都但不敢进谏。这时，李世民劝谏说："戎狄为患，自古有之。陛下以圣武龙兴，光宅中夏，精兵百万，所征无敌，奈何以胡寇扰边，遽迁都以避之，贻四海之羞，为百世之笑乎！彼霍去病汉廷一将，犹志灭匈奴；况臣忝备藩维，愿假数年之期，请系颉利之颈，致之阙下。若其不效，迁都未晚。"

唐高祖认为李世民讲得很好，但李建成却嘲笑李世民像当年汉朝樊哙那样空口说大话，于是二人在唐高祖面前辩论起来。迁都一事因此而中止。

李建成贿赂唐高祖妃嫔，说秦王的坏话："突厥虽屡为边患，得赂即还。秦王外托御寇之名，内欲总兵权，成其篡夺之谋耳！"

一次，唐高祖到城南打猎，李建成、李世民、李元吉随从。事后，李建成让妃嫔对唐高祖说，秦王在猎场上从马上跌下时曾说过："我有天命，方为天下主，岂能随便死去。"高祖召李世民查问此事，李世民说没有此事，便立案查验，皇上仍是怒气未消。这时，有关官员入报突厥入寇，唐高祖便诏令李世民、李元吉率兵出豳州抵御突厥。自此之后，"上每有寇盗，辄命世民讨之；事平之后，猜嫌益甚"。唐高祖自从得知太子与李世民之间的矛盾日深之后，他虽然对太子多有不满，但有鉴于李世民功劳日高的事实，他事实上对李建成有所偏袒，而对李世民则难免有"猜嫌"之心。唐高祖心里明白：就能力而言，秦王胜过太子，是强者。他作为父亲，怎能不偏袒弱者呢？

李建成见诬陷未能奏效，便在夜间设宴，请李世民入东宫饮酒，并在酒中下毒。李世民饮后心痛，吐血数升，被淮安王李神通扶回西宫。唐高祖到西宫看视李世民病情，得知是在东宫饮酒所致，便敕令李建成说：

"秦王素不能饮，自今无得复夜饮。"

唐高祖眼见太子与秦王之间矛盾日深，同在京师，迟早要酿成大祸，便向李世民说道："首建大谋，削平海内，皆汝之功。吾欲立汝为嗣，汝固辞；且建成年长，为嗣已久，吾不忍夺也。观汝兄弟似不相容，同处京邑，必有纷争，当遣汝还行台，居洛阳，自陕以东皆主之，仍命汝建天子旌旗，如汉梁孝王故事。"

李世民闻言涕泣，诉说不愿远离父亲的身边。唐高祖向李世民解释说："天下一家，东西两都，道路甚迩，吾思汝即往，毋烦悲也。"

李世民准备遵照父亲的旨意前往东都洛阳，李建成、李元吉得知后，在一起谋划说："秦王若至洛阳，有土地甲兵，不可复制；不如留之长安，则一匹夫耳，取之易矣。"

于是，李建成、李元吉秘密指使人上书密告："秦王左右闻往洛阳，无不喜悦，视其志趣，恐不复来。"

李建成又派近臣向唐高祖陈说利害，唐高祖又改变了主意，令李世民前往东都一事因此而中止。

李建成、李元吉与后宫妃嫔日夜说李世民的坏话，不由唐高祖不信，要归罪于李世民。这时，陈叔达劝谏说："秦王有大功于天下，不可黜也。且性刚烈，若加挫抑，恐不胜忧愤，或有不测之疾，陛下悔之何及！"

唐高祖认为陈叔达讲得有理，便没有降罪李世民。然而，这时李元吉却直接出面，秘密请求唐高祖诛杀秦王，唐高祖对李元吉说："彼有定天下之功，罪状未著，何以为辞？"

"秦王初平东都，顾望不还，散钱帛以树私恩；又违敕命，非反而何！但愿速杀，何患无辞！"李元吉回答说。

对于李元吉请杀秦王的请求，唐高祖没有答应。然而，李建成、李元

吉与李世民的矛盾，至此确已达到剑拔弩张的程度，难免要发生一场流血事件了。

# 喋血宫门

由于收买秦府猛将不成，李建成、李元吉用计使秦府左一马军总管程知节被放外任康州刺史，房玄龄、杜如晦也被诬告逐出秦王府，眼看秦王重要谋臣武将一个个被调走，情势日益严重。长孙无忌、高士廉和右候车骑将军侯君集以及尉迟敬德等人，每日劝李世民及时动手除掉太子李建成和齐王李元吉。房玄龄、杜如晦和段志玄等人也拖延留居京师。双方的斗争已进入白热化阶段。

这时，突厥郁射设率数万骑屯黄河之南，进关南攻。在此以前，凡有突厥进扰，皆由秦王督军出战。这次，李建成推荐李元吉代秦王李世民统军前往作战，唐高祖一口应允。李元吉向唐高祖提出调秦府尉迟敬德、程知节、段志玄及秦叔宝等同行，想乘此机会全部统领秦府的骁骑猛将，彻底解除秦府的武装力量。同时，太子李建成与齐王李元吉秘密商议说："今汝得秦王骁将精兵，拥数万之众，吾与秦王饯于昆明池，使壮士拉杀之于幕下，奏之暴卒，主上宜无不信。吾当使人进说，令授吾国事。敬德等既人汝手，宜悉坑之，孰敢不服！"一场屠杀眼看就要降临到秦王李世民的头上，而秦王还蒙在鼓中。

正在这紧要关头，太子率更丞王晊向李世民秘密知告太子、齐王的阴

谋，李世民急忙找长孙无忌、尉迟敬德等人商量对策。大家一致劝李世民抢先下手，李世民深忧骨肉相残，将给人留下话柄，因而犹豫不决，说："吾诚知祸在朝夕，欲俟其发，然后以义讨之，不亦可乎！"尉迟敬德见李世民面临大祸，仍迟疑不定，急得大嚷道："祸机垂发，而王犹晏然不以为忧。大王不用敬德之言，敬德将窜身草泽，不能留居大王左右，交手受戮也！"长孙无忌也接着说道："不从敬德之言，事今败矣。敬德等必不为王有，无忌亦当相随而去，不能复事大王矣！"李世民见两人都说要离去，自然不同意，忙说："吾所言亦未可全弃，公更图之。"尉迟敬德进一步说道："王今处事有疑，非智也；临难不决，非勇也。且大王素所畜养勇士八百余人，在外者今已入宫，擐甲执兵，事势已成，大王安得已乎！"其实当时李世民的顾虑，主要还不在于"骨肉相残"的问题上，而在于当时的力量对比上。其时秦王府在京师的兵力远不如太子和齐王，而且太子、齐王分居两宫，一旦交兵，秦王府两面受敌，必然陷入险境。但事已如此，也只有硬着头皮干。想到这次风险太大，胜负难以预料，李世民心里很不踏实，于是命取龟占卜，以决凶吉。正在这时，幕僚张公谨从外面进来，见状大声反对道："今大事已定，不能再犹疑，有什么可卜的？假如卜而不吉，那又怎么办？"说完取龟掷到地下。由于秦府的文武臣僚态度坚决，促使李世民终于打定了主意。

当然，事情非同小可，以弱势而制强敌，必须有一个严密、周到的行动方案。于是李世民遣长孙无忌密召房玄龄、杜如晦入王府商议决策。房玄龄、杜如晦以前曾建议过李世民诛杀李建成、李元吉，但没有被采纳。现被贬在家，深恐李世民仍然疑而不决，半途变卦，便想用激将法再激他一下。他们对长孙无忌说："敕旨不听复事王；今若私谒，必坐死，不敢奉教！"长孙无忌如实向李世民报告，李世民听了果然大怒，说："玄龄、如晦岂叛我邪！"接着取下佩刀授尉迟敬德说："公往观之，

若无来心，可断其首以来。"尉迟敬德与长孙无忌一起重新找到房、杜说："王已决计，公宜速入共谋之。"这时房玄龄、杜如晦才穿上道士服，化装后与长孙无忌潜入秦王府内，尉迟敬德则由另一条道进入。经过一夜商议，大计终定，于是分头布置行动。这一天是武德九年（公元626年）六月初二。

第二天，太白复经天，太史令傅奕密奏唐高祖："太白见秦分，秦王当有天下。"唐高祖正在疑惑，李世民又密奏太子李建成、李元吉与尹德妃、张婕妤淫乱，说："臣于兄弟无丝毫负，今欲杀臣，似为世充、建德报仇。臣今枉死，永违君亲，魂归地下，实耻见诸贼！"唐高祖虽然感到愕然，但也不敢轻信，便说："明言鞫问，汝宜早参。"说完下令通知太子、齐王明天早朝，由诸大臣公断曲直。

六月初四一早，唐高祖上朝，裴寂、肖瑀、陈叔达、封德彝、宇文士及、窦诞、颜师古等也已到齐，专等李建成、李世民、李元吉兄弟到达。而这时李世民却正带领尉迟敬德、侯君集、张公瑾、刘师立、公孙武达、独孤秀云、杜君绰、郑仁泰、李孟尝等九人，伏于玄武门内。玄武门是宫城北门，是内廷警卫驻扎重地，是出入内宫必经之路。李建成、李元吉得到张婕妤关于李世民向唐高祖告密的情况后，李元吉有些担忧，提出："宜勒宫府兵，托疾不朝，以观形势。"李建成却说："兵备已严，当与弟入参，自问消息。"原来这天值班守宫门的北军将领是常何。常何本是李建成的亲信，所以他十分放心，他根本没有想到，常何已将李世民等人引入玄武门内，埋伏好了。两人行至临湖殿才觉有变。想掉头回马，李世民已骑马迎面而来，李元吉仓皇张弓，连射三矢，因控弦不开，皆未射中。李世民取弓还射，李建成当即中箭而死。这时尉迟敬德带领七十骑赶来，左右射中李元吉坐骑，李元吉弃马往树林中逃。李世民纵马追去，不巧被树枝挂住衣服，坠马落地，李元吉趁机跳过来，压在李世民身上，李

元吉力大，眼看李世民将倾刻亡命，正好尉迟敬德跃马而至，李元吉立即往武德殿奔逃，敬德引箭便射，将李元吉杀死。

这时，太子东宫翊卫车骑将军冯立，与副护军薛万彻、齐王府车骑谢叔方等率东宫、齐府精兵二千余人赶来攻玄武门。在玄武门的秦府兵不多，加上常何少量禁军宿卫兵，也难以抵挡，情势十分危急。云麾将军敬君弘、中郎将吕世衡领兵出战，皆战死。张公谨赶忙紧闭宫门抵抗，薛万彻力攻很久，不得入，遂鼓进攻秦府。正在这紧要关头，尉迟敬德持李建成、李元吉首级赶到，东宫、齐府将领和士兵见主子已被杀，无心恋战，遂溃逃而去。薛万彻与数十骑逃入终南山，冯立则解散部众，逃出宫城。双方血战，终算告一段落。

随即，李世民派尉迟敬德前往海池舟上面见唐高祖，说："秦王以太子、齐王作乱，举兵诛之，恐惊动陛下，遣臣宿卫。"唐高祖见事已如此，也无可奈何，改立秦王为太子，军国庶事，无大小悉委其处决。八月，唐高祖退为太上皇，传位于李世民，是为太宗。

唐高祖对秦王与太子、齐王之间的斗争，早已察觉，但始终没有采取有力的措施加以解决，这是有着十分复杂的原因的。唐高祖从关陇军事贵族起家，本具有强烈的宗法观念。唐王朝建立后，他大封宗室，由儿子、叔侄诸王掌握重权，以维护和巩固初建的王朝。二儿李世民军功卓著，按功行赏，其地位自然要上升。何况李世民德才兼备，让他身居要职，完全是捍卫皇室所必需的。以后秦王集团与太子、李元吉势力产生矛盾，唐高祖从封建正统观念出发，首先要维护长子太子的地位。从武德五年（公元622年）起，唐高祖采取了一些措施来节制秦王的地位和势力。如关东未平，即命秦王班师；在后宫的挑唆下，训斥过秦王，在背后常有不满的表示；甚至将房玄龄、杜如晦等人逐出秦王府，将秦府的武将纷纷调离，等等。但是，另一方面唐高祖也舍不得轻易革除秦王，因为李世民在

巩固初建的唐政权中，无疑是一大支柱。况当时突厥问题尚未解决，统兵抵挡突厥的侵扰也少不了秦王。加上秦王与太子、齐王双方各自集结了强大的势力，朝廷中大部分官僚事实上也分别依附一方，唐高祖自己又未直接掌管兵权，无论去掉哪一方面，都非易事。所以，唐高祖对此事一直拖延不决，遇事各打五十大板，一碗水摆平，力图大事化小，小事化了。他有时偏袒太子李建成，但以不伤害秦王为限。他的打算是既要维持太子地位，抑制秦王势力，又想保住秦王的地位，以捍卫初建立的王朝。在这种矛盾的心理状态支配下，唐高祖就不能不左右为难，而当秦王成功地除掉太子、齐王，解决了东宫、齐府兵力，局势已明朗，秦王的储君地位已确定，他也无力加以改变了。同时，玄武门这场喋血政变，并没有引起朝中大乱，朝廷中大多官员立即表态拥立李世民为太子，这也符合维护李唐皇室的根本利益，所以唐高祖也是顺水推舟，拱手让出帝位了事。

秦王李世民在玄武门之变中，一举战胜太子、齐王的宫府集团，既有其必然因素，同时又有着很大的偶然性。东宫、齐府在京师的精兵有二千以上，秦府只有八百人，在兵力方面悬殊。要不是李世民收买了玄武门卫队首领常何等人，胜负是难以预料的。

秦王集团是否反映了山东集团，宫府集团是否反映了关陇集团或庶族与贵族地主的不同政治要求呢？

所谓的山东地区在当时来说，包括今河北、山西、河南一部分地区在内，加上山东省本身，范围相当广泛。李渊建立唐王朝后，官吏是关陇和山东、贵族和庶族并用的，秦府和太子、齐府的用人也承袭了这一政策。李世民集团中，属于关陇者有：长孙无忌、杜如晦、长孙顺德、候君集、刘弘基、公孙武达、屈突通、杜淹、李安远等。在文学馆十八学士中，也有相当一部分是关陇人，如姚思廉、李元度、颜相时、于志宁、苏世长等。其中有些人是江南人，如虞世南、褚亮、蔡允恭、陆德明、孔颖达、

许敬宗等人。

在东宫集团中，也有魏徵、王珪，属于山东人。此外，太子李建成利用镇压刘黑闼的机会，在山东地区也培植有很强的势力。

至于各集团成员的成份，秦府中长孙无忌、房玄龄、杜如晦、高士廉、屈突通、杜淹以及东宫、齐府中的王珪、韦挺、薛万彻等，都是贵族或世族地主子弟。而秦府的尉迟敬德、候君集、张公瑾、刘师立、秦叔宝、程知节、公孙武达、李孟尝、段志玄、庞卿恽、张亮、元仲文、李安远等，以及东宫、齐府的官员魏徵、冯立、谢叔方等都是庶族地主。

可见，秦王李世民集团与李建成、李元吉集团成员的成分基本相同，他们之间的斗争并不是或者不完全是山东集团与关陇集团之间，或是贵族势力与庶族地主势力之间的斗争。当然这样说，并不是两大集团间就没有什么区别，事实上秦王集团联系的社会面较宽，宫府集团则较窄，在人才的数量方面秦府集团占有绝对的优势，因而在斗争的策略方面，秦府集团也要强得多。但是论其双方斗争的实质，应该说基本上是统治集团内部权力分配的斗争，也包括一些不同政治倾向集团间的矛盾。

# 世民登基

李世民在玄武门政变成功后，马上着手建立以他为中心的唐中央政府。在当时的形势下，他面临着几个严峻问题。首先，玄武门之战虽然杀掉了太子李建成和齐王李元吉，但东宫和齐王府集团的残余力量还分散各处，尤其在山东地区，有着较强的势力，成为引起社会不安的重要因素。其次，李世民当皇帝在形式上是由父亲唐高祖让位，武德时朝廷的宰相，特别是支持太子和齐王李元吉的大臣，如何处理较为恰当，就成为又一个难题。再次，李世民依靠秦府的旧党而起家，他登上皇帝宝座后自然还要依靠这些力量以巩固其政治地位。但是，李世民做了皇帝后，就不比原先做秦王时，只要照顾一方面就可以了，如果还只是完全依靠秦府原有班底，就不能扩大自己的统治基础，影响新政权的安定和巩固。如何处理好这三个方面的问题，就成为李世民能否稳定和巩固全国最高统治权的关键。

六月初四，李建成和李元吉死于玄武门，宫府集团的党羽及其武装力量逃散在长安周围，四处活动。李建成在山东的亲信幽州都督庐江王李瑗和领天节将军镇泾州的罗艺都握有重兵，蠢蠢欲动，随时可能与长安附近的宫府残余势力里应外合，如何解决这一问题，关系到全国政局的安定。当时，秦府将领中有些人主张乘胜杀尽李建成、李元吉的党羽，并抄没其家；许多人还四处搜寻宫府集团的成员及兵将，争相捕杀邀功。这使得宫府集团的人惶惶不能自安。在这一事件中立有大功的尉迟敬德头脑比较清醒，极力反对这样做，他对李世民说："建成、元吉二位元凶，既已伏诛，若再罪及余党，杀人太多，就不利于天下安定了。"李世民也及时地认识到这一问题的严重性，决定采用明智的安抚政策，来消除宫府集团余党的对抗情绪。于是一面下令禁止秦府人员滥捕滥杀，一面以唐高祖的名义下诏大赦天下，说"凶逆之罪"，只在李建成、李元吉两人而已，其余党羽，一概不加追究。赦令一公布，果然奏效。曾率领宫府卫兵进攻玄武门的冯立、谢叔方等人逃亡在外，听到赦文，第二天即出来自首。薛万彻开始时不敢出来自首，李世民屡遣使"谕之"，以一片诚意解除了他的顾虑，也自动出来自首了。李世民公开提出，这些人为主子效命，都是忠义

之士，并当众释放了。冯立、谢叔方、薛万彻等人也马上表示愿为李世民效忠，散亡在长安附近的宫府兵将，有些人放下武器，自动向朝廷投诚，有些人则销声匿迹，不再参于活动了。长安附近的隐患迅速地消除了。接着，李世民又集中力量对付庐江王李瑗和罗艺。

李瑗是唐高祖堂兄之子，和李世民是同辈兄弟，以宗室在武德元年（公元618年）被封为庐江王，任信州总管。武德九年（公元626年），累迁至幽州大都督，与李建成结成死党，企图在北方策应建成。由于李瑗性格软弱，唐廷中央又派右领军将军王君廓辅助兵事。王君廓参加过农民起义军，"勇力绝人"，李瑗为了依仗他，结以婚姻，把他作为自己的心腹。李建成被杀后，李世民遣通事舍人崔敦礼召李瑗入朝，李瑗心虚，害怕进京后难以自保，因此在王君廓别有用心的支持下，将朝廷派来的使者崔敦礼囚禁起来。李瑗想找燕州刺史王诜商议如何行动的问题。这时，兵曹参军王利涉对李瑗说："大王不奉诏进京而擅自发兵，此为反矣。诸州刺史都是朝廷命官，未必都肯听从，万一征兵不集，何以保全？"李瑗听了觉得有理，便问该怎么办，王利涉回答说："山东豪酋过去都是窦建德的伪官，现在被废黜，因此人心思乱，若旱苗之望雨。大王宜派使恢复他们的原有官职，让他们在其本地统兵，诸州如有不从，即加以诛戮。此计得行，河北之地便可呼吸而定。然后派王诜北连突厥，自太原南临蒲、绛；大王则整驾亲征洛阳，西入潼关。两军合势，不出三个月，天下可定。"王利涉对山东形势的分析有一定道理，李瑗欣然采纳了他的建议，准备依计而行。可是由谁挂帅统领大军呢？王利涉建议李瑗除掉王君廓，将兵权交给王诜，因为王君廓曾随李世民东征作战，颇受庞信，加上其为人"多反复""素险薄"，所以不可信任。对此，李瑗一时为难，犹豫不决。不料消息被王君廓探知，他当机立断，抢先下手将王诜杀死，并当众宣布说："李瑗与王诜扣留朝廷使者，擅自发兵，图谋反叛，今王诜已被

斩，李瑗个人没什么能耐，你们要是跟他干，难逃兵败族灭的下场。何去何从，好生选择。"部众听了皆愿跟王君廓讨伐李瑗。这时，李瑗还蒙在鼓里，不知事有变化，及至王君廓率领一千多人从狱中放出使者崔敦礼，李瑗才如梦初醒，匆匆纠集数百名兵士披甲执锐，冲出门外，刚好与王君廓军遭遇。王君廓大声对李瑗部众说："李瑗作逆误人，你们为何要盲目相从自取涂炭！"李瑗兵卒听到王君廓的话，纷纷倒戈溃散，李瑗众叛亲离，孤立无援，当即被王君廓杀死。庐江王的谋叛就这样结束了。

李建成的另一亲信罗艺，原是隋朝旧臣，趁隋末大乱据幽州起兵，自称幽州总管，武德三年（公元620年）归唐，封为燕王，赐姓李氏。罗艺本是位"勇于攻战，善射，能弄稍"的武将，然"性桀黠，刚愎不仁""任气纵暴"，十分凶暴。李世民东征刘黑闼时，罗艺曾率领部众数万从战，颇有战功。第二年复将兵随李建成镇压刘黑闼，被李建成拉拢，结成死党。经李建成推荐入朝，拜为左翊卫大将军。罗艺倚势跋扈，与秦王府做对，李世民手下的人跑到他的营地，他竟无故殴击。后被唐高祖调出京师，以本官领天节将军镇泾州。李世民即位后，为了稳住罗艺，任命他为开府仪同三司。可是罗艺仍不能安，于是诈言检阅武装会集各路诸军，到时又假称奉朝廷密诏麾兵入朝，率众军离开泾州赴豳州。豳州守臣赵慈皓不知罗艺谋反，出城拜谒，罗艺乘势开入豳州。唐太宗闻报即命吏部尚书长孙无忌、右武候大将军尉迟敬德率众讨伐。讨伐大军还未到达，赵慈皓与统军杨岌合谋准备赶走罗艺。罗艺察觉，即将赵慈皓关入狱中，在城外的杨岌立即率兵进攻罗艺，罗艺大败，抛下妻子儿女，急急忙忙带领数百骑逃往突厥。行至宁州界，过乌氏驿，随从的几百人逐渐逃散，罗艺自己被左右的人杀死，传首京师，罗艺的叛乱就这样迅速被平定了。

李瑗、罗艺之流贸然举兵叛乱，最后都由于内部瓦解、部众倒戈而兵败身亡，这就从一个侧面反映了李世民安抚政策的成功。至此，宫府集团

李世民像

残余的武装力量全被清除了。

宫府集团中有许多谋士，如魏徵、王珪、韦挺等人，都是非常具有才干的有识之士，并且都为李建成、李元吉出谋献策加害李世民，所以李世民对他们不能不有所忌恨。玄武门之变后，李世民先把魏徵找来，一见面就责问道："你为何要离间我们兄弟？"当时在场的大臣以为李世民宿怨未释，要趁机杀魏徵，暗中都为之捏一把汗。但是魏徵正确分析了形势和李世民的态度，所以也不避锋芒，从容答道：太子要是早先听魏徵的话，也不会有今日之祸了。果然，李世民听了之后不仅不生气，相反对魏徵很器重，马上"改容礼之"，并立即任命他为詹事府主簿。同时又把正流放在鄜州的王珪、韦挺召回，与魏徵同任谏议大夫。

魏徵、王珪等的被重用，为医治玄武门事变的后遗症，起了良好的作用。当时赦免官府集团余党的诏令公布后虽曾收到一些效果，但事隔一月，仍不时有"徼幸者争告捕以邀赏"，使得一大部分宫府集团的余党，虽经赦免，仍不能安心。王珪向李世民报告，建议采取有力措施解决这一问题，李世民接受了这一意见，立即下诏宣布："六月四日已前事连东宫及齐王，十七日前连李瑗者，并不得相告，违者反坐。"诏令一下，就及时制止了告捕宫府余党的这股风。但山东地区的宫府余党还十分不安，魏徵对李世民说：如果不以公心告示天下，恐怕祸不可解。李世民当即委派魏徵为特使宣慰山东，"听以便宜行事"，给了他很大的处理权力。魏徵等人来到磁州，遇到原太子千牛李志安、齐王护军李思行，正被枷锁押赴京师。原来地方的州县官吏已将宫府余党抓了起来。魏徵见此情况，对副使李桐客说："我们受命离京的时候，前东宫、齐府左右，都已被赦免，今又押送李思行等，谁还相信朝廷的政令？我们做特使不能徒有虚名，见错不纠，否则失却信义，岂不差之毫厘，谬之千里。于朝廷有利的事，理当知无不为，宁可个人担风险，不可误了国家大计。何况这次出巡，已被许以便宜从事，主上既以国士相待，我怎可不以国士相报呢！"当场下令将李志安、李思行释放。这件事，魏徵确实担了很大风险。一来李志安、李思行是李建成、李元吉的亲信，可以说是要犯；二来魏徵毕竟是一个降臣。像这种大事，先行决定然后上奏会不会引起太宗的疑心呢？但是，魏徵出使完毕回到京师，将此事面奏时，李世民非但毫无责怪之意，而且十分高兴。因为魏徵的这种做法正是贯彻李世民政策的表现。

李世民之所以如此宽免、重用魏徵等人，除了为安抚宫府集团残余势力外，还有更重要的原因，那就是为了招抚山东豪杰之士。

隋末唐初的所谓山东豪杰，其代表人物或是豪强地主，或是农民军领袖，而其下层群众则大多是铤而走险的流亡农民，他们具有很强的战斗力，因而往往是当时各派政治势力在角逐中的争夺对象。在反隋斗争中，他们形成了三支强大的农民起义武装，即山东、河北地区的窦建德，河南地区的翟让、李密，江淮地区的杜伏威、辅公柘。河南、江淮两支起义力量先后被唐镇压或者招抚，基本上被唐朝所控制。瓦岗军的大部分将领，如徐世勣、秦叔宝、程知节、张亮等人后来都成了秦府集团的骨干，张亮曾受李世民密令在洛阳"阴引山东豪杰"，扩充自己的势力。

窦建德农民军的情况比较复杂。他们在隋灭亡以后，一直是同唐争夺天下的强大武装力量。他们不像李密、徐世勣等人那样归附唐王朝，而是在同唐军交战以后战败被镇压下去了。窦建德被俘送到京师惨遭杀害，河

北地区窦建德旧部遭到追捕残害，这突出地反映了李渊父子的地主阶级立场，也鲜明地说明李氏集团对这支农民武装深怀恐惧和忌恨。这可以从李渊父子的一段对话得到证明。《资治通鉴》考异引《太宗实录》载：刘黑闼第二次起兵，李渊责怪李世民说，以前破刘黑闼，我叫你尽杀其党，使山东没有余党，你不听我的话，至有今日。及李建成平刘黑闼，李渊准备再遣唐俭前往。令男子十五岁以上都坑杀之，小弱及妇女全部驱入关中。这表明李渊对河北地区"山东豪杰"一直坚持残酷的镇压政策，而李世民在平窦建德和刘黑闼时，其实也执行了这一政策。这不仅激化了唐王朝同河北地区的"山东豪杰"势力的矛盾，也使李世民割断了同这一势力的联系。而这一矛盾，在很大程度上反映出唐王朝地主阶级统治集团与河北地区农民阶级的矛盾。窦建德在河北地区建立"大夏"政权时，封过一大批农民出身的首领或豪强为地方官吏，推行了一系列对农民有利的改革措施，在当地有着深厚的群众基础。窦建德死后几十年，山东、河北人民群众中仍对其人其事津津乐道，并为其立庙祭祀。文宗大和三年（公元829年）魏州书佐殷侔路过窦建德庙，见父老群祭，恭敬虔诚，场面颇大，"夏王"的称呼不绝于口。由于唐王朝对窦建德旧部采取镇压政策，激起河北群众屡屡起兵反抗。李建成出兵平定刘黑闼时，曾接受魏徵的意见，对河北地区辅以安抚的手段，取得了一定的效果，并因此与河北地区的势力建立了一定的联系，成为同李世民抗争的一支力量。庐江王李瑗发动叛乱时，也想利用这股势力，幸而兵未起而即败，否则，河北地区的局面必然会复杂起来。

所有这一切，使李世民深深感到，要消除河北地区的隐患，取得人民群众的支持，最根本的办法是进行安抚，能够胜任这一使命的只有魏徵，以后的事实也表明魏徵没有辜负李世民的期望，在他的努力安抚下，河北的局势一直比较稳定。

　　武德九年（公元626年）八月初九，李世民正式即位于显德殿，开始亲自执政。他遇到的第一个大问题便是如何对待和使用武德时期的宰相集团。这个集团是唐高祖统治的中枢，他们协助唐高祖进行最高的决策，并将其施政方针推行到全国。李世民亲政以后，要实施自己的政策，完全依靠这样的一个集团是不行的，因此，他必须对这个集团进行调整和改造，逐步建立起以他为中心的核心集团。

　　调整中枢核心集团不是一蹴而就的事情。因为玄武门之变刚刚结束，一些不稳定的因素也刚刚平息，如果对唐高祖的集团进行大规模的调整，恐怕又会引起政局的动荡，因而必须采取逐步解决的方法。

　　李世民被立为皇太子后，他已敏锐地意识到中枢机构的重要，李世民命宇文士及为太子詹事，长孙无忌、杜如晦为左庶子，高士廉、房玄龄为右庶子，尉迟敬德为左卫率，程知节为右卫率，虞世南为中舍人，褚亮为舍人，姚思廉为洗马，并引魏徵为詹事主簿。这样就形成了一套东宫官属。这套官属以原来秦王府属为主干，也起用了原宫府集团的人物，如魏徵。当时，唐高祖已经下诏："自今军国庶事，无大小悉委太子处决。"也就是说李世民已经掌握了军国大政的实际权力，那么东宫官属实际上就成了李世民处理军国政务的决策集团。这个班子也已经具备了贞观年间中枢核心集团的雏形。同时，组成这个班子也就成为李世民整顿和改造唐高祖中枢核心集团的第一步。

　　身为太子的李世民于七月初加紧了对中枢机构人员的调整，七月初六以太子左庶子高士廉为侍中，右庶子房玄龄为中书令，尚书右仆射萧瑀为尚书左仆射，太子左庶子长孙无忌为吏部尚书，右庶子杜如晦为兵部尚书，罢免杨恭仁相位。七月初七又以太子詹事宇文士及为中书令，封德彝为尚书右仆射。裴寂仍为尚书左仆射加司空。陈叔达仍为侍中。裴矩于武德七年（624年）检校侍中，但在武德八年（公元625年）十一月即被罢相

职，时为民部尚书。这次中枢机构人员的调整，主要是充实了东宫官属的高士廉、房玄龄担任宰相之职。长孙无忌、杜如晦虽未进入宰相班子，但却掌握了尚书省中重要的吏部和兵部的权力，为他们进入最高决策层打下基础。调整过的中枢班子是由原秦府旧属和武德时期的宰相构成的。武德时期的旧臣如裴寂等虽未被罢职，但其权力实际大部分已被削夺。而新补充的人员的特点是年轻有朝气，勇于创新，勇于进取。他们进入最高决策层，就为决策准确、迅速创造了条件。更重要的是他们能以李世民为权力中心，把李世民的思想迅速地转化为政令，贯彻到全国。此外，李世民又提升杜淹为御史大夫，出任监察官吏；任用魏徵、王珪、韦挺等人为谏议大夫，出任谏官，置于左右，以备顾问。这次对中枢机构人员的调整，是李世民整顿唐高祖中枢核心集团的第二步。

第三步是罢裴寂。唐高祖时期的宰臣中最受重用的是裴寂。裴寂，蒲州桑泉人。唐高祖曾盛称裴寂家世是"世胄名家，历职清显"。然而据新、旧《唐书》本传所载，其家世自南北朝以来，只有其祖为后周司木大夫，父任绛州刺史之职。裴寂少时失诂，家道衰败，以致"家贫无以自业"。大业年中，历侍御史、驾部承务郎、晋阳宫副监等职务。当时李渊为太原留守，两人关系密切。裴寂参与了太原起兵的密谋，拥有"佐命之勋"，所以在武德时期，尊贵无比。但是，李世民与裴寂却有积怨。其一，是在刘文静事件上发生过严重分歧。刘文静也是太原起兵的功臣，与李世民关系极为密切。最初刘文静与裴寂也为至交。文静"有器干，倜傥多权略"，后来遭裴寂的妒忌。刘文静也自以才能见识在裴寂之上，又屡有军功，而位居裴寂之下，心中不平。朝廷议事，"寂有所是，文静必非之"，于是二人矛盾公开化。刘文静曾与其弟酬宴，"出言怨望"，并拔刀击柱说："必当斩裴寂耳！""怨望"之言被告到朝廷，唐高祖派裴寂、萧瑀进行审讯，刘文静承认不服裴寂，因醉口出怨言。唐高祖对刘文静向来疏忌之，便以此断定："文静此言，反明白矣。"李纲、萧瑀认为非反，李世民也出来佑护文静，而裴寂则对李渊说："文静才略，实冠时人，性复粗险，忿不思难，言悖逆，其状已彰。当今天下未定，外有勍敌，今若赦之，必贻后患。"唐高祖昕了裴寂的话，遂杀刘文静以及其弟刘文起，并籍没其家。李世民一直对这件事耿耿于怀，直到贞观三年（公元629年），李世民才得以为刘文静昭雪。其二，在李世民与李建成争夺皇位的激烈斗争中，裴寂站在李建成一边，支持李建成，这是矛盾的焦点。其三，李世民在治理国家上与裴寂的政策不同。李世民曾斥责过他，说："武德之时，政刑纰缪，官方驰紊，职公之由。"当然，这不仅是对裴寂在武德时期的政绩的否定，实际上也是对唐高祖政治的否定。由于以上种种原因，李世民决定罢除裴寂的宰相职务。

李世民在处理裴寂的问题时，采取了比较和缓的手段，表面对裴寂还比较尊重。武德九年（公元626）年十月，加食实封一千五百户，在所有功臣中位居第一。但却剥夺了裴寂参与朝政的实权。贞观三年（公元629年）正月发生了沙门法琳事件。兵部尚书杜如晦推断这一案件，"法琳怨望，出妖言"，并牵连到裴寂，于是"坐是免官，削食邑之半放归本邑"。裴寂请求留住京师，李世民斥责他说："计公勋庸，不至于此，徒以恩泽，特居第一。"于是他被赶出京城回到家乡蒲州。不久有狂人言说："裴公有天分。"裴寂惶惧，不敢奏明唐太宗，却派人杀人以灭口。李世民知道后大怒，并对大臣宣布裴寂犯有死罪四条：第一，"位为三公而与妖人法琳亲密"；第二，"事发之后，乃负气愤怒，称国家有天下，是我所谋"；第三，"妖人言其有天分，匿而不奏"；第四，"阴行杀戮以灭口"。李世民据此说："我杀之非无辞矣。"但最后仍对他做了宽大处理，流放他到静州。

李世民一方面罢裴寂宰相之职，另一方面于二月拜中书令房书龄为

尚书左仆射，兵部尚书、检校侍中杜如晦为尚书右仆射，刑部尚书、检校中书为李靖为兵部尚书，尚书右丞魏徵，守秘书监，参与朝政。经过几年的努力，唐太宗基本上完成了对中枢机构人员的调整，形成了以房、杜二人为中心的宰相班子。房玄龄"任总百司，虔恭夙夜，尽心竭节，不欲一物所失"。杜如晦与房玄龄"共掌朝政，至于台阁规模及典章文物，皆二人所定，甚获当代之誉，谈良相者，至今称房、杜焉"。房、杜二人都是命世之才，二人协手，共掌朝政，"房知杜之能断大事，杜知房之善建嘉谋"，又恰逢识人善任的唐太宗，以至于"谋猷允协"。杜如晦于贞观四年（公元630年）三月卒，宰臣班子也发生了变化，但房、杜开创的的规模及其精神却保留了下来。如贞观四年（公元630年）宰相班子由房玄龄、魏徵、李靖、温彦博、王珪、戴胄、侯君集等人组成。这些人均是当世人杰。在一次宴会上，王珪曾对以上人物做过"品评"，他认为房玄龄"孜孜奉国，知无不为"；李靖"才兼文武，出将入相"；温彦博"敷奏详明，出纳惟允"；戴胄"处繁治剧，众务毕举"；魏徵则"耻君不及尧舜，以谏诤为己任"；王珪对自己的评价是："激浊扬清，嫉恶好善。"这些人团结协作，恪尽职守。由于他们都曾经历过隋末的斗争，目睹了隋灭亡的过程，因此，他们在政治上敢于革故鼎新。也正是由于贞观君臣的努力，才开创了贞观之治的崭新局面。

在贞观时期李渊的宰相仍参与政事的还有萧瑀、陈叔达、宇文士及、封德彝。封德彝已于贞观元年（公元627年）病死。且于贞观十七年（公元643年）他"潜持两端，阴附建成"的事被揭发出来，死后也遭到了惩罚。封德彝也未对贞观政治构成影响。萧瑀、陈叔达、宇文士及虽然也是武德时期的宰相，但他们却属于李世民一派。贞观时期李世民一直把他们视为德高望重的名臣，以礼相待。他们同房、杜相比，思想上守旧，缺乏进取精神，因此李世民就把他们从宰相职位上调换下来。不过萧瑀时罢时

升。如武德九年（公元626年）七月，迁尚书左仆射，当时房玄龄、杜如晦新用事，萧瑀与他们发生矛盾，房玄龄、杜如晦是李世民依靠的主要人物，因而李世民支持房、杜而罢去了萧瑀的相职。但不久，又“复为尚书左仆射”。不久，又因同陈叔达在殿廷上“忿诤，声色甚厉”，萧瑀、叔达皆因不敬，免官。贞观元年（公元627年）六月“复以太子少师萧瑀为左仆射”。是年十二月，“左仆射萧瑀坐事免”。贞观九年（公元635年）“拜特进，复令参预政事”。十七年“拜瑀太子太保，仍知政事”，“仍同中书门下”。也就是在这一年，萧瑀与长孙无忌等二十四人并图形凌烟阁，他在政治上的地位一直是比较高的。萧瑀同房玄龄等人有矛盾，“玄龄、魏徵、温彦博尝有微过，瑀劾之，而罪竟不问，因此自失”。萧瑀曾指出：房玄龄等人结党营私，不是专心为皇上办事。尽管房玄龄等人犯有过失，然而李世民支持房玄龄等人的态度不变。为此，李世民曾对萧瑀说：“为人君者，驱驾英材，推心待士，公言不亦甚乎，何至如此！”还说：“知臣莫若君，夫人不可求备，自当舍其短而用其长。”因而也使李世民“积久冲之，终以瑀忠贞居多而未废也”。

李世民对中枢机构人员进行调整之后，贞观时期的宰相构成与武德时期相比发生了很大的变化。李渊的门阀观念较强，他曾对裴寂说：“我李氏昔在陇西，富有龟玉，降及祖祢，婚娅帝室。及举义兵，四海云集，才涉数月，升为天子。至如前代皇王，多长微贱，劬劳行阵，下不聊生。公复世胄名家，历职清显，岂若萧何、曹参起自刀笔吏也！唯我与公，千载之后，无媿前修矣。”李渊看不起布衣皇帝和大臣，为自己出身门阀而得意。因而，李渊中枢班子里的人，基本上都出身世族门阀。如裴寂、裴矩、萧瑀、封德彝、杨恭仁、陈叔达、窦威、窦抗、宇文士及等都是世族出身，只有刘文静一人出身庶族。李世民虽然也有门阀观念，但因为在青少年时期便了解民间疾苦，又经历过长期的战乱，他熟悉下层社会并善于

与各种人物交往，于是在他周围便聚集了一大批各个阶层的人才。这些杰出人才，既有世族出身的也有庶族出身的。如房玄龄、魏徵等为庶族出身，长孙无忌、杜如晦等为世族出身。他所营造的这样一个中枢集团，能够广泛地团结地主阶级各个阶层，从而也扩大了统治基础。

唐朝建立之后，其政治制度基本上是沿袭隋制。所谓"唐承隋制"，并非停留在隋制之上，没有发展演变，而是在隋制的基础之上，使其各项制度更趋完善。这种改革在武德年间已经开始，但因当时正在进行统一战争，改革速度比较缓慢。贞观时期，由于李世民采取了一系列积极措施，这种改革便加快了速度，特别是在中央和地方的机构改革方面，加强了中央集权制度，改善了国家机器的职能，提高了行政效率，也巩固了国家的统一。

# 太平盛世

唐王朝的统一战争结束于武德七年（公元624年）。在这一期间，唐统治者还无暇顾及恢复经济、发展生产。因此唐太宗即位时，全国经济仍凋蔽不堪，各地灾害仍频，社会矛盾尚未缓和，民心还不十分安定。如何治理这个国家，医治战争创伤，成为迫切需要解决的问题。唐太宗出生在隋朝的盛世，又经历了隋末的动乱和隋王朝的灭亡，特别是隋亡，在他心里留有深刻的影响。因此他在做皇帝之后，十分重视隋二世而亡和隋末农民战争的经验教训。这件事成为影响唐太宗统治政策的十分重要的因素。

以"隋为鉴"是贞观年间唐太宗与近臣们不绝于口的话题。隋王朝本是一个十分强盛富庶的统一帝国，它储备的粮食可供五十年之用。隋炀帝即位时，"海内殷阜"，可是不到十三年，便分崩离析，短命而亡，原因是什么呢？用唐太宗自己的话来说，一是由于隋炀帝"广治宫室，以肆行幸"，所造离宫别馆，自长安至洛阳，乃至并州、涿郡，"相望道次，遍布各地"。二是"美女珍玩，征求无已"。唐军初平长安，李世民见隋宫中"美女珍玩，无院不满"，可见隋炀帝贪心不足，欲壑难填。三是"东西征讨，穷兵黩武"。总之隋炀帝依仗自己富强，不顾后患，徭役不断，干戈不停，使百姓无法生活，激起反抗，终至"身戮国灭"，为天下所笑。这一切都是唐太宗"耳所闻，目所见"的亲身经历，因此不能不使他"深以自戒"。从隋亡的教训中，唐太宗深刻地认识到，封建王朝的气数长短，虽然取决于天命，然而"福善祸淫，亦由人事"，也就是说，王朝的兴衰还要取决于国君的好坏。也许是自己为唐二世皇帝的缘故，唐太宗对与隋亡有相同特点的秦亡的历史也十分感兴趣，认为秦虽"平六国，据有四海"，但"恣其奢淫，好行刑罚"，结果也是"二世而灭"。他因此得出结论说："为善者福祚延长，为恶者降年不永。"

从隋灭亡的教训出发，唐太宗及其大臣们又进一步认识了广大农民群众的威力。尤其是唐太宗年轻时在民间生活的时间较长，许多大臣参与或经历了隋末农民大起义，对民间的疾苦有真切的了解，这就使得唐太宗君臣对人民群众与国家的利害关系，有可能达到比较客观认识的程度。如唐太宗说："可爱非君，可畏非民。天子者，有道则人推为主，无道则人弃而不用。诚可畏也。"魏徵也向唐太宗指出："君，舟也；人，水也。水能载舟，亦能覆舟。"这表明，唐太宗君臣对人民群众的作用有相当进步的认识。这是隋末农民大起义给地主阶级的严重打击所产生的结果。

贞观初年，唐太宗与大臣们一再讨论所谓"君道"的问题，其实质

就是解决如何调解统治者与农民百姓间的矛盾，即地主阶级与农民阶级的矛盾。唐太宗对侍臣说："君依于国，国依于民。刻民以奉君，犹割肉以充腹，腹饱而身毙，君富而国亡。故人君之患，不自外来，常由身出。夫（贪）欲盛则费广，费广则赋重，赋重则民愁，民愁则国危，国危则君丧矣。"又说："夫治国犹如栽树，本根不摇，则枝叶茂荣。"因此，他明确指出："为君之道，必须先存百姓，……若安天下，必先正其身。"所谓"存百姓"，就是必须让百姓能够安居乐业，起码能够生存下去，只有这样才能保住自己的统治。这就是"民为邦本，本固国宁"。而所谓"正其身"，就是君主必须"抑情损欲，克己自励"，克制过分的奢侈欲望，不因自己的一时冲动，而损害农时，折腾百姓。

唐代贵妇像

在总结历史教训的过程中，唐太宗君臣之间，逐步形成了"清静无为"的统治思想。唐太宗一再说自己："不敢轻用民力，惟令百姓安静，不有怨叛。""夙夜孜孜，惟欲清静，使天下无事。""不失（农）时者，在人君简静乃可致耳。"魏徵和王珪等大臣也支持唐太宗实行"清静无为"的统治政策，提出，"静之则安，动之则乱"，"无为而化矣"，"帝王为政，皆志尚清静，以百姓之心为心"。

唐太宗的"清静无为"政策，概括起来有三个方面的内容。一是偃武修文；二是戒奢从简；三是轻徭薄赋，恢复经济。

偃武修文，就是及时结束战事，实行文治，使当政者的注意力及时从军事斗争转移到治理国家方面来。战争本身必须用军事手段解

决，战争的创伤则不能依靠军事手段来治疗了。唐太宗之所以得天下，主要凭借赫赫武功，"少从戎旅，不暇读书"，因此这个转变对于他来说就更为重要了。

唐太宗分析唐以前建立新王朝的"拨乱之主"，除东汉光武帝三十三岁以外，其他的都"年逾四十"。而他本人呢，"十八便举兵，年二十四定天下，年二十九升为天子"，因此，感到自己的经验不够。为了弥补这一缺陷，除了向大臣请教以外，每天罢朝归来，就安排一些时间读书。他读书的劲头很足，常常是通宵达旦，手不释卷。"崇文时驻步，东观还停辇，辍膳玩三坟，晖灯搜五典"，这些是唐太宗读书情景的自述。吃罢晚饭便进书房，而一捧起书，一天的劳累都可忘得干干净净。读到兴头处，还挥毫赋诗，畅叙心得，他读的主要是史书，认为"以古为镜，可以知兴替"，因而特别重视历代兴亡盛衰的历史。他曾下令房玄龄、魏徵等主持修纂《周书》《北齐书》《梁书》《陈书》和《隋书》。当这些史书修纂完成时，唐太宗十分高兴地说：朕观前代史书，彰善祛恶，足为后世鉴戒。秦始皇奢淫无度，志存隐恶，焚书坑儒，以封学者之口。而隋炀帝表面上虽好文儒，实际上却歧视学者。所以也不好好为前世修史。致使数代史书，几将泯绝。我跟他们不同，要以前王之得失，为后身之龟镜。

同时，唐太宗还十分重视发挥熟悉经史官员的作用。北魏以来，开国君主多为武将出身，朝廷内武官地位也较高。唐太宗以军事起家，贞观初年也是武官多而文官少。王珪针对当时的情况向唐太宗进言道：汉家宰相，无不精通一经，而近代重武轻儒，朝廷所任用大臣，极少经术之士，儒行既亏，风气也就越来越坏。唐太宗"深然其言"，颇为重视他的意见。自此之后，便积极提拔"学业优长，兼识政体"的官员，引置左右，"每机务之隙，引之谈论，共观经史"，"鉴前代成败事"，成为唐太宗

终身奉行的三件大事之一，也成为贞观时期大臣中的一种良好风气。

总之，偃武修文的思想，在唐太宗头脑中已占有很重要的地位，这在他的诗作中，不时有所反映。"如戢武耀七德，升文辉九功。烟波澄旧碧，尘火息前红。霜野韬莲剑，关城罢月弓。"有一次唐太宗大宴群臣，席间奏起《秦王破阵乐》。这是唐太宗破刘武周时，军中流行的一首军乐。唐太宗听了虽很自得，但还是觉得这军乐"非文德之雍容"。封德彝在一旁奉承道："陛下以神武平海内，岂文德之足比。"唐太宗当即回答："戡乱以武，守成以文，文武之用，各随其时，卿谓文不及武，斯言过矣。"封德彝讨了个没趣，十分难堪。这说明唐太宗早已对"偃武修文"的政策有所清醒的认识。这首《破陈乐》，后来编成《七德舞》。唐太宗又亲为填"功成庆善乐舞辞"，编成《九功舞》，以象征"文德"，每逢宴会，与《七德舞》一起奏演。魏徵为要劝谏唐太宗偃武修文，每逢演《七德舞》，便"不视"，而当演《九功舞》时，才认真观看。可见魏徵等大臣在促进唐太宗推行这一政策中，是起过不少作用的。

为能减轻人民的负担，唐太宗比较注意"戒奢从简"，节制自己的享受欲望。

唐太宗即位后，住的宫殿还是隋朝建造的，大都已破旧。按照以往的习惯，新王朝的君主都要大兴土木，修建新的宫殿，至少也要将旧宫殿修复装饰一番。唐太宗目睹隋亡的事实，每一想起，便"不敢纵逸"，在贞观初年一直不许修作。他患有"气疾"，所住宫殿怕湿夏暑秋凉，易引起旧病复发。贞观二年（公元628年），有人奏请"营一阁以居之"。唐太宗说："朕有气疾，确不宜居潮湿之官。可要是破土兴工新建，必然靡费良多。昔汉文帝将起露台，因惜十家之产而罢。朕功德不及汉帝，而所费过之，岂为人父母之道也。臣下固请再三，仍不许。"为了减省宫费，唐太宗还下令放出宫女三千人。贞观四年（公元630年），社会经济稍有

好转，唐太宗打算东巡洛阳，便下令修复乾元殿，以供"行幸"之用。张玄素竭力劝阻，言辞激切。他提出当前经济凋蔽尚未完全复原，若急于修饰乾元殿，"役疮痍之人，费亿万之功"，其做法比隋炀帝还要残暴。开始，唐太宗听到这些话颇不舒服，但一提到隋亡的教训，也就极力克制自己，下令"所有作役，宜即停之"。在群臣的谏阻下，贞观初年，唐太宗基本上没有大事兴修土木工程。不仅如此，当洛阳遭大水，百姓房屋被冲毁时，唐太宗还下令拆掉洛阳的一些宫殿，将木材分给居民供修房之用，而洛阳宫被大水冲坏的，只令"少加修缮"，并"废明德宫及飞山宫之玄圃院，给遭水者"。

自隋以来，勋戚之家，盛行厚葬，"以高坟为行孝，遂使衣衾棺椁，极雕刻之华，穷金玉之饰"，浪费极大。唐太宗下令严加制止，要州府县地方官"明加检察，随状科罪"。并命"在京五品以上及勋戚家"，遵照执行。后来他仿汉代"豫作山陵"，事先安排自己的陵寝，并亲自制定规格，"因山为陵，容棺而已"，以免死后，子孙"仓卒劳费"，另外，他又下令："自王公以下下，第宅、车服、婚嫁、丧葬"，超越制度者，"宜一切禁断"，制止贵族官僚们的过度奢侈。有一年，工部尚书段纶带了一位巧匠杨思齐进宫，欲制造傀儡戏道具，以讨好太宗。不料唐太宗不仅未给奖赏，而且还将他训了一顿，免去了段纶的官爵。对地方官吏进贡的珍奇宝物，唐太宗也下令禁止，以防扰害百姓。

由于唐太宗比较注意克制个人的生活欲望，同时也以此要求王公大臣，因此在贞观初年崇尚节俭的大臣也不少，如户部尚书戴胄"居宅弊陋"，死时甚至"祭享无所"。温彦博任尚书右仆射，身为宰相，"家贫无正寝，及薨，殡于旁室"。著名的大臣魏徵也是"宅内先无正堂"，及患病，唐太宗前往看视时，才命朝廷为之营造。魏徵死时，交代家属以"布被素褥"埋葬了事。可见贞观君臣之中，崇尚节俭已初步

形成了一种风气。

唐太宗还经常派使臣到各地巡行视察，劝课农桑，向使臣讲述劝农的意义，指出"国以人为本，人以食为命，若禾谷不登，恐由朕不躬亲所致也"。他还要求劝农的使臣到达各州县时，不要讲排场，走形式，要讲求实效，不许名为劝农而实则增加农民的负担。有的地方官员为贯彻唐太宗劝课农桑的方针，还采取惩戒怠惰，务使游民归于农耕的措施。贞观二年（公元628年），窦轨出任洛州都督，"洛阳因隋末丧乱，人多浮伪。轨并遣务农，各令属县有游手怠惰者皆按之。由是人吏慑惮，风化整肃"。贞观十六年（公元642年），唐太宗曾对侍臣说："今省徭赋，不夺其时，使比屋之人，恣其耕稼。"

为落实劝课农桑，唐太宗强调"不违农时"的重要，认为"农时甚要，不可暂失"。据《贞观政要·务农》记载，有关官员上书说："皇太子将行冠礼，宜用二月为吉。"唐太宗认为二月正值春耕即将开始之时，担心此时为太子举行加冠典礼，"恐妨农事，今改用十月"。太子少保萧瑀上奏说，按照阴阳学家的理论，太子的典礼"用二月为胜"，唐太宗驳斥说："阴阳拘忌，朕所不行。若动静必依阴阳，不顾理义，欲求福韦占，其可得乎？若所行皆遵正道，自然常与吉会。且吉凶在人，岂假阴阳拘忌。农时甚要，不可暂失。"

太子的加冠典礼，可以说是大事，选择在吉时举行，也是理所当然。然而，当典礼与农时发生冲突时，唐太宗以"恐妨农时"为由，将冠礼"改用十月"，足见他对不违农时的重视。唐太宗喜好狩猎，但他即位后的狩猎活动，大都在十月至腊月进行，即农闲时期，基本上没有违背周代"三时务农而一时讲武"的古制。

唐太宗还用法律的手段来保证不违农时原则的落实。《唐律疏议·擅兴律》说："诸非法兴造及杂徭役，十庸以上坐赃论。"又说："非法兴

造，谓法令无文。虽则有文，非时兴造亦是。若作池亭宾馆之属及杂徭役，谓非时科唤丁夫，驱使十庸以上，坐赃论。""非时兴造"即指在农忙季节大兴土木或征发徭役。《擅兴律》以法律的手段来保障不违农时原则的落实，并规定如有地方官员敢于在春、夏、秋农忙季节擅自征发徭役十庸（折绢三十尺）以上者，按贪赃罪依法论处。对在农忙季节擅自征发徭役、强夺农时的官员依法论处，这在中国封建时代是前所未见的事，它体现了唐太宗对劝课农桑与不违农时的重视。唐承隋末丧乱和农民大起义，出现大片无主荒地，户口流散严重。这不仅关系着经济的复苏，也直接影响到朝廷赋役的征收。为了解决这一问题，唐初统治集团在过去的基础上继续推行均田制度。

唐太宗即位后，为加速经济恢复，积极促进均田制的施行，史载长孙顺德任泽州刺史时，追查前刺史张长贵、赵士达并占境内膏腴田数十顷，受劾而追夺，分给贫户。可见，唐太宗时期均田制不仅确实实行过，而且对阻碍均田的势力打击较有力度。因而均田不仅在关中，并且在关中以外的地区推行得也相当广泛。敦煌及吐鲁番出土的与均田制有关的文书，有力地证明唐代均田制并非空文。这些资料在时间上虽在唐太宗以后，但均田制在唐初已实行，后期资料的发现，证明均田制在唐初即已据北魏中期以来的均田制而继续推行。如大历四年（公元769年）沙州敦煌县户籍中所载索思礼，一户共三口，户主索思礼，六十五岁，属于"老男"户主，他有一系列勋官、职事官、散官的衔头，其衔头是"昭武校尉、前行右金吾卫灵州武略府别将、上柱国"。他的儿子索游鸾，属于"丁男"，衔头是"丹州通化府折冲"。思礼妻氾氏已故，游鸾子齐岳，十二岁，尚是"小口"。这一家的户等是"下中"，即八等户，家中无课口，属于"不课户"。户籍簿记载之所以如此详细，是因为它与均田制的收授事情有关。索思礼是"老男"当户，应受口分田四十亩；索游鸾是正丁，应受口

分田八十亩，共应受口分田一百二十亩。又，父子二人各应受永业田二十亩，合计四十亩。此外，索思礼七品散官，索游鸾四品职事官，各应受田三千亩，共六千亩。而他们实受多少呢？计口分田一百六十七亩，溢出了四十七亩之数。永业田四十亩，与应受数额相符。应受宅田三亩，也严格符合规定。另外"买田"十四亩，也不违背律令。其中只有勋田仅受了十九亩，尚欠五千九百八十一亩未受。均田制自唐初实施以来，发展到大历年间，实际情况是相当复杂的，均田登记籍账时，按这种官僚人家实际顷亩分派数字，有的数字分派得符合规定，有的就不能符合，因为已无田可授，只能根据实际情况能授多少就算多少。尽管授田数字不足，但通过这一户籍文书可以看到，均田制肯定是实行过的。

# 激流勇退

## 第七章

# 退位的思考

　　玄武门之变是李渊完全没有想到的事情。他作为父亲，爱他的儿子，尤其这几个儿子在创立大唐帝国的过程中都有所表现，做出了程度不同的贡献，这样他们和李渊之间不但有父子关系，还有特殊的君臣关系，这些儿子都可以算是大唐帝国的开国元勋，所以当儿子们发生争夺皇位继承权的斗争时，李渊总是尽量排解，甚至不惜把国家一分为二。然而他的努力完全没有用，在权力的引诱下，儿子们互不相让，终于以你死我活的拼杀来收尾。李渊不得不认真地观察他仅存的这个嫡子李世民，想看看把这个费尽心力夺来的江山交给他，是否会有遗憾。

　　李渊首先看到的就是残酷的仇杀，李建成的五个儿子，即安陆王李承道、河东王李承德、武安王李承训、汝南王李承明、钜鹿王李承义；李元吉的五个儿子，即梁郡王李承业、渔阳王李承鸾、普安王李承奖、江夏王李承裕、义阳王李承度，全部被李世民派去的军队杀死。这是李渊的十个孙子，但在这场你死我活的政治斗争中，作为皇帝的李渊完全无法营救。

　　李渊想更大规模的屠杀是不可避免了，他只有躲在皇宫里假装不知道。然而，他后来听到的却是一些他意想不到的消息，他发现即将接替他做皇帝的这个儿子，原来有着非凡的气度和能力。

　　就在玄武门之变的当天，李世民的部下在闯入太子东宫和齐王府尽诛李建成、李元吉的十个儿子的同时，又逮捕了李建成、李元吉的亲信一百

余人，他们向李世民建议将这一百余人全部诛杀，并且把他们的家人籍没为国家奴隶。尉迟敬德有不同意见，他对李世民说："罪在二凶，既伏其诛，若及支党，非所以求安也！"李世民立刻表示采纳尉迟敬德的建议，并且进宫请李渊签署一道"大赦天下"的诏令，宣布："凶逆之罪，止于建成、元吉，自余党与，一无所问。"这是使李渊既吃惊又赞许的决策。

听到赦令，曾经在玄武门前与秦王府甲士交锋的李建成、李元吉集团将领冯立和谢叔方出来自首。那位在玄武门前宣称要乘机攻打秦王府，弄得李世民部下大惊失色，差一点乱了阵脚的薛万彻，原是隋朝名将薛世雄的儿子，在幽州随罗艺归降唐朝，曾经随李世民进攻刘黑闼，表现出很强的作战能力。李建成为此重用薛万彻。在玄武门之变时，薛万彻在东宫、齐王府卫士群龙无首的情况下，成为攻打玄武门的实际指挥者。李建成、李元吉的人头挂出来了，他想再打下去已经毫无意义，所以说："既然已经杀死了敬君弘，算是对得起太子了。"然后率领数十骑躲进终南山中，听朝廷的消息。李世民怕薛万彻听不到赦令，特别派使者进山向薛万彻等人宣布李渊的最新赦令。薛万彻于是"释仗而来"，李世民亲自处理薛万彻、冯立、谢叔方等人，说："此皆忠于所事，义士也。"把他们全部释放，概不问罪。薛万彻等人感激不尽，后来为李世民立下许多战功。

李世民在请李渊赦免李建成、李元吉集团人员的同时，又请李渊下了另一道关于"僧、尼、道士、女冠并宜依旧"的诏令，这也出乎李渊意料。因为在李建成、李元吉集团与李世民集团的斗争中，佛教和道教为争取各自的政治地位而分化，以法琳为首的佛教徒支持李建成，以王远之为首的道教徒支持李世民，以至于佛道之争十分激烈。曾为道士的太史令傅奕在武德七年（公元624年）上疏，"请除去释教"。法琳为此写了《对傅奕废佛僧事》一文，由李建成奏呈李渊，维护佛教的地位。李渊在考虑了双方的意见后，在武德九年（公元626年）夏五月，也就是玄武门之变前一个月，以"京师寺观不甚清净"为名，下了一道对佛教并不有利的诏书。

这道诏令，几乎是在做当年北周武帝同样的禁佛工作，在那个佛教已经异军突起、蔚为大观的时代，必然引起社会动荡。李世民看到这个潜在的危险，不计佛教徒曾经支持李建成的前嫌，以政局稳定为重，停止李渊的错误决定，使李渊看到他在政治上的成熟。这当然是使李渊惊喜的行为。

李渊在武德九年（公元626年）六月初九，也就是目睹玄武门之变的第四天，在确信李世民不但不会大肆杀戮，而且可以把李建成、李元吉的部下收归已有后，他放心地宣布立李世民为皇太子，并且同时下了一道诏令："自今军国庶事，无大小悉委太子处决，然后闻奏。"这就是说，他已经放心地把全部权力交给了李世民。这是他在向朝臣暗示，他要准备退位了。

自古以来，皇帝肯自动退位者少而又少，李渊退位的动机是什么？这是需要分析研究的。首先自然是政治压力，李世民已经得势，做皇帝只是时间早晚的问题，虽然他对李渊仍然表现出孝顺姿态，但李渊亲眼见他杀死李建成、李元吉，以及他们的儿子们，不能不害怕。李世民大权在握，李渊的性命其实已经掌握在李世民手中，他的晚年能否安稳，也全看李世民的态度，为此，把皇帝位置让出来，应是聪明的做法。其次，李渊这时已经六十岁了，他进入长安做皇帝后，就有安度晚年的打算，对裴寂说过要"为太上"的话，而且经常游幸、打猎，看到李世民有能力管好自己打出来的这个江

唐代白胸舞马塑像

山，索性来个功成身退，享几年清福，也是老年人的自然心态。所以，从李渊把政权交给李世民开始，他就在考虑何时退位的问题了。

# 安享晚年

李渊把政权交给李世民，在没有离开皇帝宝座之前，还要考虑一下他的思想归宿问题。尽管李渊基本是以儒学原则来治理国家，但在他所处的时代，不能不受到宗教观念的巨大影响。尤其是自魏晋南北朝以来，胡族大量内迁，用中国传统的儒家思想不可能统一各族各阶层人们的认识。这样一来，胡族较为倾向的佛教和汉族较为倾向的道教就成为社会上普遍重视的两种信仰了。李渊生在这个时代，他是不可能超越这个历史阶段的。

李渊家族，本出身鲜卑族军户，于是与佛教有较多关系。李世民九岁时患重病，李渊时任隋朝的雍州刺史，特别到位于今天陕西户县城郊的草堂寺为李世民祈福。草堂寺是后秦姚兴执政时请西域高僧鸠哆罗什到长安讲经之所，由于鸠摩罗什讲经时注意适应听众的要求，"口称秦语，曲从方言"，结果大受欢迎，听讲者太多，以至于他讲经时当地"十室九空"。他圆寂后舍利留在草堂寺，于是在关中老百姓心目中，草堂寺是很灵验的佛寺。李渊了解到这些情况，所以才在李世民重病时到草堂寺来祈福消灾，并且在大海佛寺"为男敬造石碑像一铺"，《全唐文》卷三还收有李渊做此事时所写的《草堂寺为子祁疾疏》。

虽然李渊有拜佛的经历，但他始终没有成为皈依佛门的信徒，这与他在太原起兵后受道教徒的包围有关。就在李渊太原起兵的隋炀帝大业十三年（公元617年），关中道教徒所奉老子入关说经之所——周至终南山楼观台的道教宗师歧晖就预言"天道将改"，并且，告诉弟子："当有老君子孙治世，此后吾教火兴。"歧晖的说法自然有弟子去传播，所以李渊太原起兵向长安进发，兵阻霍邑时，有道上，打扮成白衣老父模样，来到李渊车门，说："八月雨止，路出霍邑东南，吾当济师。"这本来是关键，道教徒盼李渊入关中的表现，李渊却相信自己得到了佛道诸神的支持，为此进军入关中至华阴时，曾临佛寺祈福；当他再向前走，就遇到道教徒的欢迎。歧晖不但以楼观台的资粮供给李渊义军，还派观中道士八十余人去蒲津关迎接李渊。为此，李渊在建立唐朝的武德初年发布《禁正月五月九月屠宰诏》中说："释典微妙，净业始于慈悲。道教冲虚，去其残杀。"然而到了武德三年（公元620年），李世民在河东与刘武周、宋金刚交战时，遇一晋州道士吉善行，说在羊角山见白衣老父，对他说："为我语唐天子，吾为老君，吾汝祖也。今年平贼后，子孙享国千年。"李世民把这一奇遇报告李渊，李渊正为自己门第不高而发愁，得了这个捡来的门第，认为可以大做文章，亲率文武百官千余人到楼关台祭祀老子，召见歧晖等道士，声称："朕之远祖亲来降此，朕为社稷主，其可无兴建乎！"于是令改楼观台为"宗圣宫"，赐白米二百石，帛一千匹。从此，道教祖师老子成为李渊的远祖，唐朝皇帝都与道教结下不解之缘。李渊在武德八年（公元625年）将道教列为诸教之首，主要原因就是建唐时期的这一偶然相遇。

道教通过与李渊拉关系取得了优势地位，但是教义贫乏，炼丹、修行需要钱财，在传播力上不如佛教，以至于在李渊执政的武德年间，佛教的影响越来越大，佛寺广占土地，大量劳动力以进入佛寺为名逃避赋役，使

唐朝的财政开支遇到困难，这样就出现傅奕反佛事件。

傅奕原是道士，入朝做官后恢复儒学士人的面貌，从维护唐朝政权利益出发，在武德七年（公元624年）上疏反佛，如《旧唐书》卷七十九《傅奕传》载："佛在西域，言妖路远，汉译胡书，恣其假托。故使不忠不孝，削发而揖君亲；游手游食，易服以逃租赋。演其妖书，述其邪法，伪起三涂，谬张六道，恐吓愚夫，诈欺庸品。凡百黎庶，通识者稀，不察根源，信其矫诈。乃追既往之罪，虚规将来之福。布施一钱，希百倍之报；持斋一日，冀百日之粮。遂使愚迷，妄求功德，不惮科禁，轻犯宪章。其有造作恶逆，身坠刑网，方乃狱中礼佛，口颂佛经，昼夜忘疲，规免其罪。且生死寿夭，由于自然；刑德威福，关之人主。乃谓贫富贵贱，功业所招，而愚僧矫诈，皆云由佛。窃人主之权，擅造化之力，其为害政，良可悲矣！……况天下僧尼，数盈十万，翦刻缯彩，装束泥人，而为厌魅，迷惑万姓者乎！今之僧尼，请令匹配，即成十万余户，产育男女，十年长养，一纪教训，自然益国，可以足兵。四海免蚕食之殃，百姓知威福所在，则妖惑之风自革，淳朴之化还兴。"

傅奕的意思是要把僧尼变成生产者，减少国家的负担，增加收入，这对李渊刚统一天下的情况自然有好处，所以李渊把傅奕的建议交群臣讨论。然而佛教当时在人们心目中的地位是其他思想体系难以替代的，满朝文武中只有太仆卿张道源支持傅奕的意见，中书令萧瑀当即表态说："佛，圣人也。奕为此议，非圣人者无法，请置严刑。"傅奕立刻反驳，他说："礼本于事亲，终于奉上，此则忠孝之理著，臣子之行成。而佛逾城出家，背逃其父，以匹夫而抗天子，以继礼而背所亲。萧瑀非出于空桑，乃尊无父之教。臣闻非孝者无亲，其王禹之谓矣！"由于李渊实际支持傅奕的意见，萧瑀无奈，只好合掌说："地狱所设，正为是人。"

正当李渊想要推行打击佛教的政策时，李建成送来佛僧法琳写的《对

傅奕佛僧事》一文，这篇文章长达万言，以严密的逻辑，巨大的说服力，浩荡的气势令李渊折服。李渊发现佛教确实是社会各界已经接受的现实，用行政手段一定不能解决问题，于是改禁佛为限佛，这是他在处理政局时具有较大灵活性的一贯作风。李世民执政对佛教基本采取与李渊相似的政策，这说明父子二人在政权移交时有许多共同的思想认识，并不因佛教徒支持了李建成而改变既定方针。

李渊对道教采取了支持政策，武德八年（公元625年）他宣布"三教次序"：道教最先，儒教次之，佛教最后。为此，法琳特别写了《三教治道篇》，比较儒、佛、道三教的内容和作用。他认为："若事亲殉主，则以忠孝为初；远害全身，则以道德居始；利生救苦，则以慈悲统源。奉孝怀忠可以全家国，行道立德可以播身名；行慈运悲可以济群品。济群品则恩均六趣，播身名只荣被一门，全家国乃功包六合。故忠孝为训俗之教，道德为持身之术，慈悲盖育物之行，亦犹天有三光，鼎有三足，各称其德，并著其功。尊而奉之，可以致嘉佑也。"这是以让步策略为佛教存在提出理由，却符合李渊崇抑随时的治国方略。根据这样一种见解，李渊对道教只是支持而不迷信，尽管全国各地相继兴修老子庙，那也不过是宣传李渊和老子的亲缘关系，而非对道教的疯狂崇拜。李世民在与李建成争夺皇位继承权时得到道教徒支持，他在洛阳与王世充作战时与房玄龄一道访问道教上清派宗师王远之，王远之对李世民说："方作太平天子，愿自惜也。"尽管道教徒在政治斗争的形势判断上押宝成功，但李世民在玄武门之变后对道教仍然在很长一段时间内保持清醒头脑，说："神仙事虚妄，空有其名。"这样在他执政的贞观年间，道教虽然受尊敬，却不曾影响国家的大政方针，这又是李渊和李世民父子的思想共识之一。李世民在做了皇帝后能够提出偃武修文、以儒治国的基本国策，从李渊这里得到的启发是重要原因之一。

　　李渊在武德九年（公元626年）六月经历玄武门之变后被迫把政权交给了儿子李世民，同时立李世民为皇太子，确立了李世民继承皇帝之位的合法权利。他唯一保留的权力是李世民处理军国大事后要向李渊"闻奏"，换句话说是要告诉父亲一声。这个形式看起来有些多余，但却是李渊还在做皇帝的象征，不过这又给李渊带来许多烦恼和忐忑不安。

　　首先，皇帝的权力已经到了李世民手里，李渊从太原起兵到做上皇帝用了十个月的时间，最后剿灭群雄统一天下用了七到八年的时间，不等做太平天子又赶上突厥来犯，威胁长安；还有儿子们为争夺皇位继承权不断在皇宫内、朝廷上掀起波澜。李渊想他这个皇帝做得实在不舒服。他在武德六年（公元623年）对裴寂说想做"太上"，要"逍遥一代"，或许也是一种真情流露。

　　其次，熟悉隋朝历史的李渊总要想起隋文帝的结局。隋文帝改易次子杨广为太子，杨广一旦确立了太子地位，就进宫去把父亲从皇帝宝座上拉下来杀死，隋文帝"哀痛之声传于宫外"，却没有一个人来救驾。因为来救驾的人都会考虑力量对比，被杀的人是皇帝，杀人的人也是皇帝，在杀人者与被杀者之间，人们多半是站在杀人者一边，而不去管这种屠杀是否合理。现在李世民也做了太子，而且是已经拥有皇帝权力的太子，比杨广做的那种太子要神气得多。如果李世民想做皇帝等得不耐烦，会不会做杨广那样的事情？这可是谁也不敢保证的事。历史证明李世民不是杨广，他后来对李渊还是遵循了封建孝道，不过在李渊退位前这两个月中，李渊可是在反复考察李世民，生怕隋文帝的悲剧在自己身上重演。一边做皇帝，一边为自己的生命安全担心，这种皇帝真不如不做。

　　再次，李渊做了皇帝后已经表现出贪图享乐的倾向，由于窦皇后早死，李渊的后妃可以由他自己来挑选，我们可以查到的后妃有万贵妃、尹德妃、莫妃、孙嫔、宇文昭仪、崔嫔、杨嫔、小杨嫔、郭婕妤、刘婕妤、

张婕纾、杨美人、张美人、张宝林、柳宝林、王才人、鲁才人、张氏等，这还仅是他那二十二个儿子的母亲们，至于十九个女儿的母亲各是准？史书没有详细记载。由此可以断言，李渊的后妃至少有二十余人，至于他在后宫有多少佳丽？就更难统计了。在李渊建唐的武德元年，大理寺史孙伏伽上奏："陛下二十日龙飞，二十一日有献鹞雏者，此乃前朝之弊风，少年之事务，何忽今日行之！又闻相国参军卢牟予献琵琶，长安县丞张安道献弓箭，频蒙赏劳。……百戏散乐，本非正声，有隋之末，大见崇用，此谓淫风，不可不改一近者，太常官司于人间借妇女裙襦五百余具，以充散妓之眼，云拟五月五日于玄武门游戏。"由此可知李渊对骄奢淫逸的宫廷生活也很向往，皇帝做得不舒服，很可能在晚年生活上会有些要求，这也是促使他决定迅速把皇帝位置让给李世民的原因之一。

就在李渊为应在什么时候让位而苦思冥想时，李世民又进行一系列改造李渊朝政的工作。李世民首先组成一个接管宰相权力的领导班子，由字文士及做太子詹事，长孙无忌、杜如晦为左庶子，高士廉、房玄龄为右庶子，尉迟敬德为左卫率，程知节为右卫率，虞世南为中舍人，褚亮为舍人，姚思廉为洗马；这些人时刻准备成为三省六部的长官。李世民又命令放走禁苑的猎鹰、猎犬，停止四方贡献。李渊见李世民确实像做皇帝的样子，于是把自己退位的想法告诉裴寂，由于与裴寂见面很难，所以李渊改写成手诏："朕当加尊号为太上皇。"几天后又发生了幽州大都督庐江王李瑗造反事件。李瑗很早与李建成有勾结，玄武门之变后，李世民派通事舍人崔敦礼去通知李瑗到京城报到，李瑗怕受惩罚，与右领军将军王君廓商量造反。王君廓想立功，故意表示支持李瑗造反，李瑗就囚禁了崔敦礼，起兵讨伐李世民。王君廓再对士兵们说："李瑗造反，你们愿和我一道平叛立功吗？"士兵都说："愿从公讨贼。"李瑗一出现，士兵们一涌而上，将李瑗擒拿，然后勒死。李瑗是李渊的侄子，他这一死，又增加了

李渊的恐惧感，李渊为此下定交出皇位的决心。

就在李渊准备退位的同时，李世民宣布了他的中枢人员构成：以高士廉为侍中，房玄龄任中书令，萧瑀为尚书左仆射，长孙无忌为吏部尚书，杜如晦为兵部尚书，封德彝为尚书右仆射，杜淹为御史大夫，颜师古为中书舍人，刘林甫为中书侍郎，侯君集为左卫将军，段志玄为骁卫将军，薛万彻为右领军将军，张公瑾为右武侯将军，长孙安业为右监门将军，李客师为领左右军将军。李渊见形势发展比他想象的要快得多，认为没有必要再在皇帝位子上坐下去了，于是在八月，也就是玄武门之变后的两个月，宣布传位于太子，自己做了太上皇。

李渊一旦退位，史书上有关他的内容就大大减少。只知道李世民是在太子东宫的显德殿登基做皇帝的，这就是历史上著名的唐太宗。他考虑到没有建新宫，李渊一下子丢了皇帝位心里也不好受，故意不去惊动李渊的生活起居，这样李渊仍然住在太极宫里，并且仍然在太极殿里接受李世民的汇报，这样的情况一直维持了三年。直到贞观三年（公元629年）夏四月，李渊觉得自己在国家正式的朝政宫殿里住着不大合适，提出迁居到武德五年（公元622年）修建的弘义宫去，李世民才得以在太极宫内表现出继承了李渊全部家业的样子。当然，这不过是李世民故意给退位的父亲留的一点面子。

太上皇的日子对一个政治家来说总是很难适应的，李渊在享乐之余，常过问一下国家情况，不料听到的多是好消息，尤其是贞观四年（公元630年），他得知唐军在对东突厥作战中获胜，擒获东突厥首领颉利可汗，极为兴奋，从城西的弘义宫来，在太极宫凌烟阁主持祝捷宴会。如《资治通鉴》卷一百九十三所载：

上皇闻擒颉利，叹曰："汉高祖困白登，不能报；今我子能灭突厥，吾托付得人，复何忧哉！"上皇召上与贵臣十余人及诸王、妃、主置酒凌烟阁，酒酣，上皇自弹琵琶，上起舞，公卿迭起为寿，逮夜而罢。唐太宗见父亲对开拓边疆，征服四夷的功业感兴趣，只要有边疆少数民族政权首领来长安，往往奏知太上皇。如贞观五年（公元631年）高昌王鞠文泰来长安朝拜，李世民在宴请高昌王后，"亲献禽于大安宫"。大安宫就是李渊住的弘义宫，改名"大安"，是唐太宗对父亲晚年的祝福。

李世民总怕别人说他从父亲手里夺取了政权，于是常在臣下面前表现出对李渊的敬爱。如《资治通鉴》卷一百九十四载贞观六年的一次表演："冬十月乙卯，车驾还京师。帝侍上皇宴于大安宫，帝与皇后更献饮膳及服御之物，夜久乃罢。帝亲为上皇捧舆至殿门，上皇不许，命太子代之。"李渊明白儿子的用意，在外面总表现出生活得很快活的样子，这样父子二人相安无事，李渊平安地度过了他的晚年。

贞观八年（公元634年），正是李世民取得辉煌政绩的时候，李渊似乎也感到很大的满足，如《旧唐书》卷一《高祖纪》载：

贞观八年（公元634年）三月甲戌，唐高祖宴西突厥使者于两仪殿。顾谓长孙无忌曰："当今蛮夷率服，古未尝有。"无忌上千万岁寿。高祖大悦，以酒赐太宗。太宗又奉觞上寿，流涕而言曰："百姓获安，四夷咸附，皆奉遵圣旨，岂臣之力！"于是太宗与文德皇后互进御膳，并上服御衣物，一同家人常礼。是岁，阅武于城西，高祖亲自临视，劳将士而还。置酒于未央宫，三品已上成侍。高祖命突厥颉利可汗起舞，又遣南越酋长冯智戴咏诗，既而笑曰："胡、越一家，自古未之有也。"太宗奉觞上寿曰："臣早蒙慈训，教以文道；爰从义旗，平定京邑。重以薛举、武周、世充、建德，皆上禀睿算，幸而克定。三数年间，混一区宇。天慈崇宠，遂蒙重任。今上天垂佑，时和岁阜，被发左衽，并为臣妾。此岂臣智力，皆由上禀圣算。"高祖大悦，群臣皆呼万岁，极夜方罢。这是李渊临终前一年的情景，也是他自己感到满足的事业高峰。虽然这一切基本都要算在

儿子李世民的功劳簿上，但李世民把这一切归功于父亲的教诲、指导，自然使李渊感到欣慰。他开创了一个唐王朝，又眼看着这个王朝正在走向兴旺发达，作为一个封建政治家，他应该觉得此生并不虚度。虽然太上皇的日子并非他的初衷，但他毕竟适应了这种生活。如果我们能想到他是在公元626年把政权交给李世民的，也就是说他让李世民提前九年做了皇帝，使李世民的才干更好地发挥了九年，应当说是一种因为历史巧合而产生的历史贡献。

# 身后逸事

从历史事实上看，李渊做太上皇比他做皇帝更成功。

唐太宗贞观九年五月（公元635年），李渊在做了九年多的太上皇后，终于一病不起。他想自己去年秋天便已经中风卧床，而且年纪已经七十岁了，算来生命已到尽头，于是为自己下了一道诏令："既殡之后，皇帝宜于别所视军国大事。其服轻重，悉从汉制，以日易月。园陵制度，务从俭约。"就在发布诏令的当天，作为大唐王朝开创者的李渊，在长安大安宫垂拱前殿与世长辞。群臣上溢号为"大武皇帝"，庙号为"高祖"。

李世民听到太上皇的遗诏，下令由太子李承乾代为处理朝廷政事，他自己亲自去料理父亲的殡殓之事。

一个多月后，李世民恢复了听政，立即召集群臣商议太上皇的陵墓

规格，他首先提出意见道："应该依照汉高祖长陵的规模，即高九丈，宽一百二十步，务在崇厚，不能有所减损。"

秘书监虞世南认为陵墓工程量太大，提出缩小规模的建议，《资治通鉴》中记载如下："圣人薄葬其亲，非不孝也，深思远虑，以厚葬适足为亲之累，故不为耳。昔张释之有言：'使其中有可欲，虽锢南山犹有可隙。'刘向言：'死者无终极而国家有废兴，释之之言，为无穷计也。'其言深切，诚合至理，伏惟陛下圣德度越唐、虞，而厚葬其亲乃以桀汉为法，臣窃为陛下不取。虽复不藏金玉，后世但见丘垄如此其大，安知无金玉邪！且今释服已依霸陵，而丘垄之制独依长陵，恐非所宜。伏愿依《白虎通》为三仞之坟，器物制度，率皆节损，仍刻石立之陵旁，别书一通，藏之宗庙，用为子孙永久之法。"

李世民本不想接受这个意见，就装作没有听清的样子，顾左右而言他。

可是，虞世南为此又上书说："汉天子即位即营山陵，远者五十余年，今以数月之间为数十年之工，恐于人力有所不逮。"

李世民又觉得虞世南的建议很有道理，便让大臣们再议，后经众臣议论，都认为房玄龄的意见比较切实可行，这方案是："汉长陵高九丈，原陵高六丈，今九丈则太崇，三仞则太卑，请依原陵之制。"

这里说的原陵，是东汉光武帝刘秀的陵墓，在李世民看来，刘秀是光武中兴的明主，能依原陵建墓，也算是一个开国皇帝的规格了，便同意以房玄龄的意见为准，按光武帝原陵的规格修建了献陵。

决定了陵墓的规格后，还要决定陵墓的内容，秘书监虞世南极力反对厚葬，他引用魏文帝曹丕的话说："自古及今，未有不亡之君，无有不发之墓，至乃烧取玉匣金缕，骸骨并尽，乃不重痛哉！若违诏妄自变改，吾为戮尸于地下，死而重死，不忠不孝，使魂而有知，将不福汝。"

于是谏议大夫朱子奢请求立三昭三穆而虚太祖之位，便开始修建太

庙，以供养李氏家族的祖先。

房玄龄等人认为李唐王朝源始于关陇，联姻于鲜卑，想以西凉王李暠做始祖。左庶子于志宁却说道："这位李暠是陇西成纪人（也就是今天甘肃省天水市人）。而李暠的十六世祖，就是西汉武帝时因抗击匈奴、大名鼎鼎的飞将军李广，因此，李唐的始祖应该是李广。"

李世民却说道："朕之体系，起自柱下。"

这里说的"柱下"，即柱下史，传说老子曾经担任过周朝的柱下史，这就把李唐的始祖拉得更远了。

经大臣们讨论之后，李世民听了汇报，终于发话说："始祖不宜牵扯太远，以免祭祀起来过于烦琐，这样还是只有六室为好。"

到了这一年的冬十月，陵墓建造完工，李世民率百官将李渊的灵柩安葬，称李渊的陵墓为献陵。李渊的原配妻子窦氏早死，李渊称帝后追谥她为"穆皇后"，葬于寿安陵。这次以穆皇后也付葬于献陵，加号太穆皇后。

为了能让李渊在死后也能继续享受骄奢淫逸的生活，李世民提议："后宫凡被太上皇生前封过名号的妃嫔，一律殉葬于献陵。"

此诏一下，一直与李世民作对的张婕妤、尹德妃只好悬梁自尽，而万贵妃、宇文昭仪等人，虽然在两大集团斗争时期，帮助过当年的李世民，但是，她们料想不到如今李世民当了皇帝之后，会让她们去殉葬，用这种方式来报答她们！

献陵是堆土成陵的代表。它位于今天陕西省三原县东北四十三华里荆原上唐朱村，由于李世民依照汉代陵墓形式修建，所以墓冢呈覆斗形，长宽均约一百米，高十三米，陵前有大型的华表、石屋，还有石虎、石犀守陵。

那时的唐朝，十分讲究功臣、贵族陪葬，就是让与李渊曾经一同打天下的功臣和部分亲王贵族们，在他们死后也一同葬入献陵区，意思是这些

人死了之后，仍然能经常和李渊见面。

当然，这还只是拉开历史戏剧序幕之前的一段前奏曲，激动人心的场面还来不及展开。

因为年代久远，这些陪葬墓并不能一一分辨出墓主的名字。如今尚能确定墓碑者有李凤（李渊第十五子）、李神通、李孝同、臧怀恪、樊兴等三十余座。

具有讽刺意味的，是汉太上皇陵位于今西安市临潼区北部的潭家乡昌平村，两陵相距仅有十五华里，陵墓的形状同样也是覆斗形。

这两座形状相同的陵墓，彼此相距咫尺之近，陵主又都是太上皇，不由人不想到："在汉太上皇去世八百多年之后，又有一个类似的唐太上皇！真是无独有偶，难怪后人常把他们相提并论呢！"

李渊的献陵至今尚未发掘，地面的遗物有大型华表、石犀、石虎，形象都是颇具特色的。

献陵的石虎和石犀，都是唐朝石刻艺术的精品，用整体巨石雕琢而成，体态雄健，形象生动。

尤其是石犀，选择来自非洲的大犀牛做原型，造型巨大硕壮，轮廓清晰，在比例上也很适当，若从宽阔处望去，更加生动威武，很适合陈放在荒郊旷野的陵墓前。

石犀的雕刻并不追求细巧，但却抓住犀牛的特征，一半细雕，另一半粗雕，而精雕的一半明显地保留汉代石刻重神似意境的特征：如犀牛颈部下垂的厚皮，笨重的身躯和姿态，都充分显示了犀牛的形象。这不仅是关中十八座唐代皇帝陵中唯一的以犀牛为题材的艺术佳作，也是全国陵墓石刻艺术中罕见的。

李渊的献陵，用来守护陵墓门的，不是石狮，而是石虎，就更具特色了。

偌大的圆雕石虎，高达2.09米，呈走动状，体形庞大，气势宏伟。这

种造型在唐代陵墓雕刻中，非常特殊，它纯系写真，不曾有半点守门卫户的意味。

从石虎挺拔的形体，威严的头部来看，仍然有很大的威慑感。从整体的形象结构看，是非常生动而和谐的，头部稍倾斜，做出阔步向前搜寻的姿态，正表现出虎特有的性格。

有人不禁要问："关中十八座唐朝皇帝陵中，用来守护墓门的全是坐狮，为什么李渊的献陵不是坐狮，而是石虎呢？"

据说，献陵完工之后，一天清晨，突然狂风大作，乌云翻滚，眨眼之间，暴雨如注，等到风停雨止时，忽见朝霞满天，在一片彩云上，有一位白衣老者，骑着一头硕大的犀牛（古称青牛），朗声说道："我乃太上老君李耳，大唐天子李渊乃我李氏宗裔，他有开朝建国之功，为子孙创下三百年王者之业，当以出林王子为之守陵。"

说罢之后，只见李耳将指尖在空中一挥，献陵四门前的八只石虎忽然摇头摆尾，昂起头来，向着空中的太上老君长啸不止。那雷鸣一样的虎啸之声，震得周围山鸣谷应；刹那间，百鸟齐集，百兽奔至，一齐汇聚在献陵周围，鸟儿翩跹，兽儿狂舞，鸣声婉转，啼叫惊闻……

片刻之后，空中传来朗朗的笑声，笑声渐止之时，鸟儿又飞回林里，兽儿也告别了陵寝，再看那八只石虎，仍然安如磐石一般地静立陵前，纹丝不动。

自此之后，人们惊奇地发现，每当节日来临，或在重大事件发生的日子里，李渊的献陵总要"显灵"的，而"显灵"之时，虎啸声、兽叫声、鸟鸣声，传遍献陵周围七乡八村，百姓们扶老携幼出门观看，虔诚地向着献陵顶礼膜拜，祈求李渊赐给他们福寿富贵，合家安康。

李世民得知这一情况之后，认为这是国家的祥瑞、大唐的吉兆，也是李氏的老祖宗——老子李耳降下的荫庇。

于是，选择一个阳光明媚的日子，李世民亲率文武百官两千余人，赶往周至终南山楼观台祭祀老子李耳。

李世民又召见道士们道："朕之远祖经常前来降瑞，赐福给大唐子民，朕为大唐天子，其可无兴建乎！"

其后，李世民令改楼观台为"宗圣宫"，并赐米二千担，帛一万匹，白银一万两，留作兴建之用。

永徽六年（公元655年）十月，唐朝范阳节度使安禄山造反，占领都城长安之后，据说安禄山一时心血来潮，想到大唐的开国皇帝李渊的献陵前面去抖一抖威风，杀一杀大唐天子的傲气！

于是，选择一个好日子，安禄山带领他的三千禁卫军，耀武扬威地一路吹吹打打，来到李渊的献陵前，刚跳下战马，正要张口说话，猛然听到一声炸雷，平地刮起一阵狂风，顿时天昏地暗，日月无光，飞沙走石，人仰马翻，伴着一阵阵的虎啸声，吓得安禄山伏在地上一动也不敢动，他的兵马死的死，伤的伤，逃得无影无踪。

过了一刻工夫，风定之后，安禄山正想起来，刚一抬头，忽听半空中传来震雷一般的呵斥声："逆贼安禄山，死期将至！……死期将至！"

安禄山急忙又把头埋进衣领，过了好长时间，看到周围安定下来才心惊胆战地爬起来，收拾残余兵马，匆匆离开李渊的献陵。可是，耳畔不时地响着那雷鸣一般的虎啸声，还有那句"逆贼安禄山，死期将至！"的呵斥声。

这一年刚过，春天才露个头儿，叛贼安禄山果然死期到了，竟然被他的儿子杀死。

献陵不断显灵的名声传出去之后，那些叛臣逆子再没一个敢到陵前去了；鸡鸣狗盗掘墓扒陵之徒，更不敢迈近献陵半步。因此，一千三百多年过去了，李渊的献陵仍旧巍然屹立在关中大地上……

# 一生功过

唐高祖李渊是中国历史上一位受到上天特别眷顾的人。他出生在一个非常显赫的家庭。七世祖是五胡十六国之一凉国的武昭王。祖父李虎是北周的八柱国之一，封为陇西公。他的父亲承袭公爵。他母亲是中国历史上最高贵显赫的独孤氏三姊妹中的独孤二姐。杨坚用权术谋夺了后周的天下，改国号为隋。独孤三妹是隋文帝杨坚的元后，位尊权重。李渊承祖上余绪，封为唐公。他不但有这样优越的社会政治背景，而且他又具有比较强的行政才能与军事才能。因此他能够出为八使，入典六屯。更为难得的是他有一位高贵而优秀的原配夫人，那就是后来被追封为太穆皇后的窦氏。太穆皇后给高祖生下了李世民这样的儿子和李三娘这样的女儿。（当然也给李世民留下了像李元吉那样奸凶残暴的弟弟与才德平庸的李建成哥哥）。太穆皇后去世后，高祖于是又续娶了当朝宰相之女，也就是后来的宇文昭仪。青壮年时期的李渊，正是处在隋文帝的开皇时代。这一时期也正是隋朝政治上比较开明的鼎盛时期。此时的李渊可以说是一帆风顺、春风得意。

到了大业年间，隋炀帝一反开皇之政，他穷奢极欲，致使宵小之徒日进，很快就导致了朝政混乱、吏治腐败。他贪图浮华、仰慕虚荣，累兴大役。不但到处大造行宫，而且盲目地举倾国之力去强征高丽并遭到惨败，致使兵困民苦、生灵涂炭。终于导致盗贼蜂起、天下大乱。李渊此时留守

太原，外御突厥、内楫盗贼。他身为并州的最高军政长官，而又深得海内人望。当此之时，他那位胸怀大志、腹有韬略、年轻有为的二郎李世民在太原看到隋朝政权的大势已去，于是就向他父亲建议：起义太原，西取长安，据关中以号令天下。李渊同意了李世民的建议。于是，通过了一番周密的筹划后，在太原树起了义旗，挥师直指关中长安。在不到一年的时间里，就圆满地实现了第一阶段的战略目标。攻取了当时的都城长安，并拥有了雍、并二州的地盘，占据了可以号召天下的形胜之地。为建立统一、强盛的大唐帝国奠定了坚实的基础。接着，又乘着中原、山东正处在几股军阀势力的混战胶着状态，以李世民为统帅的唐军，很快就消灭了盘踞在陇右的薛仁果和西凉的李轨以及云、代地区的刘武周这些军阀势力，统一了大西北，圆满地实现了第二阶段的战略目标。在武德四年（公元621年），李世民又挥师向东，一举歼灭了王世充与窦建德这两股最大的军阀势力，统一了河洛、山东与河北这些最重要的中心地区，又圆满地实现了第三阶段的战略目标。武德四年（公元621年），李渊又重用具有极高军事才能的李靖为行军总管，主管军事，与赵郡王李孝恭一起兵出夔州，平定了江南的军阀肖铣等割据势力。接着李靖又循定了岭南于是第四阶段的战略目标又得到了圆满的实现。天下都已基本上统一到了大唐的版图之中。至此，一场隋朝末年的大混战基本结束，古老而又多灾多难的神州大地迎来了和平与安定的时代。

在起兵太原、剿灭群雄、建立大唐、统一天下的过程中，由于李世民拥有前无古人的赫赫武功，又因为李世民更是创建了后无来者的辉煌文治，后来的人们（包括历史学家们）把建立大唐帝国的历史功绩几乎全部归到了李世民的头上，也把某些在历史的进程中在所难免的错误记到了唐高祖的头上。因此，历史的视角对李世民多有不公。

纵观历史上的李渊，是一位具有远见卓识的务实政治家。他所具有的

许多独到长处，为历史上其他的政治家们所望尘莫及。

在起义太原的当时，北方的突厥十分强大。而并州的北部又都是突厥的势力范围。为了免除太原的后顾之忧，为了使突厥的力量不为他人所用而与己为敌，因此李渊派刘文静出使突厥，卑词求和并要求借兵借马，以为声援。他明确地交代刘文静：借兵只是象征性的借兵，越少越好。他说："胡人进入汉人的地方，是老百姓的大害。他们现在的势力又比较强大，如果兵来得多了，我们就无法制止他们抢掠奸杀、祸害百姓。如果只有少量的兵，我们就可以制止他们为非作歹。"后来突厥只派了六百名兵士前来，却借给了唐军两千匹战马。李渊对此次借兵突厥而兵少马多的状况简直是大喜过望。从这一点上看，就足以显示出李渊那种务实政治家的胸怀与谋略。

李渊为了寻求盟友，所以致书信于魏公李密。当时，李密的势力很强大。他正在河洛一带与王世充进行战略决战，虽然战况胶着，但李密却处于优势状态。李密回书，有妄自尊大的傲气。此时，李渊复书信于李密，用卑词推奖，以骄李密之心，并让李密为唐军塞成皋之道，阻东都之兵。结果是使自己在很短的时间内，就很顺利地夺取了长安，占领了关中形胜之地。从这一点上，可以看到唐高祖那种广阔的政治视野与高深的军事谋略。

李渊为人宽弘大度、豁达开朗而且平易近人。他从来就不矫饰、不掩过，不搞繁文伪饰，不搞那些自欺欺人的一套。所以他从来就不会去阳奉阴违或当面一套、背后一套。他即使犯错误，也都是很光明磊落地去犯。这一性格，在历史上的所有政治家中，找不出第二人。在那时，有很多由隋室中过来的那种才胜德的人物，他们之所以在武德年间愿意为大唐尽心效力，并做出了贡献，在很大程度上是出于对李渊的爱戴；他们之所以在贞观时代也能够为国尽力并做出贡献，在很大程度上是出

于对李世民的敬畏。

太穆皇后生了四男（李建成、李世民、李元吉与李元霸）一女（李三娘）。李元霸早亡。李建成虽然居长，但才德平庸，而且好酒色、喜游猎、不务正业。元吉这个人，不但残暴奸恶，而且多有过失。按道理，他早就该杀。只是因为李渊有点过于偏私自己的儿子，所以才没有依法严惩他。李三娘是女中豪杰，她在关中为了响应父亲和兄长在太原的起义，首创了中国历史上的娘子军。大唐帝国的开创，李三娘是有一份功劳的。李世民在很年轻的时候，就不屑于过那种公子少爷的生活。他才十几岁时就投身到军旅之中进行历练。他十六岁在云定兴的部队里工作时，就曾经以五万兵马，用昼趋夜遁、四面声张的疑兵之计，吓走了突厥的四十万大军，解了隋炀帝被困雁门之围。在他十八岁的那年，协助父亲在并州缉盗剿匪。有一次，李渊带兵在吕梁山区剿匪，结果陷入了数万贼匪的重重包围。李世民带着一千多名训练有素的兵士，几度突入重围，解救出了李渊和所有的官兵。太原起义，是李世民首建。剿灭群雄、统一天下的历次重大战役，除了平定江南之役是由李靖所指挥的外，其他所有的各大战役，几乎全部都是由李世民亲自指挥的，也因此有很多人都说李世民是大唐帝国的实际开创者。

武德九年（公元626年）所发生的玄武门事变，不但是唐朝历史的一件大事，也是中国乃至中华民族历史上的一件大事。酿成这次事件的主要责任人是李建成与李世民，其次的责任人是李元吉。当然作为父亲与君主的李渊虽然也犯下了在册立太子时没有坚持己见的错误，但是，最后使这一惊天动地的大事件，能以最小的代价得到平息，并顺利地完成了最理想的权力交接，从中我们应该看到唐高祖那种超凡的政治视野与政治智慧。

李渊是位杰出的政治家。他不仅在隋末朝廷的险恶环境里得以保存性命，而且受到隋炀帝的重用，把持战略地位极其重要的太原郡，最终凭借

此地大举反旗，建立唐朝，统一中国。他不仅能巧妙地把握天时和地利，而且能实施开明的政策，创造人和。这岂是一个迟钝的庸人所能做到的？

李渊在隋朝做官时，就素有不凡的志向，广交豪杰，因此受到表兄弟隋炀帝的猜忌。隋炀帝杀掉他所猜忌的人已不是一次两次的事了，而且他连自己的父亲都可以杀掉，那么一个表兄弟在他眼中的分量就可想而知了。而李渊屡受猜忌，却能迅速采取应变措施，酗酒纳贿以自晦，每次都躲过了祸事，而且权柄日重，得以据守战略重地太原。

隋末农民起义风起云涌，群雄割据，这些豪强势力及农民起义的领袖纷纷称孤道寡，李渊注视着这些浮躁的图霸枭雄，并不急于追随这股浪潮。他知道，隋朝虽然内乱频起，但由于根基强固，还保持着相当的实力，如果自己不能耐心等待反隋势力与隋朝以及反隋势力之间继续厮杀，而盲目地加入进去，必然遭到隋朝尚盛的力量和反隋势力的双重攻击，后果不堪设想。

所以，李渊当时不仅不急于起兵，反而帮着隋朝消灭起义军。他继续以效忠隋朝的姿态保持着安全处境——这种处境对于他养精蓄锐，做好起兵准备是极其重要的。非但如此，李渊消灭农民起义军，并不是单纯地毁灭他们，而是尽量招抚他们，收为己用——其用意相当明显：借机招兵收马。

当然，李渊镇压农民起义，同其他镇压农民起义的人一样，经常受到批评。确实，这些镇压行为对历史进程是有阻碍作用的。但这种阻碍作用是客观的，并不是行为人主观上所能意识得到的。而且，既然有不同的立场，就必然有不同的观念和行为。李渊作为一个封建贵族，当然不会为平民大众服务，这是他的客观社会地位所决定的。所以，对李渊镇压农民起义的行为，不能说李渊在主观上是如何的恶毒、如何的阴险——因为他在做自己认为正确而且应该做的事——而只能从历史效果上给予客观、公允的评判。

李渊虽然痛恨农民起义，但是他明白民心向背的重要性，因此他在需要增加自身力量时，却能容忍他眼中的农民"逆贼"，尽量把他们招收到自己的麾下。这虽然说明他利用农民起义力量的做法是何等的狡猾，但也同时反映了他作为一位出色政治家的长远眼光。这不是一般单以好恶行事的普通人所能比拟的。

在起兵时机成熟时，李渊终于树起了他的大旗。但是，颇能引人思索的是，他没有像其他起义军、割据势力那样公开打出反隋的大旗，更没有立即称孤道寡。他独树一帜，表示要立隋代王杨侑为帝，继续忠于隋朝。

李渊的这一奇招与一般的图霸创业者不同。其他反隋领袖一起兵就公开打出反隋的大旗，甚至立即称王称霸，形式上确实显得轰轰烈烈，雄心勃勃，但为了支撑那柄耀眼的大旗，这些反隋势力付出了沉重的代价——隋朝尚存的强大势力倾巢而出，全力打击这些胆大包天的逆贼，欲图把他们弄成肉酱骨粉而后快。可想而知，这两种力量之间的暴力冲突会多么剧烈。非但如此，那些称王称霸的在形式上和内容上都表现出一种兼并性，因此他们又遭到其他反隋势力的反抗或打击，其创业的难度又大大增加。

与这些浮躁的枭雄不同，李渊在起兵图谋天下时依然保持着韬光养晦的低姿态，表示自己兴的是挽救隋室于危亡之地的"义军"，而不是图谋自己的不轨之业。这样做，好处可就多了：可以把自己打扮成一个"忠臣"，以博取多数讲究忠孝节义的地主、士族的同情和支持；还可以部分化解盘踞长安的隋朝宗室的抗拒情绪；还可以尽量避免加入其他反隋势

唐代三彩罐

力的相互攻杀。

总之，李渊举起"忠于隋朝"的所谓义旗，获得了名义上的正义，又避免了与其他反隋势力混杂而失去其引人注目的特殊性，又尽量防止成为众矢之的。

这难道是一个无能的人所能想到并实施的高妙策略？

太原起兵之后，李渊推行与隋炀帝时期截然相反的政策，开仓放粮，赈济贫民，行军到处，秋毫无犯；而且李渊在进军关中的途中，大量赐封平民以官爵。这些措施在苛政酷令的隋朝是非常英明的，它所造成的巨大反差为李渊赢得了广泛的声誉和支持，使李渊的力量迅速增强。

这同样只能是一位明智的政治家所能实施的英明政策。

李渊还是个务实的政治家。他为了实现统治中国的宏伟目标，可以放弃被很多人视为比生命还宝贵的尊严，北事突厥而称臣，东面又屈意尊奉李密为"义军"盟主，结果化解了两股强大的敌对势力，使进取长安的计划得以顺利实施，进而占据关中，扩张的利箭向四周辐射。能像李渊这样精明的人在当时能有多少？

李渊还是个能大胆使用各种人才的人。李靖原是隋朝的马邑郡丞，当他发现李渊有起兵图谋天下的异动时，立即前往江都，结果到长安时，因为交通不畅而滞留不前。李渊攻克长安后，要杀李靖，由于李世民等人的劝说，李渊也觉得李靖是个有用的人才，于是放了他，让他在李世民手下做事，后来李靖在征服长江流域和岭南地区的战争中屡立伟功，受到李渊的赞赏和重用。李渊对待李靖虽然不及对待宠臣如裴寂那样好，但能做到既往不咎而且加以重用，确实是难能可贵的。这完全不是那种鼠目寸光，斤斤计较于个人恩怨的低能统治者所能企及的。

李渊还广泛重用前朝隋朝的大臣官员，如李纲、萧瑀、裴矩等都是隋朝大臣，李渊却能重用不疑，说明他有容人的胸襟。

　　此外，李渊还以优厚的政策收罗其他割据势力的重要将领，其中最突出的是徐世勣。徐世勣本是李密手下的重要将领，因为李密归降唐朝，也跟着归附了唐，被李渊赐姓为"李"。当李密被杀之后，李渊特别写信去给徐世勣说明事情的根由，并允许徐世勣按照安葬君主的礼节安葬李密。这种胸襟在礼教森严的封建中国是非常少的，仅从此事就可以看出，李渊确实是一个非凡的政治家。

　　李渊是从隋末农民战争的风雨中发家的，对隋炀帝那种不依法令，按一时的喜恶行事的恶劣作法，他是有亲身体会的。因此，他对自己的施政行为颇为小心在意，尽量避免重蹈自己表兄弟隋炀帝的覆辙。

　　武德元年（公元618年），有些人犯了法但不够判死罪，李渊下令把这些人杀掉。监察御史李素立马上规谏道："法律，是王者和天下百姓共同遵守的；法一动摇，人们就会手足无措。陛下才开创了大业，怎么可弃法律于不顾！臣下我愧为司法官员，不敢接受诏命。"

　　李渊立即醒悟过来，改令处理那些犯人。从此，李素立受到特别的宠遇，李渊命令授予他七品清要官，而负责部门打算让他做雍州司户，李渊说："这个职位虽属枢要，但不清贵。"又改命李素立为秘书郎，李渊又不满意："这个职位清贵，但不掌枢要。"于是最后提升李素立为侍御史。

　　孙伏伽也曾向李渊建议："以前由于天下未平，需要随机动用个人权威；如今四方平定，应该制定律令使大家共同遵守。不过，法律是陛下颁布的，陛下也应该遵守，使天下百姓能够信畏。"

　　李渊也接受了孙伏伽的建议，并且对他更加重视了。

　　李渊的这些做法不仅比隋炀帝英明得多，而且比大多数封建帝王都要杰出。李渊遵守自己颁布的法律，形式上好像是皇帝的权威受到了限制，但实质上却相反，李渊的权威不仅没有受到丝毫损害，反而得到了无

形的增强。试想，皇帝都能依法办事，下面的官吏不会不考虑违法乱纪的后果。各级统治者都依法行事，必定能使封建秩序保持稳定，皇帝的宝座也能稳固。所以，皇帝遵守自己制定的法律，对他自己其实是非常有利的——历史上成功帝王的事例已经不止一次地证明了这个真理，但就是有那么多帝王不能这样办，朝令夕改，甚至连个令也没有而全凭一时喜恶行事，这样的帝王当然江山不长久。

但是，也不能不看到，李渊对他的法律也不是能够完全遵守的。

李元吉镇守并州时，残害百姓，作恶多端，李渊只是做个样子，二月免了李元吉的官，三月又让他官复原职。

当刘武周兵临并州城下时，李元吉欺骗部下，临阵脱逃，致使河东几乎全丧失在刘武周手中。李渊对此事虽做过追究，但追究的对象却是没有任何决策权的宇文歆。由于李纲仗义直言，宇文歆侥幸活命。而李元吉也没有受到任何追究。

李渊的宠臣裴寂出征刘武周，几乎全军覆没。李渊对裴寂也没有任何惩罚，反而加倍抚慰，让他重新率军征讨刘武周。

而刘文静、李靖的境遇就完全不同了。刘文静因为高墌战役值得争议的失败责任而被李渊罢官除名，后来虽然被重新起用为民部尚书，但不久却由于没有丝毫证据的所谓谋反罪而被李渊杀掉了。李靖征讨萧铣时，仅仅因为进军受阻而差点被李渊杀掉，如果不是许绍为他求情，李靖只怕早已魂归西天。

由此可见，李渊并不能完全做到严格依法办事，他在处理政事时，依然存在着强烈的偏袒和个人喜恶情绪。这几乎是任何人都无法避免的，能在公事中不掺杂任何个人感情因素的不是圣人就是天性冷血，而李渊两者都不是。

不过，即使如此，李渊同其他为所欲为的君王比起来，已经算得上是

个很理性、很公正的人了。

李渊作为一个创业的政治家，在相当大的程度上还是保持了勤俭之风的。

在中国古代的封建社会，那些实现改朝换代的统治集团，在创业过程中，为了争取民心、保持内部凝聚力和进取心，通常都能够制定、实施防止腐化堕落的政策，所以他们还能保持虎虎生气。但是，当这些人取得政权之后，便以为大功告成，可以好好地享受一番了。于是他们开始逐渐讲究吃喝玩乐，最后发展成骄奢淫逸，极端反动，以致灭国亡族。

李渊统治集团也不例外，正按着这条规律发展。

唐万年县（今陕西长安）法曹孙伏伽注意到唐朝统治集团的这种发展趋势，于李渊称帝的第二个月，即武德元年（公元618年）六月，上表李渊，指出了存在的危险。

孙伏伽说："隋朝因为不愿听到批评而丧失了天下。陛下兴起于晋阳，远兵响应，不到一年就登上了帝位，只知道得天下容易，而不知隋朝失天下也不难。臣下我以为应当改变隋朝的作法，尽量了解下面的情况。人君的言行举止，不能不审慎。

"我见陛下刚即位，立即就有人敬献鹞雏。玩鹞雏是少年人的事，哪里是圣主所需要的！还有，乐舞杂技是亡国之音。最近太常寺在民间借了五百多套妇女裙子短衣，充作歌妓之衣，打算在五月五日于玄武门演戏，这可不是子孙后代可以效法的好事！诸如此类，应当全部废止。"

很显然，李渊刚即位，就开始大办游乐之事，事情一开了头，就很难遏止住，长此以往，唐朝必将成为亡隋之续。所以孙伏伽才会着急地提醒李渊以隋朝为戒。

此外，为了禁绝淫逸之风腐蚀唐朝最高统治阶层，孙伏伽建议："好的与不好的习惯，每天接触一点，很容易改变人的性情。因此皇太子、诸

王身边的官吏，应当是经过审慎挑选的合适人选；那种门风不正，为人历来没有德行，专好奢侈靡烂、酷嗜乐舞游猎的人，都不能让他们接近皇太子、诸王。从古到今，骨肉不和乃致分离，甚至败家亡国，没有不是由于身边亲近的人离间而造成的。望陛下慎重对待这样的事。"

孙伏伽的见地还是颇为深刻的，他看出了环境因素对人的影响是非常巨大的。近朱者赤，近墨者黑，在很大程度上确是不争的真理。

李渊读了孙伏伽饱含见地的上表，龙心大悦，特别下诏表示奖励，提升孙伏伽为治书侍御史，赐帛三百匹，并将奖励的决定公布辖区各处。

对孙伏伽的意见表示认可和奖励，表明李渊能够采纳正确意见，以隋为鉴，防止穷奢极欲。其目的当然是为了巩固其统治地位，但如果每一个帝王都这样，虽然主观上是为自己，但在客观上确实对整个社会都有好处。所以，李渊的纳谏之举是值得赞扬的。

此外，李渊作为一个杰出的政治家，还是有相当宽广的胸襟的。

武德四年（公元621年）七月，已兵败投降的王世充的行台王弘烈、王泰，左仆射豆卢行褒，右仆射苏世长献襄州，归降李渊。

李渊以前和豆卢行褒、苏世长都有交情，曾多次写信招降他们，豆卢行褒总是杀了李渊的使者。他们到了长安后，李渊对他们很生气，杀了豆卢行褒，并责怪苏世长不听自己的话。

苏世长反驳说："隋朝丧失了政权，天下人都在追逐它。陛下既然已经得到了统治大权，怎么能再怨恨同您一起追逐的人，还要定他们争权的罪呢？"

李渊一想，很有道理呀！于是笑了，释放了苏世长，任命他为谏议大夫。由此看出，李渊有时也不是个蛮不讲理的人。不过，李渊对苏世长这么宽容，也不能不说是由于苏世长并不是割据政权主谋的缘故。薛仁果、窦建德、萧铣，或许还应该包括王世充、杜伏威，就没有这样的好

运气了。

　　所以，李渊的宽容是有限的——凡是可能死灰复燃的劲敌，他都予以无情的消灭。不过，为了稳固自己的统治，他无情地铲除失败的劲敌，是可以理解的。除此之外，李渊还算得上是个有宽广胸襟的人。

　　苏世长做了谏议大夫后，曾经跟随李渊外出打猎。李渊因为捉了很多飞禽走兽，非常高兴，于是兴致勃勃地问随行群臣："今天打猎，大家还高兴吧？"

　　苏世长回答："陛下游猎，只是稍微耽误了点政事，打猎不足十旬，还谈不上高兴！"

　　李渊一听此言，脸色大变，差点怒火发作，过了好一会儿，才笑着说："你又狂态复发了吗？"

　　能够在兴致被败，遭受臣下讥讽之后，依然尽量保持平和，这对一个封建帝王来说是非常不容易的。

　　苏世长还曾在披香殿侍奉李渊饮宴。酒喝到兴头上，苏世长突然对李渊说："这披香殿是隋炀帝建造的吧？"

　　李渊不满地责备苏世长："你的劝告好像挺直率，实际上很多是在装傻，难道你不知道这殿是朕建造的，怎么能说是隋炀帝建的呢？"

　　苏世长依然不退缩："臣下我实在不知道这是谁建的，只不过因为看到这殿像商纣王的倾宫、鹿台那样豪华奢侈，觉得不是新兴帝王所建的罢了。如果是陛下建造的，确实有些不合适。臣过去在武功侍奉陛下，看到你所住的房屋仅够遮风挡雨，当时您也认为很满足了。如今陛下继承了隋朝的宫殿，已经极其奢侈了，却又要增建新的宫殿，这样怎能矫正隋朝的过错呢？"李渊深表同意。苏世长也真够大胆的，他居然敢当面把李渊比作隋炀帝、商纣王这些亡国之君。如果遇到其他帝王，只怕苏世长的脑袋要搬家，因为他的话很容易被视为对帝王的侮辱和诅咒。而李渊不仅没有

大发雷霆，反而深以苏世长的话为然，其胸襟气度可想而知。

但奇怪的是，曾因魏徵多次直谏而恼羞成怒，大叫着"会须杀此田舍翁"的唐太宗李世民，在纳谏方面享有崇高的声誉，而比他更难能可贵的唐高祖李渊却很少有人提及。这恐怕是因为历史不公正的原因呢！

但是，即使是李渊这种纳谏如流的人，也有固执己见的时候。

武德元年（公元618年）十二月，李渊任命在宫廷跳舞的胡人安比奴为散骑侍郎。散骑侍郎是五品官，职责是规谏皇帝。

礼部尚书李纲反对李渊的这一任命："古代乐工就不能与士人并列，即便是像晋乐师子野、鲁乐师师襄那样贤德的人，也都是世世代代不得改变职业。只有北齐在快亡国的时候才封曹妙达为王，任命安马驹为开府，凡是国君都应以此为亡国之鉴。如今天下刚定，建功立业的功臣还没有完全得到奖赏，有才华的饱学之士也多留在民间未得任用，却先提拔一个跳舞的胡人当五品官，让他做官佩印，行走于庙堂之上。这不是为后世立规矩的好现象。"

李渊不听，推托说："我已经授予他官职了，不能悔改了。"

很显然，李渊的借口是无力的，谁说皇帝的金口玉言就不能更改？错了还要坚持，这不是胡闹吗？所以连司马光也对李渊的辩解表示批评，他认为，君主发号施令，要作为子孙后代仿效的规范；一旦不合常规，就会成为祸端。高祖说："业已授之，不可追也。"如果授得对，可以不追；授得不对，为什么不可以追回呢？

此外，李渊虽然曾经赞成提倡勤俭，但随着时间的推移，他自己却逐渐变得贪图享乐了。他经常外出打猎，甚至在战时也是如此；他晚年时有很多内宠，以至于又有了二十多个儿子。可见，李渊也不能使自己避免贪图享乐。由此可知，享乐欲望的力量是多么强大！

从以上事例可以看出，李渊作为一位杰出的封建政治家，与其他封建

帝王并没有本质的区别，他们都是封建地主阶级的最高代表，他们的一切行为都是围绕巩固自己的统治地位这个基本核心的。

但是，李渊之所以成为不同于其他昏君庸主的杰出政治家，还是明显有其出类拔萃的优秀品质的，他有政治抱负，能够为了这个抱负付出代价，他有政治远见，绝不斤斤计较于一时的得失，他以宽广的胸襟听取有时非常刺耳的忠告，他能在较大程度上遵守自己颁行的律令。所以，虽然他有一些帝王固有的毛病，但丝毫不能抹杀他作为一名杰出政治家的突出成就。

除了李渊这些为人上的优点，他在执政期间，在经济、政治、军事、文化、法律等诸多方面都制定、实施了较为开明的政策，使遭受了长期战乱的社会能够稳定下来，恢复、发展生产，使饱经战乱的人们能够安居乐业……虽然李渊执政时间较短，这些进步措施还没来得及在他的统治期间充分发挥作用，但这并不能否认这些措施的进步，也不能因此否定李渊在唐朝历史上的先驱者地位和作用——李世民确实也是一位杰出的创业君王，但他的成就不能抹杀李渊的成就。非但如此，还得承认李世民对李渊的政策和成就还有一种继承性——正是有了这种继承和长时间专心致力于国家建设，加上李世民自身的政治才能，他才能有"贞观之治"的政绩。

李渊还是一位颇有谋略的军事家，但对李渊有成见的读史人就更容易忽视李渊这方面的成就了。

在攻克长安之前，李渊是亲自带兵打仗的。他曾有以弱胜强，智克突厥的优异战绩；他以劣势的兵力击败了强大的"历山飞"起义军，也显示出他的军事才能；在进军关中途中，他亲自统率大军，采取类似于"蛙跳"战术的策略，暂时不强攻屈突通据守的蒲反，而分兵两路，一路西取长安，另一路东拒蒲反、中原之敌，从而顺利攻占关中，这是一个绝对优

异的成功战例。

从这些仅有的战例已经可以看出，李渊确实是一个颇具才能的军事家。而他在具体战绩上之所以没有更大的成就，不是因为他无能，而是因为他根本就没有再亲自领军打仗。

不过，可以弥补他在具体战绩的薄弱的是，他建立了更为高超的功绩——他以战略家的卓越才能指挥各路大军统一了全国。

但是，很奇怪的是，长期以来，李渊作为一位卓越的战略家始终被人们忽视，正如他的其他突出成就被人们忽视一样。相反，李渊的次子李世民，在统一全国的战争中最多只算得上是一位战功卓著的将军，可他的声誉却远远超过了统率将军的核心首脑李渊——这个核心首脑，从战略的高度总体把握着全国的统一进程。

说李渊是位卓越的战略家，在现有的颇为不公正的史籍记载中就可以找到充分的证据。

在太原起兵之前，李渊就想到要进取关中。如果没有战略眼光，他怎能想到关中的重要？如果换作其他人，他们很可能就满足于割据河东一隅之地，称寸地之王。李渊不同，他不但知道关中的重要，而且起兵之后，立即进取关中，其战略远见非同一般。

在进军长安之时，李渊决胜于千里之外，命令李世民兵分两路，一路继续向西，进占长安的西部屏障扶风郡，防止陇右的薛举东犯；另一路继续迂回进击长安之西。当东拒蒲反、中原隋军的李建成、刘文静部成功完成任务之时，李渊认定东线已不成威胁，果断抽调东线大军前往长安，与李世民部会合，围攻长安，很快攻克长安。

这难道不是一个战略家的高超表现？

攻克长安之后，李渊立即派遣三路兵马，分别招抚陇右、中原、山南三个方面，经过数年之功，三个方向的进攻都取得了巨大进展。当然，三

个方向不能同时成为战略重心，李渊是知道这一点的，因此他循序渐进，先集中力量平定了陇右、河西，再稳定了河东，然后大举进攻中原，消灭了王世充、窦建德。他的战略重心停留在北方，因为北方的割据势力要比南方强大得多。因此在统一北方的同时，南方的统一进程也在继续。所以，李渊几乎是同时统一了北方和南方。

在这个统一过程中，李世民确实战功卓著，但他的功绩只在于统一北方，南方之功另属他人。

所以，如果说李渊在统一过程中毫无建树，或者说唐朝统一中国全是李世民的功劳，那是违背历史事实的。

事实是，李渊在统一中国的过程中不再是一名行军打仗的将军，而且比将军更高一级的战略统帅，这是符合他的帝王身份的；而李世民，虽然战功卓著，也最多只能是位杰出的将军。战略统帅没有将军，不能实施其战略；将军没有战略统帅的指挥，不足以建立丰功伟绩。因此，在肯定李世民的战功之时，也必须肯定李渊的战略家作用。

开创大唐基业，毫无疑问是李世民居功至伟。李渊是一心要立李世民为太子的。由于李世民的执意谦让，使得李建成以年长而得以册立为太子，这就是事情的起因。当时的李世民，缺乏政治远见。没有从天下、社稷的角度去考虑问题，犯了慕虚誉、强矫饰和盲从迂儒之论的错误。而此时的李渊，虽然隐约地预感到事情的不妥，但他却顺从了李世民的意见，册立李建成为太子。李渊犯了没有坚持己见的错误。李建成对仅以年长而被册立为太子，并没有丝毫谦让。他犯了没有自知之明而坐贪天功的大错。李元吉按道理说应该是一个局外之人，然而，由于他生性贪残，暗蓄狼子野心，他也想坐享天功而暗怀篡逆之心。因此，一场大义灭亲（有些人说是推刃同气）的惊天之变就在所难免了。

当李世民已经是功盖宇内、天下归心之时，李建成唯以年长而居于

东宫之位，内心的不能自安是情理之中的事情。此时的李建成，其实只有一条路可走，那就是应天顺人，将储君的位置让给李世民，自己归隐，则可以坐享厚禄，使子孙安乐。这样既有利于天下社稷与百姓生灵，也有利于他自身。然而，由于他的贪婪与不自知，再加上李元吉从旁挑唆怂恿，设计奸谋，使得李建成走上了一条逆天悖理、不可自拔的路。他们一心只想加害与除掉那位具有雄韬伟略而且是历经艰险打下了江山的李世民，然后由他们来坐享其成。因为李建成和李元吉是一定要置李世民于死地而后快的。无论是从天下社稷还是从自身的角度来考虑，李世民只有一条路可走：那就是采取果断措施而铲除奸凶（即废掉李建成与李元吉）。除此之外，是没有第二条路可供唐太宗来选择的。为什么这样说呢？我们不妨来设想一下：假如李世民束手就死，那么，刚刚开创的大唐基业势必在李建成与李元吉的争斗中趋于瓦解；刚刚得到统一与安定的天下又势必大乱；刚刚结束了战乱的天下苍生又势必重陷水火。如果此时的李世民如要一意的迂腐而慕虚名，逃到一个人们找不到的地方去隐居起来，从而导致大唐基业瓦解，又引发天下大乱、生灵涂炭，那他即使有可能被后世称为圣人，那他也将是历史的罪人。假如李世民能够成功地逃跑并隐居，但是，当他看到了李元吉弑父弑兄，暴殄天物，残害生灵的时候，难道他能够容忍这种大逆不道的行为？他难道可以不走出山来、重集旧部进行诛恶伐暴吗？这与他那济世安民的抱负是显然不相符合的。这也不是李世民的性格。所以说，当时的李世民只有弃私家之小义、全天下之大义这一条路可走。

对于自己几个儿子之间的矛盾的发展与演变情况，李渊可以说是洞若观火，了解得一清二楚。但是，他却无法也不能采取任何行动。他不能杀掉李建成与李元吉，他更不能杀掉李世民。人都有弱点，李渊时刻都在用"虎毒不食子"这句话提醒自己。虽然他一贯就不太喜欢李建成与李元

吉，但他也不忍心在他们的罪恶尚未全部彰显、还没有到非杀不可的地步时就杀了他们。李渊一贯是很喜欢和非常看重李世民的。李世民一直都执掌着国家的军政大权，也一直都掌握着长安京师的警备重责。虽然在武德后期，有很多人（主要是李元吉以及还有几个不懂事的妃嫔）在李渊的耳边说了很多李世民的坏话，因而使得李渊对李世民也产生了一些误解与错觉。但是，从李渊依然没有削弱李世民的权力这一点上看，可以说明李渊始终还是信任李世民的。在武德七年（公元624年），李建成与庆州刺史杨文干勾结，进行里应外合，企图发动政变。当事情败露后，李渊将李建成拘禁起来。李渊认为，这次事件联系着太子李建成，影响面大，将会非常严重，而且会很难得到控制。因此，他要李世民亲自带兵去平定杨文干。等事情平息后，要贬李建成为蜀王，立李世民为太子。谁知，李世民的号令一出，军马一动。杨文干就被他的部属杀掉而传首京师了。一场在李渊看来会是非常严重的叛乱事件却闻风而定。李渊此时却改变了想法，他把整个事情进行了冷处理。他既没有处分李建成，也没有废立太子。因为他从这次事件中，既看到了由于历史的原因而形成了李世民威震宇内、天下归心的现实。也看到了李建成虽然位尊，但却是处于非常弱小与毫无作为的境地。他知道这也就是矛盾的焦点所在。李渊很清楚：李世民如要收拾李建成，有如拾草芥一般容易。而李建成根本就无力与李世民抗衡。他知道，这种形势是在开创大唐的历史过程中所形成的，不是任何人所能轻易改变得了的。否则，就会天下大乱。李建成之所以会做出狂逆悖理的举动，也是由于内心的不得自安所致。他知道：李世民始终是不会、也不应该臣服于李建成。而李建成由于已经被立为太子多年，也是不会肯臣服于李世民的，否则，他早就已经自动地让出了太子的位置。既然如此，如果再把李建成封到蜀地，给了他地盘与力量，那他立刻就会在剑南招军买马、积草屯粮，树起反旗以至于对抗。如果这样做的话，那么，一场伐蜀

平叛的局部战争势必就要立即展开。即使不立即展开，今后也将必然要发生。虽然以李世民的力量，伐蜀平叛不会是很艰难，但对于天下苍生社稷不能说不是一场灾难。而且是时间越往后推，战争的规模就肯定会越大。这就是唐高祖之所以会改变主意，把事情进行冷处理的真正原因。唐高祖虽然表面上显得好像若无其事，其实他时刻都在苦苦地寻找着解决这一重大危机的良策。后来李渊又想让李世民前往东都洛阳，要他在那里建天子旌旗。打算将太行山以东，全部划归李世民统治。这也就是要把一个国家分成东西两个国家。但李渊随即就又改变了主意，没有将这个举措诏令颁行。李渊之所以改变主意，并不是因为李元吉对他说了李世民和他的部下们听说要到洛阳去都很高兴后才改变主意的。李世民和他的部下们都不愿意在京城长安受李建成与李元吉之流的谗言毁害与羁绊，都很乐意到东都洛阳去，这一点难道李渊不知？李渊改变主意的原因是他想到了如果这样做的话，在他去世后，天下就势必会有一场超大规模的东西内战。这场内战的规模，要远比伐蜀平叛之役险恶激烈许多。若如此，这个刚刚经受了大规模的内战之苦的国家，势必又要烽烟再起、生灵涂炭。因此他再一次地又对事情进行了冷处理。从这里我们可以清楚地看到李渊那种高超的政治智慧与政治远见。也正是由于李渊采取了这种"无为"措施，才使得这场惊天动地的政治危机能以玄武门之变的方式彻底解决。对于一场如此重大的政治危机，这种解决方式所付出的代价，虽然对李世民以及李渊的这个家庭来说是巨大的，而且也是不可避免的，但对国家、对人民

唐代彩绘打马球俑

来说，损失是最小的。这不能不说是李渊的政治智慧所发挥的巨大作用。

李渊在政治、军事、战略上是位很有才能的封建帝王，但是当政治斗争涉及他的家庭成员之时，他就显得缩手缩脚了。

玄武门事变是李渊一生最大的失败，这次失败宣告了他政治生命的终结。

但是无论他怎样选择，他都是个失败者，只是失败的程度可能有些不同罢了。试想，在李建成、李元吉和李世民两大阵营之间，李渊支持谁才算得上合适？都不合适。因为李建成是既定太子，而且他也并不是像史册中某些记载所说的那样荒淫、无能，相反他是个相当宽容而且也颇有才能的人，如果他当上唐朝皇帝，很难说他不会也创造出"某某之治"的政绩；而李世民，确实颇具战功和才能，他要求取得皇位继承权也有一定的理由。所以，李渊支持哪一方都不合适。

不过，从严格意义上讲，李渊是支持李建成的，即他不许李世民问鼎太子之位，但李渊的支持是有限的，即他不许李建成杀掉李世民。

所以，从实际效果上说，李渊又对谁也没支持，因为他压制斗争的做法并没有解决任何矛盾，而且他也没有采取任何防止斗争激化的有效措施。但是他又能采取什么有效措施呢？真正有效的办法只能是矛盾双方中一方的毁灭，因为历来皇位之争都是你死我活的，即使一方妥协，也不能避免灭亡的命运。

所以李渊不做什么抉择是有他迫不得已的苦衷的。或许他认为，与其自己制造悲哀，还不如让悲哀自己到来吧！

玄武门的悲哀确实吞没了唐朝这位杰出的开国君主。但正是这些，使我们看到了李渊那深厚的道家文化功底。他借兵突厥与推奖李密的谋略，都是基于道家的贵柔思想。他在处理李建成与李世民的矛盾时所使用的策略，就是采用了那种顺其自然的无为理念。由此而使得这些举措都在客观上收到了最完美的结果。也正是由于受到了李渊那种崇尚道家文化的启

迪，再加上李世民又对儒家文化的大力弘扬，使得儒、道两家文化的优秀思想在大唐王朝的前期得到了最完美的结合。以此为动力的中华民族，在这一时期不但开创了贞观之治的大唐盛世，同时也为人类文明的升华做出了伟大的贡献。

# 唐高祖李渊大事年表

## 附录

**天和元年（公元566年）一岁**

生于长安。

**建德元年（公元572年）七岁**

袭爵唐国公。

**开皇、仁寿年间（公元581—604年）十六至三十九岁**

补千牛备身，累转谯、陇、岐三州刺史。

**大业初年（公元605—612年）四十至四十七岁**

为荥阳、楼烦二郡太守，征为殿内少监。

**大业七年（公元611年）四十六岁**

二月　隋炀帝征各地兵会于涿郡，准备攻高丽。

七月　山东、河南大水，淹没三十余郡，民相卖为奴婢。

十二月　山东邹平人王薄起义，各地农民纷纷响应。窦建德、刘霸道、张金称、高士达等起义。

**大业八年（公元612）四十七岁**

正月　隋炀帝率水陆大军攻高丽。

六月　隋将来护儿以水军攻平壤，败绩。

七月　隋击军宇文述等部于高丽境内大败而还。

是年大旱疾，山东尤甚。

**大业九年（公元613年）四十八岁**

正月　任卫尉少卿。隋炀帝集兵于涿郡。

二月　隋炀帝再次率军攻高丽。负责督运于怀远镇。

三月　济阴孟海公起义。孟让、孙宣雅等起义。

六月　隋礼部尚书杨玄感起兵，围攻洛阳。

七月　余杭刘元进起兵以应杨玄感。

八月　代为弘化郡留守，统领关右十三郡兵马。杨玄感败死。

九月　东海彭孝才、济阴吴海流起义，东阳李三儿等起义。

是年杜伏威、辅公祏据江淮起义。

**大业十年（公元614年）四十九岁**

二月　隋炀帝第三次攻高丽。扶风唐弼起义。

四月　鼓城张大虎起义。

八月　隋炀帝自怀远镇班师。

十二月　以张须陀为河南道十二郡黜陟讨捕大使。

**大业十一年（公元615年）五十岁**

二月　上谷王须拔、魏刀儿起义。

四月　任山西、河东扶慰大使，负责镇压河东一带的农民起义军。

八月　隋炀帝被突厥围困在雁门，派李世民从军勤王。

**大业十二年（公元616年）五十一岁**

七月　隋炀帝南逃江都。

十月　翟让率众据瓦岗起义。

十二月　任太原留守，以王威、高君雅为副留守。镇压甄翟儿起义军。与马邑太守王仁恭击败突厥。

**大业十三年（公元617年）五十二岁**

二月　梁师都自称大丞相。刘武周自称太守。

五月　发动晋阳宫兵变，拘捕王威、高君雅，宣布起兵。突厥进犯太原。

六月　派刘文静出使突厥。攻克西河郡，生擒高德儒。自称大半军，建大将军府，以裴寂为长史、刘文静为司马，唐俭与温大雅为记室，武士彟为铠曹。以李建成为陇西公、左领军大都督，李世民为敦煌公、右领军大都督，柴绍为右领军府长史。

七月　以李元吉为镇北将军、太原留守。率甲士三万在军门誓师。进

军至贾胡堡。李轨自称河西大凉王。薛举自称秦帝。

八月　斩宋老生，攻克霍邑。进军至龙门。进军至壶口，百姓献舟船，仍置水师，以孙华为左光禄大夫、武乡县公、冯翊太守。

九月　率诸军围攻河东。将佐推其为太尉，增置官属。朝邑法曹靳教谟以蒲津、中单二城投降。华阴令李孝常以永丰仓投降。率诸军渡黄河，进至长春宫。李建成屯军于永丰仓，守卫潼关。李世民巡渭北。柴绍妻平阳昭公主起兵，遣使迎接大军。

十月　进军至长安春明门西北。命诸军攻长安。

十一月　攻占长安。与民约法十二条，废除隋苛禁。立隋代王杨侑为帝，改元义宁，遥尊隋炀帝为太上皇。为大丞相，进封唐王，以武德殿为丞相府。以李建成为唐国世子，封李世民为秦公，李元吉为齐公。

十二月　李世民大破薛举军于扶风。屈突通被擒。河池太守萧瑀以郡投降。

### 武德元年（公元618年）五十三岁

正月　诏李渊剑履上殿，赞拜不名。以李建成为左元帅，李世民为右元帅，领兵十万救东都洛阳。

二月　派太常卿郑元璹进军南阳，马元规进军安陆及荆、襄。

三月　以李元吉为镇北将军，太原道行军元帅、都督十五郡诸军事。宇文化及缢杀隋炀帝于江都宫，立隋秦王杨浩为帝，自称大丞相。

四月　李建成和李世民自洛阳班师。

五月　李渊即皇帝位于太极殿，国号为唐，改元武德。罢郡置州，改太守为刺史。命裴寂、刘文静等修定律令。置国子学、太学、四门学。

六月　以李世民为尚书令，李瑗为刑部侍郎，裴寂为右仆射，刘文静为纳言，窦威为内史令，李纲为礼部尚书，殷开山为吏部侍郎，赵慈景为兵部侍郎，韦义节为礼部侍郎、陈叔达、崔民干为黄门侍郎、唐俭为内史

侍郎、裴晞为尚书左丞，萧瑀为内史令，窦琎为户部尚书，屈突通为兵部尚书，独孤怀恩为工部尚书。废隋大业律令，颁布新格。立李建成为皇太子，李世民为秦王，李元吉为齐王。薛举攻泾州，以李世民为元帅迎击。

七月　突厥阙可汗遣使内附。李世民与薛举大战泾州，唐军败绩。

八月　派使至凉州，册拜李轨为凉州总管，封凉王。以李世民为元帅攻讨薛仁果。

九月　秦州总管窦轨击薛仁果不利。宇文化及鸩杀隋秦王杨浩，自称天子，国号许。

十月　李密降唐，拜光禄卿、上柱国、封邢国公。诏行傅仁均所制《戊寅历》。

十一月　李轨自称皇帝，改元安乐。李世民大破薛仁果于浅水原。诏颁五十三条格，以约法缓刑。

十二月　以李世民为太尉、使持节、陕东道大行台。罗艺降唐，诏任幽州总管。以西突厥曷娑那可汗为归义王。李密反唐失败被杀。

**武德二年（公元619年）五十四岁**

正月　命李世民出镇长春宫。淮安王李神通击宇文化及，攻克魏县。初定租庸调法。

闰月　朱粲遣使向唐请降。淮安王李神通攻宇文化及于聊城，城中粮尽请降，不许。李神通退军。窦建德攻宇文化及于聊城，斩宇文化及，传首突厥。以徐世劫为黎州总管，封曹国公，赐姓李氏。王世充部将秦叔宝、程知节降唐。突厥始毕可汗率兵进至夏州，寻卒。

三月　梁师都进犯灵州，被击退。淮南五州降唐。刘武周进犯并州。

四月　刘武周引突厥犯边，唐军战败。王世充自称皇帝，改元开明，国号郑。刘武周围攻并州。

五月　安兴贵生擒李轨，河西平定。以李世民为左武侯大将军、使持节，凉甘等九州诸军事，凉州总管。

六月　令国子学立周公、孔子庙。以裴寂为晋州道行军总管，以攻讨刘武周。

七月　初置十二军。王世充部将罗士信降唐，授以陕州道行军总管。西突厥、高昌遣使来唐。

八月　窦建德攻占洺州。以李靖为夔州经略。刘文静被杀，籍没其家。杜伏威降唐，授淮南安抚大使、和州总管。裴寂与刘武周战于介休，唐军溃败。刘武周攻占太原，刘政会被俘。宋金刚攻占晋州。窦建德攻占赵州，擒唐将张志昂和张道源。梁师都攻延州，被击退。

十月　宋金刚进攻浍州。李世民率军攻讨刘武周。窦建德攻占黎阳，淮安王李神通、李世勣、魏徵、同安公主皆被俘。

十一月　刘武周进攻浩州。李世民率军从龙门渡黄河，屯兵于柏壁。宋金刚在夏县击败唐军，永安王李孝基、独孤怀恩、唐俭等被俘。李世民在美良川击败宋金刚部将尉迟敬德。

### 武德三年（公元620年）五十五岁

正月　唐将秦公通攻克蒲阪。

二月　刘武周攻占长子、壶关。独孤怀恩欲反唐被捕杀。

三月　改纳言为侍中，内史令为中书令，给事郎为给事中。行军副总管张纶击败刘武周于浩州。

四月　李世民在介州大破宋金刚。刘武周与宋金刚投奔突厥。尉迟敬德与寻相降唐。

五月　窦建德派高士兴攻幽州，不克，退军笼火城。

六月　进封杜伏威为吴王、赐李姓，以辅公祏为行台左仆射、封舒国公。

七月　命李世民率诸军攻讨王世充。派李建成镇守蒲州，以防备突

厥。罗士信进攻慈涧。史万宝占据龙门。唐军进驻北邙山。

八月　唐将张夜叉攻克回洛城。

九月　王世充显州总管田瓒献二十五州降唐。王世充尉州刺史时德睿又献七州降唐。

十月　王世充大将军张镇周降唐。罗士信攻占硖石堡。窦建德攻幽州。高开道降唐，赐姓李氏，封北平郡王。

十一月　唐将李大亮攻占樊城镇。梁师都勾结突厥进犯原州、延州。

十二月　唐燕郡王李艺在笼火城击败窦建德。萧铣派张绣攻长沙。王世充派代王琬向窦建德求救。李子通攻沈法兴，取京口。辅公祏击败李子通，攻取江都。李子通迁都余杭，尽收深法兴之地。

**武德四年（公元621年）五十六岁**

正月　窦建德行台尚书令胡大恩降唐，封定襄郡王，赐姓李氏。命李建成统诸军攻讨稽胡。李靖献取萧铣十策。

二月　改信州为夔州，以李孝恭为总管，练习水战。李世民率军围攻洛阳宫城。唐将王君廓攻占虎牢关。

三月　以靺鞨渠帅突地稽为燕州总管。突厥进犯汾阴。窦建德率兵十万援救王世充，屯兵于成皋。

四月　突厥颉利可汗进犯雁门关，被李大恩击退。派郑元寿出使突厥。

五月　李世民破窦建德军于虎牢关，窦建德被俘。王世充向唐军投降。斩段达、单雄信等十余人。以淮安王李神通为慰抚山东使，收复三十余州。

六月　以右骁卫将军盛彦师为宋州总管，安抚河南。

臧君相献五州降唐，拜海州总管。

七月　李世民班师回长安，献俘于太庙。行开元通宝钱。窦建德牺牲。刘黑闼占据漳南起义。以淮安王李神通为山东道行台右付射。

八月 命李建成安抚北边。刘黑闼攻占鄡县,在漳南筑坛祭窦建德,自称大将军。诏发关中步骑三千,由将军秦武通率领,与李艺合击刘黑闼。突厥进犯代州,唐将李大恩阻击,全军覆没。刘黑闼攻克历亭。徐园朗举兵反唐,以响应刘黑闼。

九月 突厥进犯并州、原州。徐园朗自称鲁王。汪华降唐,拜歙州总管。诏括天下户口。灵州总管杨师道击败突厥。以李孝恭为荆湘道行军总管、李靖为行军长史,顺江东下,以李瑗为荆郢道行军元帅出辰州道,黄州总管周法明出夏口道,攻讨萧铣。刘黑闼在饶阳击败李神通、李艺,兵势大振。置天策上将,位在王公之上。

十月 以李世民为天策上将,领司徒、陕东道大行台尚书令,开天策府,置官属。以李元吉为司空。李世民开设文学馆,以杜如晦、房玄龄、虞世南等十八人为文学馆学士,号十八学士。刘黑闼攻占瀛州,杀刺史卢士睿又。李孝恭攻克荆门、宜都,进军至夷陵。萧铣江州总管盖彦举献五州降唐。萧铣向唐军投降,送至长安被斩。萧铣黄门侍郎刘洎献五十余城降唐。

十一月 李子通战败,被押送长安。以李靖为岭南抚尉大使,引兵下九十六州。刘黑闼攻占定州,俘获总管李玄通。高开道举兵反唐,复称燕王。

十二月 刘黑闼攻占冀州,窦建德故将士争杀唐官吏以响应刘黑闼。刘黑闼攻占相州、黎州、卫州,尽复窦建德旧境。命李世民、李元吉攻讨刘黑闼。刘黑闼相继攻克邢州、赵州、魏州、莘州。

### 武德五年(公元622年)五十七岁

正月 刘黑闼自称汉东王,改元天造,定都洺州。东盐州治中王才艺杀刺史田华,响应刘黑闼。李世民攻取相州,进军肥乡。幽州总管李艺在徐河击败刘黑闼军。

二月　刘黑闼攻洺水失利。张善安献虔、吉五州降唐。李世民攻取刑州。李艺攻取定、栾、廉、赵四州。刘黑闼攻占洺水，擒杀罗士信。延州总管段德操在石堡大破梁师都。李世民复取洺水。

三月　李世民和李艺在洺水南扎营，派兵袭击刘黑闼粮道。派使贿赂突厥颉利可汗，且许和亲。刘黑闼在洺水战败，投奔突厥。

四月　隋鸿胪卿宁长真以宁越、郁林之地降唐，以宁长真为钦州总管。李世民还长安，具陈取徐园朗形势。刘黑闼与突厥击溃李大恩军，李大恩被杀。邓文进、宁宣、李唆降唐。

六月　刘黑闼引突厥进攻山东。吐谷浑进犯洮、旭、叠三州，被岷州总管李长卿击破。李神通击徐园朗。刘黑闼引突厥攻定州。

七月　李世民击徐园朗，攻克十余城。杜伏威入朝，拜太子太保，兼行台尚书。以淮阳王李道玄为河北道行军总管攻讨刘黑闼。隋汉阳太守冯盎率所部降唐，授高州总管，岭南悉平。

八月　吐谷浑进犯岷州，总管李长卿战败，诏窦轨增援。突厥颉利可汗率15万骑兵攻雁门。命李建成出幽州道，李世民出秦州道防御突厥。突厥进犯廉州，攻陷大震关。派郑元寿出使突厥，颉利可汗被说服退兵。

九月　交州刺史权士通等在三观山击破突厥。刘黑闼攻陷瀛州，杀刺史马匡武。高开道进攻蠡州。

十月　以李元吉为领军大将军、并州大总管。贝州刺史许善护与刘黑闼弟刘十善战于鄃县，刘十善全军覆没。以李世民领左、右十二卫大将军。淮阳王李道玄与刘黑闼战下博，兵败被杀。林士弘向唐请降，寻死，其众溃散。山东州县皆反唐，归附于刘黑送，又尽复故地，攻取洺州。

十一月　沧州刺史程大买弃城逃走。李元吉畏惧刘黑闼，不敢出战。诏李建成攻讨刘黑闼。封宗室李道宗等十八人为郡王。李元吉在魏州击败刘十善。实行科举考试。

十二月　立宗室李孝友等八人为郡王。刘黑闼攻陷恒州，杀刺史王公政。李艺收复廉、定二州。时山东豪杰多杀长吏以响应刘黑闼。李建成在馆陶战败刘黑闼。

### 武德六年（公元623年）五十八岁

正月　刘黑闼被所署饶州刺史诸葛德威拘捕，在洺州被杀害。王摩沙举兵反唐，自称元帅。

二月　平阳昭公主卒，诏加前后部鼓吹，班剑四十人。徐园朗被杀，其地悉平。林邑王梵志遣使来唐。李艺入朝，拜左翊卫大将军。废十二军。

三月　高开道攻掠文安、鲁城，被唐将平善政击破。梁师都部将贺遂、索同以所部十二州降唐。前洪州总管张善安举兵反唐。

四月　吐谷浑进犯芳州。张善安攻陷孙州，执总管王戎而去。鄜州总管段德操击梁师都，进军至夏州。南州刺史庞孝恭等举兵反唐。以裴寂为左仆射、萧瑀为右仆射、杨恭仁为吏部尚书兼中书令，封德彝为中书令。

五月　吐谷浑及党项进犯河州。梁师都部半辛獠儿引突厥进犯林州。高开道引奚骑兵进犯幽州，被长史王诜击破。高开道引突厥进犯幽州，被突地稽击破。

六月　高政满以马邑降唐，授朔州总管，封荣国公。梁师都引突厥进犯匡州。柴绍施计大破吐谷浑。

七月　苑君璋引突厥进犯马邑，与唐将李高迁、高满政战于腊河，被击败。张护等杀唐瓜州总管贺拔怀广，立窦伏明为主。高开道攻掠赤岸镇及灵寿、九门、行唐三县。高开道所部弘阳、统汉二镇降唐。突厥进犯原州、朔州，派李建成屯兵北边，李世民驻军并州，以备突厥。

八月　突厥进犯真州、马邑。辅公祏举兵反唐，称帝于丹阳，国号宋。诏李孝恭、李靖、黄君汉李世勣等率四路大军攻讨辅公祏。吐谷浑内附。突厥进犯原州、渭州，攻陷善和镇。高开道攻幽州被击退。

九月　辅公祐攻海州、寿阳。突厥进犯幽州。诏以李世民为江州道行军元帅。窦伏明献沙州降唐。高开道引两万骑兵攻幽州。

十月　唐中反间计杀刘世让。张大智降唐。苑君璋引突厥攻陷马邑，守将高政满被杀害。突厥请和亲，将马邑归唐。窦静请在太原屯田，岁收谷数千斛。

十一月　李世民请在并州增置屯田。唐将张镇周在黄沙破辅公祐军。

十二月　安抚大使李大亮诱擒辅公祐部将张善安，送往长安，赦免获释。突厥进犯定州，被州兵击退。白简、白狗羌并遣使来长安入贡。取进士4人。

### 武德七年（公元624年）五十九岁

正月　李孝恭在枞阳击破辅公祐别将所率之军。以白狗等羌地置维、恭二州。

二月　辅公祐围攻猷州。李孝恭攻拔鹊头镇。高丽王建武遣使来请班历。诏州县及乡皆置学校。行军副总管权文诞攻拔枚洄等四镇。改大总管府为大都督府。张金树杀高开道降唐。杜伏威卒。

三月　初定令，以太尉、司徒、司空为三公，文散官为二十八阶，武散官为三十一阶，勋官为十二等。李孝恭攻拔梁山等三镇。安抚使任环攻拔扬子城。广陵城主龙龛向唐军投降。李孝恭攻克丹阳。辅公祐战败被杀害。以李孝恭为扬州大都督，李靖为都督府长史。

四月　颁布新律令，比开皇旧制增新格五十三条。初定均田制、租庸调法。

五月　突厥进犯朔州。羌与吐谷浑进犯松州。

六月　吐谷浑进犯扶州，被刺史蒋善合击退。庆州都督杨文干反唐。李建成私募骁勇两千人为东宫卫士，号长林兵。

王珪、韦挺、杜淹被流于嶲州。突厥进犯武周城，被州兵击退。

七月　突厥进犯朔州。杨文干袭击宁州。李世民率军至宁州，击溃叛军，杨文干为麾下所杀。吐谷浑进攻松州。突厥相继进犯陇州、并州、岷州。

闰月　诏李世民、李元吉率军防御突厥南侵。命韦仁寿镇守南宁。

八月　颉利可汗、突利可汗南侵。李世民阵前斥责其背盟负约，突厥请求和亲，遂退兵。突厥阿史那思摩来长安，封为和顺王。

九月　姜子路举兵反唐，被交州都督王志远击破。突厥进犯绥州，都督刘大俱击破之，俘获特勒三人。

十月　突厥进犯甘州。吐谷浑与羌进犯叠州，攻陷合州。巡幸楼观，谒老子祠。

十一月　巡幸龙跃宫。以裴矩权检校侍中。取秀才二人，进士六人。

### 武德八年（公元625年）六十岁

正月　以寿州都督张镇周为舒州都督，颇有政绩。突厥、吐谷浑各请互市，皆诏准。

四月　党项进犯渭州。营建太和宫于终南山。西突厥统叶护可汗遣使来长安请和亲，诏准，派高平王李道立出使西突厥。

罢十二军又复置，以窦诞等为将军，训练兵马。

六月　巡幸太和宫。派李艺屯兵华亭县及弹筝岭，姜行本断石岭道以备突厥。颉利可汗进犯灵州，派右卫大将军张瑾阻击。

七月　对突厥交往改书为诏敕。颉利可汗进犯相州。代州都督与突厥战于新城，不利。命行军总管张瑾屯兵石岭，李高迁进军大谷以备突厥。命李世民屯兵于蒲州防御突厥。

八月　突厥相继进犯并州、灵州、潞州、沁州、韩州。诏李靖率军出潞州道，任环屯兵太行，以备突厥。并州道行军总管张瑾与突厥战于太谷，全军覆没。灵州都督任城王李道宗击破突厥。颉利可计遣使请和。

九月　突厥没贺咄设攻陷并州一县，被代州都督蔺嗛击破。初令太府检校诸州度量衡，使其统一。右领军将军王君廓破突厥于幽州。

十月　吐谷浑进犯叠州，遣扶州刺史蒋善合增援。突厥进犯鄀州，遣霍公柴绍援救。

十一月　巡幸宜州。以宇文士及权检校侍中。加李世民中书令，李元吉侍中。

十二月以李神符检校扬州大都督。取秀才一人，进士五人。

**武德九年（公元626年）六十一岁**

正月　诏太常少卿祖孝孙等更定雅乐。以左仆射裴寂为司空。

二月　以齐王李元吉为司徒。初令州且祀社稷，又令士民里闾相从立社。

三月　吐谷浑、党项进犯岷州。梁师都攻陷静难镇。突厥进犯灵州。南海公欧阳胤出使突厥，谋袭击可汗牙帐，事泄被突厥囚禁。突厥进犯凉州，被长乐王李幼良击退。

四月　突厥相继进犯朔州、原州、泾州等地。安州大都督李靖与突厥颉利可汗战于灵州的硖石，突厥乃退。太史令傅奕上疏请废佛教。诏令沙汰僧、尼、道士、女冠。令京师留寺三所、观二所，诸州各留一所。

五月　党项进犯廓州。越州人卢南举兵反唐，杀刺史宁道明。突厥进犯秦州。吐谷浑、党项进犯河州。

六月　李元吉告秦府车骑将军张亮图谋不轨，审讯无言，乃释放。李世民去东宫赴宴中毒。李渊欲使李世民居洛阳，建天子旌旗遭李建成反对而中止。突厥郁射设率数万骑围乌城。

李建成荐李元吉督诸军北征，夺兵权，置李世民于死地。房玄龄、杜如晦密回秦王府。李世民密告李建成、李元吉淫乱后宫。玄武门之变。立李世民为皇太子。

七月　以秦叔宝为左卫大将军、程知节为右武卫大将军、尉迟敬德为右武侯大将军。以高士廉为侍中、房玄龄为中书令，萧瑀为左仆射，长孙无忌为吏部尚书、杜如晦为兵部尚书。遣谏议大夫魏徵宣慰山东。

八月　突厥遣使请和。吐谷浑遣使请和。传位于太子。李世民即皇帝位于东宫显德殿。尊为太上皇，徒居弘义宫，改名太安宫。

### 贞观四年（公元630年）六十六岁

二月　李靖大破突厥于阴山。

三月　张宝相俘颉利可汗。

四月　诏唐太宗、贵臣、诸王、妃、公主宴于凌烟阁。

### 贞观八年（公元634年）六十九岁

三月　宴西突厥使者于两仪殿，唐太宗奉觞上寿。

是岁阅武于长安城西。置酒于末央官，三品已上成侍，突厥颉利可汗起舞，南越酋长冯智戴咏诗。

是秋患风疾。

### 贞观九年（公元635年）七十岁

五月　卒于太安宫的垂拱前殿，群臣上谥曰大武皇帝，庙号高祖。

十月　葬献陵，以穆皇后付葬，加号太穆皇后。